儿童成长研究权威专家
美国宾夕法尼亚大学男孩女孩生活研究中心创始人

[美]迈克尔·C·莱克特 著 叶红婷 张婷 译

培养男孩

HOW TO RAISE A BOY

用情感连接的力量塑造男孩的人格

国际文化出版公司
·北京·

图书在版编目（CIP）数据

培养男孩 ／（美）迈克尔·C·莱克特著；叶红婷，张婷译．——北京：国际文化出版公司，2022.4
ISBN 978-7-5125-1344-0

Ⅰ．①培… Ⅱ．①迈… ②叶… ③张… Ⅲ．①男性-家庭教育 Ⅳ．① G78

中国版本图书馆 CIP 数据核字（2021）第 172025 号

北京市版权局著作权合同登记号　图字01-2022-1533号

Copyright © 2019 by Michael C. Reichert
This edition arranged with Joelle Debourgo Associates,Inc.
through Andrew Nurnberg Associates International Limited

培养男孩

作　　者	［美］迈克尔·C·莱克特
译　　者	叶红婷　张婷
总 策 划	鲁良洪
责任编辑	潘建农
统筹监制	阴保全　袁侠
品质总监	张震宇
封面设计	周周设计局
出版发行	国际文化出版公司
经　　销	国文润华文化传媒（北京）有限责任公司
印　　刷	文畅阁印刷有限公司
开　　本	880 毫米 ×1230 毫米　　32 开
	12.5 印张　　　　　　　　241 千字
版　　次	2022 年 4 月第 1 版
	2022 年 4 月第 1 次印刷
书　　号	ISBN 978-7-5125-1344-0
定　　价	69.80 元

国际文化出版公司
北京朝阳区东土城路乙 9 号　　　邮编：100013
总编室：（010）64271551　　　　传真：（010）64271578
销售热线：（010）64271187
传真：（010）64271187-800
E-mail：icpc@95777.sina.net

推荐序
我们到底要男孩怎样

记得在我小时候，没有人提什么男孩女孩的问题；在我刚接触孩子时，也没有父母或教育者关注"男孩女孩"的问题；后来我对教育和孩子产生了好奇，最终放下一切去做教育，那时也没有人提到关于对男孩子的担心。

但是，到后来有父母开始询问，在我的学校中是如何解决"男孩子问题"，起初我不知道父母这样提的意味，以为他们担心男孩子容易欺负别人，或者男孩在我们这样给孩子自由的学校里容易受伤等等。正当我自以为是地打算给他们讲讲男孩子"欺负别人"和男孩子"容易受伤"对孩子未来的意义时，才发现父母们想要的是，我的幼儿园具备一种把孩子培养得更像男孩子的功能。

第一次听到这个要求时我吃惊极了。男孩子什么时候开始被担心不像男孩子，到底他们哪里出了问题，以至于父母开始担心

培养男孩

他们的将来，待我到教室中去观察，哪个男孩不像男孩子呢，看来看去也没发现什么问题啊。

我从来没有想过这个问题。

但当时，有两个家庭式幼儿园，一个园里有个儿童领袖叫池亦杨，他猛力地控制其他孩子，如果谁不听他指挥，他就有可能拳脚相加，弄得父母们很紧张，每天孩子回到家，父母们可能都会问孩子："今天池亦杨打你了吗？"结果弄得孩子们见到我或父母时第一句话就是"池亦杨今天没有打我"。如果孩子们说"今天池亦杨打我了"，可能还好一点，说明今天打了，其他天都没打。如果孩子们说"今天池亦杨没打我"，就成了只有今天没打，其他天都打了，于是父母们终于忍无可忍，组织起来找我，要求劝退池亦杨。

我不能劝退一个需要帮助的孩子，于是就承诺在一定时间内解决池亦杨打人的问题，这使得我有机会跟池亦杨成为知己。

另一面，老师反映说，有个父母担心，一个叫楠德的男孩每天都被一个叫辰辰的女孩子控制。那个女孩子每天早上一到幼儿园就在门口等，无论楠德是来早来晚，不等到他绝不离开。只要楠德一来，这一天他基本就要听从女孩子的安排了。看上去两个人玩得很好，但是游戏情节和要做的事情都是辰辰来安排，最后父母很担心楠德老是跟女孩子玩，丢失了男孩子气，于是坚决要

推荐序

求把楠德转到另一个有池亦杨的园。

我拗不过父母们,只能去园里观察,发现池亦杨并不随便打人,而受他控制的孩子也就三个,他只是那四个孩子的小群体中最有创造游戏能力的孩子。因为游戏是他创造的,于是他就必须组织其他孩子按照他脑子里的脚本去玩耍,但他又不太会沟通,毕竟才是5岁多的儿童,还极其不成熟,领导艺术非常青涩,常常是他扯着嗓子喊了半天,自己气到不行,其他孩子还是不知他到底要干嘛。于是其他孩子就按照自己的理解胡乱配合,池亦杨就急红了眼,先是去拉,拉也拉不过来,就会来两下。他的天性不是暴力和反社会人格,所以来那两下,也就是比划比划,很少真打上去,但其他孩子却很害怕,于是会哭了或不舒服,回家就告状说被池亦杨打了。

而楠德跟辰辰在一起就真的会被影响成父母所害怕的娘娘腔吗?我在观察中发现,楠德转园后,第一天就被一个叫周周的小女孩子控制了,而且无论走到哪里,楠德胳膊都被那个小女孩抱在怀中,看到这一幕我不知道楠德妈妈的心情该是喜是忧。

很多年后,池亦杨成长为一个硕壮的大个子,他极喜欢驰骋在橄榄球的赛场上,人长得又高又帅;楠德斯斯文文谦谦君子,温良如玉,但在他身上没有一点所谓的"娘",实际上我也分不出哪种样子才算是"娘"。

培养男孩

但是男人就应该像池亦杨那样吗？是否有人更喜欢楠德的样子呢？时代不同，古代男儿要通过开拓经营养家糊口，通过肌肉的力量持剑保家卫国，于是女人们可能喜欢力量大的、块头大的，但是现在即便是保家卫国，也不单靠肌肉的力量啊，女人们是不是现在也很喜欢楠德那样的。

但是作为一个帮助孩子健康成长的人，我们考虑的是男孩子在成长中遇到的问题和遇到问题时的处理方式，这些年下来，发现男孩子的确与女孩子不同，他们的生物性特征就跟女孩子有很大的不同。

比如，当时池亦杨已经开始探索权力，在我们帮助他成为一个仁慈的领袖时，发现他也柔情似水，但是我们要帮助他对攻击别人保持自律，遵守规则，能够去做自己不喜欢做的事情，比如坐在课桌后面听老师讲一个故事，然后还要把那些小蚂蚁一样的字写在田字格中。这需要帮助者极其理解池亦杨，需要深入地了解这种特别典型的征战型男孩子的需求，你要倾听他的想法，然后在第一时间采取讨论商量而不是否定，你要尊重他，但同时要对双方都同意过的规则坚决严格地执行，否则一次不严格，从那个缺口就会一泻千里，再想返回就要付出比第一次多出好多倍的力气。如果你胆敢不采取合作模式而采取对抗斗争模式，那么池亦杨一定会让你精疲力竭，而且有巨大的挫败感，最后你也会亲

推荐序

手把池亦杨推向"坏孩子"的队伍。

楠德从来不需要你以这样的方式来对待他,他一切都很配合,遵守所有的规则,由于女孩子太喜欢他,他在女孩子堆中成长得更具有男人的气概,可能是因为被女孩子依靠吧。

我很喜欢池亦杨温柔地跟一个伤心女孩子的对话。他说:"我马上就要出国了,我会天天给你写信。"女孩子说:"我不会读信!"池亦杨说:"我给你巧克力,你别伤心了。"女孩子说:"吃巧克力会上火的!"池亦杨说:"那丫丫不让你去她家玩,我让你去我家。"听着两个孩子的对话,我快被池亦杨感动哭了,那年他5岁多一点,没有伪装,没有标签,没有"污染"的一个天然男孩子。

男孩都是多面的,绝不是刚强,就只有刚强,也绝不是柔弱,就只有柔弱。如果我们做男孩做到被要求如电脑程序般一是一二是二,我们就会失去很多性格各异,但各有特点的可爱男孩。

所以,迈克尔·C·莱克特博士的这本《培养男孩》跟我们一直以来概念中的如何培养男孩子的男子气不同,他没有预先给男孩贴一个标准的标签,然后再支一些招数让父母如何去训练一个有着标签的男孩,而是通过他自己实践过的大量案例来告诉我们关于帮助男孩子的秘密。这个秘密本来就在那里,原本不是秘密,但是我们太久对其视而不见,所以它就成为秘密,迈克尔博

培养男孩

士只是扫掉那些本来存在着的事实之上的灰尘，再一次让我们看到我们本应看到的事实。

如果你有一个男孩子，请打开这本书，不要着急看完，每天一点点，读完这本书，我想你跟你孩子之间会少去很多纠结和冲突。结果是，你的孩子心理会更加健康一点，人格会更加完善一点，你作为父母会更加享受养育孩子的过程，所以，来读读这本书吧。

李跃儿

完成于2021年11月26日星期五

01 目录

第一章

受限的少年时代 /001

尽管一些根植于过去的谬见和偏见依然影响着男孩，一个全新、健康的男性生活方式还没有取代旧模式，但是经济现状、家庭动态和传统规范之间的矛盾促使少年时代的重塑不可避免……

我们的男孩 /012

男性行为框架 /019

好消息 /025

培养优秀的男性 /030

02

第二章
解救男孩 /039

　　有人努力把男孩变成他们不该有的样子。在梦想的激励下，男孩会抵抗，抵抗所有这样的做法。发展心理学家已经开始将这种抵抗理解为青少年最基本的自我保护本能，而不是自我放纵或故意回避……

支持男孩做自己 /042

倾听男孩的心声 /051

和男孩共度特别时光 /057

03

第三章
男孩的内心世界 /066

就在不久前,有相当数量的调查表明:相对于身体保养,当代年轻男性更愿意投资于自身的精神健康保养。他们明白,管理好自己的精神是获得优质生活的关键……

做一个快乐的男性 /076

羞耻的经历 /084

愤怒的男孩 /091

父母是儿子的顾问 /096

保有耐心,保持自信 /099

建立关系资本 /101

处理好与愤怒的关系 /103

对学校的几点建议 /107

04

第四章
男孩与学校 /113

　　从我们掌握的数据来看，我们发现，能够与学生成功建立师生关系的老师不会期待学生在这段关系中承担与其同等的责任。他们会认为，男孩也很脆弱，全身心地投入一些困难科目的学习，已经尽了他们的最大努力……

退步 /114

解决方案 /120

加深理解 /128

沟通失败 /134

关系型学校 /142

父母如何融入 /145

父母如何帮助儿子完成学业 /149

更为长期的关注 /151

05

第五章
男孩与"小团体" /155

  从学前班到青春期中期,男性之间的友谊是男孩发展人际关系技能和探索家庭之外亲密关系的主要方式。和他们的朋友在一起,男孩可以练习关心他人、相互信任、彼此分享、尝试给予,并学会接受。男孩会先把在家庭中习得的美德,比如忠诚,推而广之……

系紧那条纽带 /158

兄弟会 /165

迷失在人群中 /170

父母和学校能做什么 /176

提供机会 /178

密切关注 /180

鼓励内向或孤僻的男孩 /185

干预走上迷途的男孩 /189

06

第六章
爱、性与情感 /197

年轻人容易陶醉于自己刚萌生的浪漫情感和性吸引力。事实上，在色情媒体的强力宣传下，早在青春期前就开始有了这种性冲动。他们不断测试身体的变化，学着把浪漫情感转化为亲热的前戏，并且学习如何建立和保持亲密关系，他们贪婪地吸收着这些内容及有关的东西……

全局 /199
孤独的"在线猎手" /201
"约炮"背后的反思 /212
迷思与误导 /215
新的模式 /221

07

第七章
身体：运动与健康/237

　　人之所以为人，核心就在于身体。关心它的感受、为它的能力而兴奋，这样的方式会为我们的生活奠定坚实的基础。很多时候，男孩们会在运动中遭遇到自己技能和耐力方面的极限，这会帮他们建立一种关于成长的思维定式……

照料好自己 /239

在运动中玩耍 /244

运动产生的脑震荡 /251

身体的不安全感 /255

吸毒和饮酒 /258

自我伤害 /262

关爱身体 /265

08

第八章
暴力、霸凌与脆弱 /269

霸凌在男孩的生活中占有特殊的地位。霸凌被定义为故意的骚扰、虐待和暴力，霸凌的形式可能包括电子、书面、口头或肢体接触。总的来说，2~17岁的孩子中有13%经历过霸凌。在2013—2014学年有36%的人受到过嘲笑或情感上的欺负。男孩被欺负的次数通常是女孩子的2倍，而且男孩所受的霸凌有一个更明显的特点就是针对身体……

街头生活 /278
最大的和最坏的问题 /284
如何应对男孩的暴力行为 /286
社区、学校和家庭：一级预防 /288
给处于危险中的男孩的建议：二级干预 /293
治疗有攻击性的暴力男孩：三级干预 /295

第九章
男孩与电子游戏 /299

要想跟上那些生活在网络空间并时刻都在使用高科技工具的男孩，成年人面临着巨大的挑战，这些挑战和先辈所遇到的挑战既有相似之处，又要复杂得多……

技术与男孩的成长 /304

刺激上瘾 /310

与网络空间里的男孩同行 /317

10

**第十章
时代和未来** /327

在这个位于时代夹层中的高风险时期,父母们在养育男孩的问题上被各种相互矛盾的观点所包围。有些人标榜传统的男性价值观和方法,有些人认为男孩与女孩完全没区别,这些观点的问题在于,几乎没有任何一种观点是建立在合理的研究基础之上的,或者它们无法起到任何作用……

新少年时代的案例 /334
极度渴望的男孩 /338
坏男孩 /343
男孩的未来之路 /349
男孩养成计划 101/350
做一个公正善良的人 /361
为男孩的生活而战 /366

致谢 /371

第一章
受限的少年时代

在我的第一个儿子出生几年后,我开始在哈弗福德学校工作,这所学校位于费城郊外,是一所历史悠久的男校。但是现在这所拥有百年历史的学校开始反思其核心使命,因为如今很多家庭开始质疑男孩女孩分离的教育模式,认为男校违背了男女平等的精神。随着这种担忧日益加剧,一时间人们对于男孩教育的讨论席卷了整个美国。

在正式入职学校之前,我接受委派去给父母们开办了一场讲座,主要是关于毒品依赖和其他一些危险行为。后来我和学校的管理人员谈话,提到了一个备受关注的男孩,他一直在和药物滥用作斗争,最终不得不借助外力,住院治疗。最后在毕业典礼的时候,他当众给了校长一个拥抱,感谢有他的支持,让自己拥有了第二次生命。

在此之前,我帮助了很多男孩和他们的家庭,他们都经历

培养男孩

着类似的挑战,这是源于我自己的一段经历,那段经历带给我巨大的痛苦。那是我24岁那一年的春末,我的弟弟在一场车祸中丧生。尽管,他的少年时代确实麻烦重重,酗酒、"嗑药",时不时就和学校、家庭失联,但那时我弟弟的情况开始有所好转。他步入18岁时,开始作出很多有益健康的选择。那天晚上,弟弟和朋友出去玩,他们喝了酒,估计很可能也"嗑药"了。我弟弟完全不顾潜在的危险,还是坐进了朋友的车里。他的朋友开着车加速下坡,这时车失控了,冲进了邻居家的前院,撞在了一棵很大的古树上。我永远都记得,那天凌晨两点的时候门铃响了,警察询问这里是不是我弟弟的住所,他们描述了弟弟和他朋友被困在那辆烧焦的车里的场景,汽车残骸散落在硬挺的古树周围,我恐怕一辈子都忘不掉。

同年早些时候,我开始了大学毕业后的第一份工作,在家事法庭①担任顾问,当时我被分配到青少年部门。法庭的旋转门里进进出出的,有许多青春期的男孩,他们深陷各种违法行为,比如:偷盗、打架、逃学、离家出走、抢劫,他们偷汽车,甚至还过失杀人。我的工作就是综合考虑他们的成长轨迹,衡量他们的努力和优势,然后再给出恰当的建议供法官量刑参考。在这个

---

① 家事法庭(family court):家事法庭审理的案件仅限于离婚、子女监护与抚养、领养,以及其他与家庭关系相关的事项。本书所有注释均为译者注。

受限的少年时代

过程中,我会通读来自警方和学校的报告,这些报告往往令人心痛。此外,我还会和这些青少年以及他们的监护人见面,努力设想如何让他们避免未来的一些麻烦。

事故发生后的几天里,弟弟躺在医院的重症监护室里,依然挣扎在生命线上,家人们也在病床边守夜,我久久不能忘记发生的这一切。在这不言而喻的悲剧里,我发现无论是我的弟弟还是我在工作中接触到的来访者,他们都有一个共同的特点:都是男性。每个案例中都充满了对自我认知的模糊,一定程度的麻木和无知,精神上的断联和隔离,背后所作出的选择,从自暴自弃到自毁行为。20世纪70年代中期,加拿大社会活动家兼学者迈克尔·考夫曼明确地将男性的发展过程描述为"力量与无力的奇怪交织,特权与痛苦的奇妙组合",言论一出,很少有人能理解这种表述。当时,对于男孩最根本的人际关系属性很少有人表示赞赏,然而事实是,人的发展离不开所处人际关系中的人们所提供的照料。

受到女权运动所取得的种种成功的鼓舞,一些男权运动开始萌芽。尽管运动处在早期阶段,发展也断断续续,但他们坚定地认为男孩和男人正面临巨大的损失。一些照料者,例如父母、老师和社区,给男孩传达的是传统的男子汉理念,这将导致什么结果呢?在哈佛医学院心理学家威廉·波拉克看来,最后会导致

培养男孩

"男孩抱持性环境[1]的创伤性废除"。有太多的男孩在他们早年的生活中,错失了建立亲密关系和表达情感的练习。随着他们与亲密关系日行渐远,男孩会很容易被当下的诱惑困扰,自我认知也越来越模糊。

这就是我在家事法庭的见闻,是我在自己弟弟身上看到的,也是后来在我的帮助下接受康复治疗的男孩们身上所看到的。每个人都被达尔文主义所宣称的"男性密码"所影响,侵蚀了他们的发展、美德和幸福。

我觉得有必要做点什么。我和一些父母谈过话,当时内心深处对弟弟的离去依旧难以释怀,这个时候学校希望我能担任心理咨询师,我便接受了,我相信这给我提供了一个能够专注于新角色的机会,像一个儿子的父亲一样的角色。从20世纪80年代后期,到90年代,再步入21世纪,我的儿子逐渐长大成人,我也在理解父母角色的路上逐渐成长,学校也有所发展。随着一个"搜索策略计划"的开展,人们对男孩有了一些新的严苛标准,并创建了一个名为"代表男孩"(On Behalf of Boys)的项目。1995年,我们同美国顾问委员会一起实施了这个项目,同时启动的还有针对父母而设置的全新教育项目和广泛的研究项目。

---

[1] 抱持性环境:家庭及亲密关系中最为重要的一种相处方式,这一概念源自英国精神分析学家唐纳德·W·温尼科特。

受限的少年时代

坦白讲,我确实担心儿子,担忧他将来会过怎样的生活。越来越多的警钟已经为男孩敲响了——他们在校成绩欠佳,生活中无法找到动力,陷入"纷争"和"危机"。我的决心在第二个儿子降生后变得更加坚定了。那时候,我已经清晰地意识到,我和他们的妈妈没有办法把他们牢牢地拴紧,并让他们避开很多男孩面对的各种诱惑。我认为,我们能做到最好的事情就是,以一种男孩能看到的方式,表达我们对价值观、纯真和可能性的态度立场。

日常伤亡事件是少年时代难以忽视的一个真相。在男孩步入成年的路上,并不是每一步都那么成功,尤其是,当他们的男子气概受到来自种族偏见和贫穷的压力。2009年有一篇期刊文章,题为《美国男孩少年的现状》(*The State of American Boyhood*),来自阿拉斯加大学的心理学家朱迪斯·克莱因菲尔德尤其担心"失联"青少年,这一群体中,男孩的数量差不多是女孩的2倍,有色人种的数量比白人的2倍还要多。通过一些具体可衡量的方式可以发现,这些男孩在学校教育、就业和公民参与方面处在性别劣势的一端。此外,随着他们逐渐成熟,很多人会把这种失联带入成年男性的生活轨迹中。尤其,当他们面对的是以知识为基础、经济全球化和性别趋于平等的新世界,男孩必须精心准备。几代人以来,针对男孩成长的历史模型从未发生改变,但这种模型已经严重落后于时代。来自非营利性研究组织——美

培养男孩

国公共政策和高等教育中心（National Center for Public Policy and Higher Education）的人口统计学家汤姆·莫藤森曾经写道："男性很难适应这个新世界。越来越多的男性根本无法适应，因此他们的生活也一团糟。"

怎样做才能减轻男性少年时代的损失呢？我们该如何关心他们，才能保护他们免受少年时代的隐患威胁？如何能确保我们的儿子已做好步入成年的准备？在我作为心理医生的职业生涯中，自从我弟弟遭遇了车祸，我和上千名男孩或是少年谈话、做研究、开展工作。在我的研究中，世界上众多年轻男性分享了他们的很多愿望和伤痛，成功和挫败。这些故事也透露出，生活赋予男孩的经历，到底带给他们怎样的切实感受——有限的机会是如何冲击他们的本性；他们如何感受孤独和被忽视，或者发现自己被误解和误诊。

由于所记录的令人信服的事实证据，我开始认同英国社会学家卡洛琳·纽的观点，她提出，在男孩的童年潜藏着一种"系统性虐待"。对于这一系统的设计和维持，是我们应为其负责，而不是孩子自己，同样也应是我们来纠正其中的不足之处。我们会发现，男孩当中做好准备的人对自己有浓厚的兴趣，在他们必须佩戴的各种面具之下是一颗剧烈跳动的心。但是，要想补救男孩的孩童时代，我们首先要承认问题的存在，并且对这些问题形成

受限的少年时代

的原因达成一种共识。

然而这一切比我们看起来的要困难多了。我期待"代表男孩"这个项目会大受欢迎并且激起更多的思考——男孩到底需要什么。但从一开始,事情就变得很复杂。一些学校社区对于传统的认定习以为常,因此鄙视单独将男性这个性别提出来的做法,而另一些女权拥护者开始担心,是不是会因此大肆鼓吹男子气概。当地报纸的一位专栏作家嗅到了其中充满争议的气味,他发文嘲笑这种项目的动机并激起了深层次的恐慌:"男孩本就不应该勇敢的。他们也没必要努力工作生产。男孩可能更像……怎么说呢,我觉得更应该像女孩那样吧。"

事实是,偏见和刻板观念在男孩的人生之中很早就出现了,塑造和扭曲了大众对他们的看法,即使是最善意的人也会这样想。斯坦福大学的心理学家赵美心[①]曾经针对四五岁的男孩展开深入研究,通过观察父母和老师,看他们如何限制"男孩就该什么样子"。赵美心发现有些男孩的身份被固化,毫无选择,还有的对于人际关系中的文化形态和压力"过度妥协"。她沉浸在男孩的"教室"里观察了两年多时间,她发现,原本开放和真实可靠的男孩表现得越来越谨慎,也不那么天真率直。赵美心写道:

[①] 赵美心(Judy May Chu,1953年—),祖籍中国广东新会,是美国历史上第一位华裔女性国会议员。先后在加利福尼亚大学洛杉矶分校、加州职业心理学院就读,在东洛杉矶学院教授了13年心理学课程。

培养男孩

"我们经常看到或者描述的男孩的天性事实上并不是他们本来的天性，那只是他们为了适应文化对他们的要求进行的调整，才展现出情绪的隐忍、好斗和竞争性，好像只有这样，他们才会被认为是'真正的男孩'。"

从我的自身经历来看，我发现对男性的刻板观念是普遍存在且不易被察觉的，但这却影响着我们对男孩概念的界定。我有一位朋友在高中担任生物老师，几年前她怀了一对双胞胎，在孕期的时候她告诉我："我知道哪个是男孩。"我很好奇地问她是如何辨别的。她解释道："踢我肚子的那个就是男孩。"纽约大学的发展研究员尼俄伯·韦从自己的研究中总结道：那些关于男孩的流行观点缺少基础性的依据，更不符合他们的现实需要。传统观点里认为男孩更喜欢自由，对亲密关系不感兴趣，然而事实却恰恰相反。通过研究，赵美心发现如果男孩没有朋友，他们会很痛苦，会发疯。她提出警告，家庭和教育经历的欠缺，或因为表现欠佳、孤僻和行为不端带来的厌倦和失败，都导致了文化上对于男孩的刻板观念。

在我初为人父的时候，我都没有意识到内心涌现出的文化偏见，有时自己都觉得尴尬。我们所居住的位置是费城很有名的一个社区，沿着马路向下走就有一个操场，一群十多岁的孩子们，每天都在这里玩儿童棒球或者打篮球。我的儿子是个活力满满的

受限的少年时代

小运动员,也很喜欢和他们一起玩耍。但是,随着这群十多岁的男孩逐渐长大成人,儿子对即将发生的事情毫无准备。尽管,这些孩子们在一起玩了很多年,玩得也很开心,还一起骑着自行车在各个街区转悠,但其中有些孩子开始变得愤怒、小气,似乎忘记了曾经的朋友。最后,受到这群孩子的鼓动,整个群体开始针对我儿子,把他驱逐出集体也赶出了操场。每次回来的时候,儿子都是步履沉重,垂头丧气。

最开始,我并没有让他自己看电视或者玩游戏,我会和他一起玩,努力提振他的士气,帮他增强自信心,期待他有一天重返操场。然而直到一个周六的早上,那时我刚从紧张的一周中恢复过来,只看到儿子又一次从操场败兴而归,我站在门前的台阶上拦住他,告诉他不能进家门。"你必须把这个问题解决了,"我说道,"只要你需要我,我会一直站在这里,但是我不会就这样看着你放弃的。"他试图推开我进门,丢脸和挫败感迅速地转变成了狂躁和爆发,他嘶喊着,说他再也不想去街道上玩了,再也不要融入他们之间了。就这样一遍一遍地咆哮嘶喊着,一边还试图从我身边窜进屋子里。我也一遍遍重复:"你可以的,千万不能放弃。"这时一个邻居走出来,他一定觉得我的声音听起来太像虐待儿童了。

我这样做是在帮助他吗?或者说,我是不是按照刻板观念,

培养男孩

认为男孩就不能在争斗面前羞涩？我是不是给儿子上了糟糕的一课，告诉他不管自己如何害怕和恐惧都必须迎面解决问题？当我在思考如何解决儿子未来在街道上面临的危机时，我也在回应自己内心深处的一些问题。我的恐惧又在何种程度刺激着我？我的儿子会被伙伴赶出操场，无法获得童年的快乐，蜷缩进更小的生活圈。

我是幸运的。我找到了解答这个令人深思的问题的方式。大学毕业没多久，我加入了一个朋辈咨询网络，而这恰恰成为改变我生活的转折点，也最终决定了我的职业选择。我学会了倾听他人，反过来，他们也会深度、耐心、真诚地倾听我的诉说。我和网络里的这些普通人一起工作，解决一些压力和偏见的问题，这些问题已经影响到了我们正常的健康状态。可以说这是一场人们开展的运动，旨在恢复人们在人际关系中的存在感和创造力，而不是囿于老旧的关系模式。当轮到我发言的时候，话语的套路没有了，长时间以来的紧张感消失了，真诚面对自己的能力大幅度提高了。总体来说，通过倾听别人的练习，我变得更加体贴有礼貌。多年来，这些机会帮助我整理我的感受、情绪和想法，积极面对弟弟去世的噩耗，也让我看清了从我孩童时期就存在的对偏见的理解，它们大大限制了自己看待世界的视角。我甚至认识到，我当时对儿子作出的反应其实更多的是由于自己的原因，而不应归咎于孩子。

受限的少年时代

在这种情况下，经过进一步的反省，我意识到，我想努力达到一种微妙的平衡。平衡的两端，一边是告诉儿子对于他朋友的小气态度我表示很遗憾，另一端是告诉他，不管生活中遇到什么困难，都要保持一种人定胜天的态度。我多希望自己能在行动之前就理解到这些，无论儿子感到多绝望或者陷入什么样的困境，他都可以选择自己的态度和观点。我也很想把这些重要的信息传授给儿子。后来，在一个比较平静的氛围里，我们坐在一起。我试图给儿子传递这种信息，让他在没有愤怒、恐惧和失望的时候认真听我讲话。但是我确信有一些担忧还是要经历的。他有他自己的烦恼，而对于我来说，充斥了烦恼的情绪也在增多。

家有男孩的父母会感觉更加焦急。他们的儿子经常出现下面这些行为——在学校里面无精打采，在家里以自我为中心，很容易被朋辈群体比下去，对待妹妹或弟弟很不友好，运动场上又没有足够的对抗力，焦虑愤怒又羞赧。孩子的父母再也不能忍受了，他们开始带着忧虑和愤怒进行干预了。父母会给出一些建议，但当孩子听不进去的时候，他们会更加失望和惊慌。

幸运的是，我和儿子都已度过了我们的青涩时期，当然我们也清楚未来还有很多事情需要克服。我已经成长为一个优秀且富有耐心的老师，也蜕变为儿子暖心的父亲。我不知道儿子是否理解我的良苦用心。但是，就像很多其他的男孩，他会有很多自

培养男孩

我反省的时候,也会找到自己的勇气。我们的关系经受了很多挑战,我相信,儿子已经明白了,我永远都乐意帮助他解决生活中的难题,虽然有时候我做这件事的时候略显笨拙。

我们的男孩

有一个小组里全是十多岁男孩的父母,我向他们提出一个问题:能否给我举个例子,包括老师、教练或是导师在内,是否有人曾对儿子产生了积极影响?每个爸爸妈妈都能举出一个鼓舞人心的例子。当他们讲述这些故事的时候,整个屋子都变得温暖了。所有人都有一个共同的祈祷,希望男孩过上好的生活,平安顺利,扎根现实土壤,实现自己的梦想。能够寻求到帮助是最大的幸事。

当父母讲到有人帮助自己儿子的故事时,我被他们深切的情感击中了。一位父亲讲到了这样一个故事:他的儿子曾经因为做坏事被抓了,当时他却向老师撒了谎。他为自己儿子的行为找不到任何借口,他很担心这个坏习惯拖儿子的后腿。后来他儿子很不走运,被分配到这位老师的班级里上数学课。但是老师非但没有按之前的坏印象对待他儿子,反而告诉他,之前只是犯了一个错误,一切都可以重新开始。他自己也会给儿子提供一些额外的帮助，让他相信自己可以在课堂上表现得很优秀。到年底的时候，男孩取得了比以往更加优异的成绩，逐渐成为班级里的数学小能手，自信心也大幅度提升了。男孩把这位老师当作自己最喜欢的老师。

另外一位母亲也讲了一个故事，当时她的儿子生病了，需要住院治疗。在儿子住院期间，老师不仅一直和她儿子保持定期交流，告知他学业课程，帮助他赶上班级的进度，而且还会亲自来看望她儿子，带给他其他同学的笔记。这位母亲解释了她对于这位老师的感情："这位老师让我儿子感觉到，关心他的人不仅只有他爸爸和我，还有其他人也同样在关心着他。这位老师占用个人时间专门过来看望我儿子，看他目前的情况如何。其实他也可以不这样做的。我知道儿子很优秀，但是其他人也觉察到他的特别之处让我非常感动，我会永远感激这位老师。"

还有一位母亲讲了一个教练和她儿子之间的故事，这位教练为了让她儿子掌握运动的技巧，费了不少工夫。这样，在某种程度上也直接让她儿子赢得了地区级教练的注意。我问这位母亲，对儿子和教练之间的关系有何感受，她说："欣慰。"

"欣慰？"我询问她。她继续解释道："这一切给了他一种信念。我对他最大的担忧就是他不能发现自己的特别之处。现在我相信他的生活中已经有了一些东西，算是一种提醒，可以让他

培养男孩

永远回忆。"

可能，不管什么时候，父母谈起自己的孩子，都会有这些共同的感情。但对我来说，这其中有一个特别的关注点——我们一直在谈论的都是男孩。其中那些没有言说的，是父母对男孩持有的巨大的不确定性，尤其在当下的这种环境下，有太多的方式容易让他们的儿子出现问题。《解决注意缺陷障碍/注意缺陷多动障碍的惨败》（Unraveling the ADD/ADHD Fiasco）的作者大卫·斯坦提出过，男孩的行为通常会造成严重的后果。举例来说，他在报告里提到，男孩和女孩被诊断为不同程度的心理"障碍"的比例是5：1。2012年的一份论文显示，在收养孩子的时候，人们在孩子的性别选择上存在偏好，女孩的受欢迎程度高于男孩30%。研究人员对此的解释是：女孩会被认为是"低风险"的。

尤其在这个新时代，当满怀期待的父亲得知自己要有一个儿子，这可能让他感到不安。在连续剧《处女孕事》（Jane the Virgin）出演拉斐尔·索拉诺而名声大噪的演员贾斯汀·巴尔多尼，不但在访谈中分享过，也在书中写过，当他得知孕妻肚子里的孩子是个男孩时，自己内心的那种感受。他最近写道："当我得知妻子怀的是个男孩时，我的内心深处涌现出另一种情绪：恐惧。"什么能让他如此的恐惧呢？作为一名深受女性观众喜欢的偶像派男演员，他承认，他与自己的身体培养出了一种不健康的关系，因此也担心自己的儿子会效仿自己。"我不希望他和我一样。我希望他能想得更清楚，更明白事理，比我做得更好。"

每个人都有一个遇到麻烦的男孩的故事，下面这个故事的主人公是一个七年级的男孩。

大卫的妈妈莉莉找到我的时候，大卫已经有点完全不受控制了，尽管他非常聪明，但由于他学业上不努力，在校行为粗鲁，导致成绩一塌糊涂。对待父母，他无礼又冷淡，有时候还会辱骂妹妹。大卫的妈妈不得不求助支持父母教育的网站，而网站上的人给的建议是，让她对自己的儿子管得更严厉一些，但这样反而导致父母和大卫之间的冲突更尖锐了。当我私底下和大卫见面的时候，我发现大卫一直坚信妈妈不喜欢自己，更不要说爱自己了。在激烈的争吵中，妈妈会失控，说出一些类似于"我讨厌当你的妈妈"这样的话。这种情况似乎出现好几次了，随着大卫步入青春期，对于妈妈养育自己所付出的努力，他变得越来越抗拒。

我单独见了莉莉，询问她对儿子感觉如何。她也承认，从一开始，儿子对她来说就是难以相处的，之后的几年，生一个女儿已经成了她的梦想。当她谈起自己的第一次生育经历和大卫的童年，很明显她当时经历了一段时间的产后抑郁，儿子的需求对她而言，就像指甲划过黑板一样难受。当大卫哭闹着找妈妈的时候,她会感到恐惧和不堪重负,内心愤怒但又不得不克制住。他们之间的关系就在这样的基础上建立起来,随着大卫步入青春期,她说话的声音变得越来越大,也变得越来越愤怒。

实际上,大卫单独和我在一起时非常讨人喜欢,久而久之我们也建立了友谊,他看得出我喜欢和他聊天,觉得他聪明又有礼貌。我们会一起欢笑,我也很小心地不去责备他与父母闹矛盾、成绩落后,或者指责他的行为问题,反而会告诉他,考虑到所有的情况,他已经做得很好了。直到最后,我才会利用建立起来的关系指出,他的这些行为本质上是对自己不利的,同时他也希望事情能向好的方向转变。另一方面,我还与大卫的父母进行了沟通,建议他们不要再对儿子进行高压管制和惩罚。尤其是告知他妈妈,要通过唤起内心对儿子的爱,重新建立连接。考虑到她儿子身体强壮,喜欢运动,我鼓励她可以和儿子一起玩枕头大战,无忧无虑地一起打闹。

事情进展并不顺利。大卫对妈妈的承诺抱有怀疑,莉莉也很努力地克制自己不去苛责儿子的失礼行为,或是对自己的付出不能心怀感恩。但是,随着大卫逐渐成长,同时对与女孩子的关系越来越感兴趣,我开始提出更多要求。我会和大卫解释,他同妈妈建立起来的关系,包括其中他对待妈妈的态度、和妈妈的亲密度,以及对妈妈的信任,这些都会为他的其他关系设置一个框

受限的少年时代

架。我建议大卫和妈妈最好形成一种健康的亲密关系,把过往一些不愉快的记忆抛到脑后。同时,我也提议,对妹妹不能有任何虐待行为。久而久之,在妈妈的不断鼓励下,大卫能够克服早期形成的一些不良习惯了。

大卫九年级那一年的感恩节,我收到了他妈妈发来的邮件,那个时候我们已经有几个月没见过面了,邮件内容如下:

> 我想和你说一下大卫的近况。要是早点联系上你就好了。不管怎么说,大卫最近表现不错。希望我给你发这封邮件没有给你添麻烦。但是,我经常会想到你,想起那个时候我们一起努力,取得了那么多的进步。如今,我付出的努力终于看到了回报。大卫同我和他爸爸的交流越来越多,对他妹妹也友好了很多,虽然我觉得可能到他成年以后才会真心实意地对妹妹好吧。此外,他也开始对自己的言行负责了,会在做错事的时候承认错误。最重要的是,他开始接受我这个妈妈了。对您给予的帮助,我万分感谢。无以为报!

这个家庭曾经陷入麻烦当中,大卫处在"误入歧途"的边缘,有可能影响到他的余生。在我的评估过程中,我总结出导致这个家庭危机的根源是一个糟糕的理论:<u>父母认为他们的儿子故</u>

培养男孩

意举止失礼，在一场激烈的权力争夺中挑战他们的极限，基于这样的理论，他们认为最好的应对方式是施压和道德指责。

我的干预恰恰是从相反的角度切入，对男孩来说，与父母建立信任依恋是他们的一种天生需求。我觉得，妈妈对大卫的拒绝疏离、矛盾情绪和隐忍克制，使他受到了精神创伤。我同母子二人聊天，了解到莉莉早期为人父母的挣扎为他们之间的关系埋下伏笔。我证实了大卫被冤枉的感觉，也证实了妈妈对孩子的爱意和希望被给予的尊重。双方都觉得我能够理解他们。随后，我明确表明希望大卫表现得更好，要求他成为一个好哥哥、好儿子、好学生和好运动员，其实这也是他真正想成为的那种人。

很多家庭在为自己的儿子寻求帮助，对他们来说有一点很重要，那就是要把他们的危机视为一个机会，重新思考那些行不通的办法。我们需要一套更精确的假设。只有了解了事情的原委，我们才能找到一种新的解决方案，这个方案很可能会包含对男孩关系需求的深度思考。在很多家庭里，父母对孩子殷切的期待和孩子真正的自我之间，会有明显的断层。男孩依赖于父母的接纳和关爱，而当这些都要付出代价时，他们就别无选择了。最开始，大部分男孩会努力学习以满足父母的愿望和期待，当其中一些人发现，即使他们再努力也难以达到父母的要求时，就会转向别处去满足父母的期待。但是随波逐流取悦他人也有不好的一面：一个男孩提出了一个讽刺性的结论，在这个世界上，家人总是要看看自己是不是满足了他人的要求。父母的爱是有条件的，这就让很多男孩丧失了安全感。

这就好像，父母相信他们可以让孩子成为某种特定的类型的男孩来满足自己的梦想，或者除此之外，将他们的孩子硬塞进某种他们偏好的类型模具中。有多少男孩曾经接收到父母传递给他们的信息：要他们"拿出点儿男子汉的气概"；在学校或赛场上要"再硬气一点"；"要赢"；"感染"他们的情绪，表现出更多的"勇气"和"决心"。老旧的男子汉观点认为，加倍努力是解决一切问题的答案，而这其中完全忽视了科学理解毅力的养成，以及动机是如何与一个男孩的情绪状态深深地交织在一起的。试图让一个男孩适应一种预先设定的身份，这个问题给男孩传达的信息就是：他本身不够优秀。

男性行为框架（The Man Box）

《1984》的作者乔治·奥威尔是一位英国作家，他年轻的时候曾经在英属殖民地缅甸担任警察。《猎象记》（*Shooting an Elephant*）是他1936年的一篇散文作品，内容大体基于当时的一段警察经历。讲的是一名警察被指派了一项任务，去射杀一只失去

培养男孩

控制在大街上乱窜的大象。他不仅要射杀这头动物,还要展现出冷静和效率,并且不让自己陷入任何冲突之中。2015年的圣丹斯电影节官方精选电影《面具之内》(*The Mask You Live In*)就引用了《猎象记》中的段落开启整部电影,它是这样描述的:"本片讲述的是,在美国,男孩和年轻男性身处对男子汉狭隘定义的争论中,如何努力保持真实的自我。"就像奥威尔写的:"他戴着面具,逐渐长大,并去适应面具。"

事实上,"面具"的这个隐喻低估了男孩损失的程度。促进性别平等和防止暴力的研究机构Promundo-US[①]是专门针对男性教育及社区项目的一个国际组织。在它2017年发布的一项研究中,引用了一个更为明确的概念:男性行为框架。是否适合男性,取决于这些行为是否在框架内:自负、手段强硬、外表吸引力、同性恋恐惧、性欲亢进、进攻性和控制欲,这些都包括其中。研究人员调查了一份具有代表性的男性样本,这些人年龄处于18~30岁,来自美国、英国和墨西哥。研究发现,在暴力、霸凌、性骚扰、抑郁和自杀念头这些方面,处在框架"之内"和"之外"的年轻人具有明显差异。研究小组最后总结道:"男性行为框架导致的不利影响非常严重、真实,且令人不安。遵守男性行为框架规则的大部分男性更容易将自己的健康和幸福推向危机边缘,将

---

① 1997年创始于巴西,创始人为加里·巴克。

自己的亲密关系割断，拒绝寻求帮助，遭受抑郁的折磨，经常考虑结束自己的生命。"

早期的性别研究人员，例如桑德拉·贝姆，她开创性研究了性别角色两极化和刻板观念，认为相比女孩来说，男孩会更加严格地遵守性别规范。女孩像个"假小子"是一回事，但是一个男孩成为"娘娘腔"就完全是另外一回事了。家庭治疗师奥尔加·西尔弗斯坦写过一本书，名为《培养优秀男人的勇气》（The Courage to Raise Good Men）。她引用了一项研究：一位妈妈怀抱婴儿坐在医生的候诊室里，这个婴儿身穿白色衣服，不太能分辨出到底是个男孩还是女孩。当护士喊到这位母亲时，她礼貌地询问候诊室里的其他人，在她去看医生的时候能否帮忙照看一下"我的女儿"或"我的儿子"。一个隐藏的摄像头记录了接下来发生的一切。如果帮忙的人发现那个孩子是个小女孩，就会把孩子温柔地抱紧，轻声和她说话，一起玩耍，但是如果发现那个孩子是个小男孩，那个孩子就只能自己躺在毯子上玩弄一串钥匙。

母亲在这场男子汉养成大戏中扮演至关重要的角色。2013年，记者凯特·斯通·隆尔巴迪出了一本书——《"妈宝男"神话：为什么和儿子保持亲密关系会让他们更强大》（The Mama's Boy Myth: Why Keeping Our Sons Close Makes Them Stronger），她探索了文化压力对亲子关系的影响。她认为，母亲

培养男孩

身上被施加了强烈的偏见,迫使她把儿子推开很远,以至于违背了她们更好的判断。她在书中写道:"至少一个世纪以来,普遍存在的一种母子间的智慧是:如果一位母亲在儿子幼年5岁之后依旧保持着情感上的亲密,这显然是不妥的。不然,她就是一位令人窒息的母亲,阻碍儿子成长为一个坚强独立的男人。"

Promundo-US研究机构探寻了遵循传统男性标准的不同压力来源。在美国青年男性群体中,60%的人认同以下这种陈述:"我的父母教育我,'真正的男人'即使在感到紧张或是恐惧时,也要表现出坚强。"从他们孩童就接受的这些教育来看,家庭和更广泛的社会对他们的要求具有显著的一致性。3/4的受访者对此表示认同:"即使在内心害怕或紧张的时候,男孩也要表现得很坚强"。此外68%的受访者认为:"如果一个男孩在受到欺负时不反手打回去,这个人就太懦弱了。"

对男孩男子气概的培养起始于家庭,强化于学校。心理学家赵美心观察了学前班和幼儿园中4~6岁的男孩,她见证了孩子们是如何从开始的直率、口齿伶俐、注意力集中,转变为在人际关系中伪装、隐瞒。用赵美心的话来说,这些孩子变得"愤世嫉俗""冷静克制",不再那样"热情洋溢",反而更加"疏远分离"。她认为,男孩的发展源于"通过装腔作势来伪装",因为他们觉得重要的不是展现真正的自我,而是扮演好被要求的角色。

男孩自我的失去远远不止他们的装腔作势。对于男子气概的夸张观点，在文化中普遍存在，媒体影像、游戏比赛和电视传媒，大大激发男孩产生一些极端行为。在赵美心的研究中，男孩专门形成一个"恶作剧小组"，主要是"骚扰别人"——尤其针对班级里的女孩子。无论其中个别男孩对此有什么反感情绪，一概都被他们的群体思维压倒了。

尽管20世纪90年代末，人们就越来越担心男孩的生活会问题频出，但少年时代的问题依然持续到今天。根据美国疾病预防和控制中心（Centers for Disease Control and Prevention，CDC）的数据，4~17岁男孩的父母寻求医疗保健或学校工作人员帮助的比例几乎是同年龄段女孩父母的2倍。除了冲动的冒险行为、注意力不集中和举止无礼问题，男孩在社会和行为技能方面也落后于女孩，而这些技能有助于他们在学校中取得成功。男孩更多的是烦躁不安、无所事事、性格孤僻和不受管束。由于男孩爱捣乱，不能或是不愿意服从成年人的管制，老师们总会纠正他们的一些行为。因此，男孩是接受纪律处罚和药物治疗的主要群体，尽管如此，明尼苏达州大学深受人们尊敬的儿童发展研究员艾伦·索洛夫表示："到目前为止，还没有发现治疗注意力缺陷的药物能够对提升学习成绩、改善朋辈关系或是纠正行为问题

培养男孩

有长期效果。"

同女孩相比，男孩的行为更可能增加自己或别人患病、受伤甚至死亡的风险：男孩更经常携带一些武器，更易进行身体对抗，比较少地系安全带，频繁地酒后驾车，进行无保护措施的性行为，也很频繁地在性行为之前饮酒或"嗑药"。这些男性与不文明行为之间的关联着实让人担忧。在另一项跨文化研究中，纽约州立大学石溪分校的人类学家戴维·吉尔摩发现，厌女症的各种行为，他称之为"男性疾病"，最好被理解为男性努力压抑自己对女性的任何看法的一种表现。他写道："讨厌女人的男人更讨厌自己。"

男孩生活在框架中或是面具背后，这不仅仅是一种限制，同时也侵蚀了他们的善良和美德。在面具的遮盖下，男孩呈现出的面孔是不真实的，他们变得孤立无援。在道德的指南针中，他们失去了与他人联系时指向"北方"的那根指示针。伪装胜过了真实，"耍酷"胜过了真诚，学习上的心烦意乱取代了专注投入。无论父母如何教导他们的儿子要公平、正直和真诚，最终都会遭到充斥着"兄弟"文化的同辈监督和《动物屋》①式庆祝的暗中破坏。男孩被迫顺从，他们很容易受到那些专门为了拉拢他们思想

---

① 《动物屋》（Animal House），是美国环球影业公司的喜剧片，1978年7月27日在美国上映。该片讲述了某大学有两个人见人嫌的兄弟会成员，教务长想尽办法将其中一个赶出校园的故事。

受限的少年时代

和心灵而设计的诡计的伤害。例如，脱离家庭的男孩更容易受到色情行业营销说辞的影响，而这个行业恰恰扭曲了人类性行为和爱情。类似的例子还有很多。

好消息

幸运的是，有方法能够解决少年时代的问题。如果我们鼓起勇气，就能够对男孩的一些真实经历敞开心扉，努力营造一个允许我们的儿子成为他们真实自己的孩童时代。20世纪90年代末，大量关于男孩的书籍都提供了重要见解，但这些书倾向于两种截然不同的观点：一种观点是，从生理结构上看，男孩就是难以控制地爱捣乱，无理由地攻击别人，不断地进行冒险；另一种观点是，他们天真无辜，反而是社会压迫的受害者，承受着无声的痛苦。在这两种观点中，男孩都是受害者，要么由基因所致，要么因为受到他们所处的社会生态的影响，其中缺少的是一个由男孩自己想象的生活中的可爱又鼓舞人心的角色。

但是，我还是保持乐观，目前有可能正在取得历史性突破。尽管一些根植于过去的谬见和偏见依然影响着男孩，一个全新、健康的男性生活方式还没有取代旧模式，但是经济现状、家庭动态和传统规范之间的矛盾促使少年时代的重塑不可避免。随着新的社会需求揭露出旧时代的刻板局限性，新的思想将会流行起来。

　　这里有几个示例能够暗示一些可能性：当一所历史悠久的寄宿制男校，在开办150年后实行男女同校，这将导致学校要面对从未遇到过的学生流失问题。在女孩入学几年后，九年级和十年级的男孩开始辍学。我被派去与男生、他们的父母和老师见面，为男孩新增的不快找原因。这其实并不难，症结是存在的一种霸凌体系。这种体系公然鼓励年龄大的男孩欺负比他小的男孩，虽然这种体系是无形的，但却被认为是理所当然的。然而女孩群体中不全然似这种情况。男孩进入了这样一所充斥着"成人仪式"的学校，遭受着很多虐待，也得到了一个"承诺"，那就是他们同样可以利用、欺负在他们之后入校的男孩。这是这所学校一个"令人自豪"的传统，美其名曰"性格建设"，并得到了父母、老师、教练和学校管理者们的默许和赞同。女孩有着完全不同的体验，这使得年龄小一些的男孩越来越难以忍受这种传统。这种男孩的成长模式——学校一直以来都在坚持的方式，最终被打破了。

　　我提供了一些证据，证明了霸凌和学生流失问题之间存在的联系，学校领导随即采取了强有力的行动。他们重构了针对低年龄段男孩的项目，强调安全和辅导，并稳步推进，消除朋辈霸凌劣习——"老鼠"体系。尽管改变受到顽固的抵制，但男孩关系中的霸凌逐渐消失了,学生流失率也降低了。如今,这所学校成为一个拥有牢固根基的现代机构。

第二个例子出现在问答环节,我当时给家长做了一个报告。父母们能在这样一个寒冷的工作日夜晚赶来,很明显,他们希望让自己担心的儿子能够获得一些帮助。爸爸妈妈们分享了让他们焦虑、失落、沮丧的故事。一位母亲举起了手。她说自己和孩子的爸爸分开了,是一位单亲妈妈,儿子变得越来越难以相处,不但性格孤僻、脾气乖戾,而且拒绝接受妈妈有对他施加限制的权力。

她问:"孩子这样正常吗?考虑到他已经长成少年,我是不是应该让他爸爸来照料他呢?"听众席里有人点头对此表示认同。我刚参加工作的时候就听到过类似的问题,并且期待解答这个问题。我甚至参加过一些专家讲座,他们自信地宣称,要让一个男孩成长为男子汉,其中当然需要一位男性。事实上,一位专家曾表示,母亲的角色是为儿子"搭建一座走向父亲的桥梁"。

这种观点在几个层面上都存在问题。首先,没有证据表明,一个男孩只有在另一个男人的指导下才能成为一个真正的男子汉。事实上,这种教导通常是为了确保传统思想得以延续。这也并不是说,男孩不能从与男性长辈的交往中获取重要内容,他们也会学习该如何着装、怎样刮胡子、如何同伴侣相处,以及怎样

培养男孩

处理个人事务。男孩喜欢参考其他男性的观点。事实上，在没有现实接触时，他们更易夸大一些观点。但是，过于强调学习男子气概可能会弱化对于男孩来说更重要的人性发展，忽视能够帮助他在现代社会取得成功所必需的技能。

我对这位母亲说："我承认男孩和爸爸之间存在的亲密关系，但是如果一位母亲由于担心自己过于溺爱儿子而把他宠成'妈宝男'，就从与儿子的这段亲子关系中疏离出来，按照发展学家的观点来看，这样做会破坏孩子对于安全和可靠的依恋。就像女孩子一样，男孩也有基本的人类需求，而忽视这些需求会让他们陷入危险。如果父母或是其他人不能无条件地接纳和爱一个男孩，那这个男孩就会不那么勇敢自信，更容易陷入众多的负面影响中。"

"请把儿子留在身边吧。"我劝导她，"当他在外闯荡世界时，知道有你一直在背后支持，他会变得与众不同。"在座的父亲们点了点头，而母亲们则露出惊讶、感激和重拾信心的表情。让我震惊的是，这位母亲是如何被这种不明智的观点俘获的呢？这几乎会让她违背所有育儿本能，她怎么能准备好去相信那些直觉呢？

第三个例子是为费城及其周边地区的青春期男孩定制的暴力预防项目。由于出现暴力倾向和目睹或经历暴力之间的联系非

受限的少年时代

常紧密，我的研究团队首先评估了男孩接触暴力的情况，包括打架斗殴、目睹枪击或听到枪声、直接经历过犯罪和受到过个人威胁。我们的目标是建立一个以真实数据为基础的项目，这些数据显示了由于急性应激反应引起战斗或逃跑的频率和严重程度。

我们发现暴力程度令人不寒而栗。尽管有证据表明存在异常的环境压力因素，但我们依然受到了来自资助者和顾问委员会的质疑，我们希望利用一些干预措施，保护和帮助男孩从不良的压力中恢复过来，而他们则怀疑男孩是否能从这些干预措施中获益。一些人认为，男孩的压力过大，他们已经走得太远了，而资源又如此贫乏，社区的暴力氛围已经很严重了。他们还提出了旧的种族、阶级和性别偏见，总之，他们还是想让事态维持原状。

但是，防止高危男孩成为二次受害者的压力这一点还是有说服力的。我们成立了课后小组，很快就发现，很多男孩都喜欢和其他男孩或是成年领袖见面，讨论他们对于生活中各个方面的感受。事实上，很多男孩多年以来都会来这里聊天、玩游戏，总之就是解决他们在家庭中、学校里、邻里间面临的压力。公开的讨论能让他们诚实表达自己的感受，这样他们就不会盲目地，或者轻易地受到重演暴力场景的伤害。

很多男孩在接受询问时表达了和特伦斯一样的观点，虽然有时候不得不通过武力手段来保护自己，但是他们"确实不喜欢打架"。一个名叫胡安的小男孩详细地阐述了自己的看法:"通常来说,我这个人不喜欢打架。好像,我是一个有点像女孩的男孩。通常,怎么说呢,我更像是一个'恋人'而不是一名'战士',也能这样讲吧?我还会写诗。我做的事情都挺不一样的。"

培养优秀的男性

在这些例子中,更加真实的男孩们克服了历史的偏见。以对男孩的发展承诺为出发点,家庭、学校和社区产生的完全不同的结果成了关注的焦点。芝加哥大学法学院的伦理学家玛莎·努斯鲍姆提出,以"人们实际上能够做什么和能够成为什么"为目标,从道德层面衡量一个孩子是否得到了恰当的照料。在她看来,道德社会的定义是它所创造的条件,包括资源和关系,允许孩子们可以把内在的潜能转换为实际的能力。什么样的童年可以让男孩认识到自己作为人类所具有的全部能力?

所有的研究都指向同一个方向。根据心理学家尼俄伯·韦的说法,"人类之所以为人类,是因为我们具备关系和情感技能,同时,我们也要想尽办法提升这些关键的生活技能"。然而,她观察到从男孩的青春期早期到青春期晚期,男孩之间的关系质量发生了显著的变化。年幼一点儿的男孩在童年的大部分时间里能

受限的少年时代

够相互分享彼此的亲密和脆弱，然而等他们逐渐成长为青春期男性，难免会面对文化压力。为了应对这个问题，男孩疏离了亲密的朋友，也失去了联系和分享的主要来源。他们甚至丢失了表达自我感情的意愿，因为他们害怕被视为"同性恋"。虽然他们发现没有朋友的生活是凄凉的，有时是难以忍受的，但很少有男孩能逆流而上。大多数人都陷入了情感压抑、社会矛盾和个人伪装的类似境遇。

韦的研究和其他不同领域的研究不谋而合。对大脑发育的最新研究强调了传统的假设非常离谱。马萨诸塞州韦尔斯利大学的精神病学家艾米·班克斯认为，独立和个性的形成过程处在少年时代价值体系核心位置，但这却与他们发现的人体结构的设计背道而驰。事实上，她探究得更加深远，同时补充说，新兴的关系神经科学告诉我们，人际关系不仅仅是美好的、偶然的相遇，也是人类获得幸福的基本要素。每一个人，无论男女，都"建立在一个互相关爱的人际关系网络中"。当人们与外界的联系被切断时，就会产生负面的神经连锁反应，而健康和幸福则起着活跃人际关系的作用。

证据就在我们的大脑和身体里。班克斯确认了四个独立的神经生物系统，以确保每个人都能与他人保持同步：敏捷的迷走神经帮助我们在社会环境中做出恰当的情绪反应；背侧前扣带皮层

培养男孩

(dACC)可以缓解我们对社会的排斥和疼痛；镜像系统帮助我们解读他人，并带有情感地回应他们；多巴胺奖励系统掌控着人际关系中的愉悦体验感。从神经解剖学中解读出的见解对于养育子女有重要意义。

丹尼尔·J·西格尔博士和合著者玛丽·哈策尔在他们的著作《由内而外的教养：做好父母从接纳自己开始》(Parenting from the Inside Out: How a deep Self—Understanding Can Help You Raise Children Who Thrive)中，对男孩之所以成为"男孩"，是由于他们的雄性生物遗传这种传统的观点提出了挑战。"经验就是生物学。"他们争论道，"我们对待孩子的方式会使他们有所改变，也会影响他们未来的发展。"恰恰是在儿童心智模型基础上形成的"人际神经生物学"，指导着他们该如何与别人相处。加拿大心理学家唐纳德·赫布提出："被激发的神经元都是交汇在一起的。"

西格尔和哈策尔引用了一项具有里程碑意义的儿童发展研究的发现，在该研究中，研究人员对父母实行成人依恋量表管理（衡量亲子关系质量的量表），该测试预测了他们的孩子在日后的关系中的依恋质量，准确率达到85%。对于一贯的"男孩本性难移"观点，其实对立面的说法才是正确的，西格尔总结道："与环境的互动，尤其与他人的人际交往，直接塑造了男孩大脑的结构和功能发展。"

刚步入青春期的男孩很脆弱，他们内心有一种根深蒂固的态度，那就是对关心照料自己的人非常信任。每个人都可能经历失望，要像困在煤矿里的金丝雀一样克服重重困难，成长环境面临氧气不足：人际连接、帮助、安全感与爱。我们没有必要通过施加惩罚让男孩顺从，也不必撒手让他们放任自流。许多父母低估了关系中对善良的滋养。他们对家庭之外的很多影响非常敏感，也会把那些照料他们的人记在脑中，他们能把我们放入心间，让我们知道自己不是孤单的。没人能确保自己的儿子永远不会受到伤害，但是我们也不要低估彼此间连接的力量，这会让他们变强大，并给予他们安全感。

加州大学伯克利分校的心理学家艾莉森·高普尼克反对用过度管理孩子的方法来达到预定的结果。回顾有关儿童发展的研究，她认为父母和社会被导向一个错误的隐喻。她注意到，直到20世纪50年代中期，新的工作和消费模式改变了家庭生活，"育儿"的概念才开始流行起来，在这种新观点之下，养育子女类似于木匠的工作：拿出一块木头做成预先确定好的东西，比如做出一张桌子或是一把椅子。

高普尼克的观点则恰恰与之相反，她认为父母更像是一位园丁，"当我们护理花园时，一方面，我们为植物创造一个培育和受保护的空间，让它们茁壮成长"。通过神经科学和现实研究的有力支持，她解释说，孩子绝对不是某一种项目，养育孩子更多的是建立、维护一种关系，而并不是追求一种结果。高普尼克写道："为人父母要照料孩子，成为父母是一种深刻且独特的人际关系中的一部分，需要投入一种特殊的爱。"并不是说父母的爱没有严苛的要求，这种爱有很强的目的性。高普尼克还补充道："爱没有目标、基准或蓝图，但它有一个意图。""我们的意图不是去改变我们所爱的人，而是给予他们茁壮成长所需要的东西。爱的目的不是塑造我们所爱的人的命运，而是帮助他们塑造自己的命运"。

男孩不是机器人，他们会本能地烙上童年印记。他们从有限或是极度匮乏的选项中作选择，然后尝试一下这个或是那个，通常这些选择和自己的价值观格格不入。他们会预估和寻找切入口，伺机成为真正的自己。当所处的环境严苛，男性规范又严格和僵化，可能还有一群男孩在监督这个群体规范，其中还有人互相攻击，这时男孩会感到孤独、挫败和绝望。但是在高质量的关系中，充满了平等、真诚和爱意，男孩会对自己想成为的样子抱有想象。

很多时候，认识到男孩之间的关系可以彻底改变他们的少年时代。即使是最勇敢、最有创造力的男孩也会感到压力很大。

受限的少年时代

但是,当一个男孩找到足够多的能让他坚持自己的想法的支持,坚守自己的内心,当环境改变的时候,他也会站在更加健康和易于适应的立场。让男孩为未来的世界做好准备的最好方法不是训练他们遵循过时的标准,而是允许他们的人性蓬勃发展。正如高普尼克所强调的:"即使我们人类能够精确地塑造我们孩子的行为,以符合我们自己的目标和理想,结果也会适得其反。我们无法预知未来孩子们将会面临哪些前所未有的挑战。把他们塑造成我们自己的形象,或者按照当下的理想塑造他们,实际上可能会阻碍他们适应未来的变化。"

我主持了一系列全球性研究,探究哪些教育策略对男孩有效。通过和上千名老师以及男孩的接触,我和我的同事们马上认识到了这一点:当男孩在"关系"①中被吸引、被关注、被认识和了解,就像他们自己了解自己那样,他们就会去尝试一下。当男孩能有效地达到目的时,即使那些差劲和表现不佳的男孩也会变得积极、上进和优秀,在课堂上分心和唱反调的男孩也会变得精力集中,尊重老师。在人际关系中实践男孩的能力,这种承诺的导向不仅仅局限于学校。细心和关心的"关系"会改变男孩,尤其是处在挣扎或危险中的男孩。

男孩与他们的父母、老师、教练和导师之间的"关系"的真

---

① 这种关系,有时也表述为关联、连接、联系。

培养男孩

正魔力,在于他们如何实现内化,真正形成他们自己的思想和内心。我们所说的性格优势与其说是遗传或体质的产物,不如说是后天培养的结果。在具备这些品质养成的发展条件下,孩子更有可能培养出抱负和同情心。美德不是从说教或讲座中学来的。相反,美德和人格力量是孩子们面对挑战、做出决定后,将生活经验融入新生的自我意识中的经验结果。同样,男孩由于对"关系需求"了解不足从而在学业上落后,很多男孩没能形成他们所需要的美德和优势,很大程度上是因为对"关系"能够塑造性格的力量有所困惑。

1993年,里根总统时期的美国教育部部长威廉·班尼特出版了《美德:伟大道德故事的宝库》(*Virtues: A Treasury of Great Moral Stories*)一书,回应了全国上下对美国年轻人道德状况的关注。同一时期,其他关于促进性格教学的全国性努力也在推进,最重要的要数"品格至要"(Character Counts)。约瑟夫和埃德娜·约瑟夫森伦理研究所(Joseph and Edna Josephson Institute of Ethics)的一个项目名为"联盟"(Coalition),宣扬的是"品格的六大支柱":诚信、尊重、责任、公平、关爱和公民意识。正如该联盟在其网站上所解释的那样:"无论在个人关系中,在学校里,在工作场所,甚至在生活中,明白你是谁,这很重要!品格不会遗传得来,也不是自动形成的,它必须通过榜样和需求有意识地培养发展。"

受限的少年时代

但是随着品格运动的发展，在联邦政府的资助下，学者们开始对品格的发展进行更细致的分析。密苏里大学圣路易斯分校的心理学家马文·伯克维茨总结了"品格教育科学"。在伯克维茨看来，很明显，对孩子品格发展的主要影响是人们如何对待这个孩子。事实上，孩子品格的形成从很早就开始了，始于他们出生时形成的亲子关系。他写道："依赖关系的发展以及婴儿和他（她）最开始的照料者（通常是母亲）之间形成的强有力情感关系，可能是品格发展中至关重要的一个环节。"

奈尔·诺丁斯是斯坦福大学富有传奇色彩的教育学教授（她是10个孩子的母亲，39个孩子的祖母，20多个孩子的曾祖母），她挑战了品格教育"漫长而曲折的历史"，提出了一种"关爱伦理"作为替代方法。她解释说儿童的价值观来自自己被照料的经历："最开始，我们学会如何被别人照料，如何回应那些爱的努力，以便支持他们对自己的努力。"她担心这种关爱伦理在家庭和学校的培养效果如何，并对这项工作的批判性提出了广泛的社会主张。她写道："一个人在学会关心别人之前，必须学会如何被关心、如何照料自己，可能确实如此。"

也许是第一次，今天我们有真正的机会让童年步入正轨。在童年的漫长历史中，社会的进步来自社会的孕育。对"男人的终结"的担忧可能最终会迫使人们拿出为男孩创造新机会所需的诚

培养男孩

实和勇气。如果是这样的话，研究少年时代的学者们可以比以往更好地理解男孩是如何学习、成长和培养美德的。认真倾听男孩的心声，发现他们成长所面临的威胁，这些研究可以为我们指明一条更有益、更健康、更人性化的童年之路。

在接下来的每一章中，我将追踪具体的案例挑战，并提出策略来指导支持儿子、学生和运动员们。虽然我会分享我工作中接触的男孩的故事，但这些策略更多的是战术而不是具体细化的，更多的是关于我们的而不是关于他们的。我所提供的更多的是一种态度立场，而不是解决方案。如果说我从自己为人父母、多年的临床护理工作、社区干预和观察研究中学到了什么的话，那应该就是人类发展具有一种强大的、值得信赖的力量。当我们做得正确，满足了孩子们的需求，他们就会非常卓越地成长。男孩会对支持他们的父母、老师、导师和教练产生强烈依恋，他们能够做自己，他们的人性也会得到升华。在《培养男孩》这本书中，我描述了男孩可能正面临一些挑战，让他们远离栖息的港湾，而我要探讨的正是如何与他们建立并保持紧密连接。

当我们培养他们包括勇气和正直在内的这些能力，我相信，男孩将会充分适应这个新世界，重塑他们的少年时代，带给我们惊喜。

第二章
解救男孩

关于男性发展的核心，存在一个悖论，令人困惑。一方面，父母和学校决心教育男孩成为男子汉，诚心诚意地想帮助他们。但即使出于一片好心，当父母满心想着教给孩子成为男子汉的相关知识和经验时，却会让自己的儿子沦为专题研究的对象，往往会强迫孩子受制于传统的条条框框，因而忽略他们的个性。

男孩能够想象出完全由自己设计的生活。有人努力把男孩变成他们不该有的样子。在梦想的激励下，男孩会抵抗，抵抗所有这样的做法。发展心理学家已经开始将这种抵抗理解为青少年最基本的自我保护本能，而不是自我放纵或故意回避。当孩子为"我是谁"而抗争，并想成为那种人时，他就在践行正直和勇敢的基本价值观。在20世纪八九十年代，有一些关于女孩抵抗性别歧视社会化产生的限制和牺牲的研究。这些研究表明,孩子会自然而然地努力表达他们真实的内心。

但有时会面临遵从社会规范的压力,甚至是有害的社会规范,这种压力让人疲于应对,若是抵抗还会遭受惩罚。男孩应该屈服于这些压力,还是可以抵抗呢?这个问题确实令人困惑。要支持男孩健康地进行抵抗,又需要什么内在条件和环境条件呢?

性别社会化对男孩的影响尤其明显。在男孩的所有人际关系中,包括与同龄人、父母和教师的关系,都有一个奖惩机制在起作用,压制男孩身上女性化的特点,强制他们变成理想型的男子形象。玩耍的方式、玩具、家务、纪律以及大人与孩子互动的模式无一不在加强这些规范。因为这种社会化会违反基本的天性,所以男性身份被认为"很脆弱",这也许能解释为什么人们如此积极地实施这种社会化。关于生物差异的说法得到了伪科学的支持。然而"基因决定命运"(Biology is destiny)这句"咒语"已不再适用于现在的女孩子。对于男孩,基于荷尔蒙和大脑的研究非常普遍,现在人们极少注意到这种不一致。

即使是专家也在与男性的刻板观念做斗争。在一个为期两年的研究中,心理学家赵美心第一次见到六个学龄前的小男孩,当时她感到非常惊讶。就像她在著作《当男孩变成"男孩":成长、人际关系和男子气概》(*When Boys Become "Boys":*

Development, Relationships, and Masculinity）中写的，首先，她"不知道该如何看待男孩吵闹、满不在乎甚至咄咄逼人的行为"。有一次，她和一个男孩的关系有了重大突破。事情是这样的：那个男孩热情地和她打完招呼后，拿起玩具枪，朝她开了一枪。她转过头去，不知道该作何反应。那天晚些时候，当男孩再次这样做时，赵美心博士笑了，并且还假装也朝男孩开了一枪。小男孩便开始耐心地解释说，赵美心应该像死了那样倒下去，并且还让赵美心再演示一次。当赵美心按照男孩吩咐的那样做时，他很高兴。后来，他们关系变好之后，每次到讲故事时间男孩还会要求坐在她的腿上。

赵美心越来越意识到她的偏见限制了她对事情的理解，她开始试着不仅仅去了解"男孩的身体素质和'侵略行为'（或者说是他们喜欢攻击别人的行为）"，也试着去体察他们体贴和安静的一面。在和男孩相处过程中，她观察到他们之间"亲密、互助、相互响应"，打破了男性都是个人主义、以自我为中心、不喜欢人际关系的这种错误观念。

但是在和赵美心一起度过的这两年里，男孩变了，变得不那么真实，更喜欢故作姿态和假装。她的研究表明，男孩第一个脱离的对象是他们自己，这继而引发了一连串的成长损失和隔阂。逃避一个可能会被谴责或遭受惩罚的童年，是男孩作的

培养男孩

唯一一个真正安全的选择。这虽然只是短期的行为，但是却具有长期的影响。

赵美心的导师，女权主义先驱卡罗尔·吉利根详细介绍了孩子保持自身完整性的不同方式。有时候，他们反抗情绪的表现方式从心理学上讲是健康的，特别是当他们找到可以倾诉自己经历的人的时候。有时候，他们的反抗方式更倾向于内化，包括退缩以及对外界采取不真实的姿态。面对迫使他无法做自己的力量时，抗拒是男孩的本能反应，但当他无法再坚持自己的立场时，强烈的压力会迫使他与自己分离。

在赵美心的研究中，有很多男孩抗拒的例子，"打个比方说，主要是抗拒让他们保持沉默，以及放弃他们的控制感。"在我自己的研究中，我发现各种类型的男孩都抵抗文化压力。但这一基本发现适用于所有人：无论是在公开场合还是私下，他们如何保持自己身上的人性和真实性，取决于他们与家庭、学校和社区的人际关系质量。

支持男孩做自己

我们可以为男孩的少年时代设想一种产生于人际关系的新模

式。为了让男孩抵制有害的、不健康的或不公平的男性规范，至少要有一个人来支持对男孩来说至关重要的事情。支持他的这个"盟友"可以是父母、朋友、老师、顾问、阿姨或叔叔，一个致力于帮助他们实现个人梦想的人。在一段关系中，一个男孩能够意识到自己的重要性，对他独立思考能力的形成以及走向自立都至关重要。年轻人的自信不是偶然的，也不是意外发生的，而是来自被理解、被爱和被支持的体验。

在我第一份正式工作中，我意识到认可男孩的人性有多重要。奈尔斯是我在家事法庭做兼职顾问时认识的一个青少年。在我负责的那一个单元，我们知道，一个男孩可能的预判结果通常可以通过他案宗的厚度来得出，而奈尔斯的案宗是我见过最厚的。他的家人们由于违反了社会服务或者法律，都被牵涉其中，有的是当事人，有的是被告。奈尔斯来自一个贫穷的非裔美国家庭，住在一个有悠久的种族隔离史的小镇上，就读于一个资源匮乏的学校。在这种情况下，信任关系是稀缺的。一开始，我就意识到试图与奈尔斯交谈不太可能有什么成效。但是当听到他不情愿地嘟哝着，说他喜欢画画后，我在他面前放了一沓纸和一盒彩色铅笔，并且邀请他在我们约好的采访时间画画。

这么多年过去了，奈尔斯画的画依然栩栩如生地保留在我的记忆里。渐渐地，在接下来的相处中，我只要静静地和他坐在

培养男孩

一起，专心地看着他，他就能画出他生命中重要的人物和场景。通过这种方式，我对他有了很多了解，也让他体验到我很在乎他是不是能按照自己的想法做自己。当他与我分享他的画时他会说话，我可以问他关于画的任何问题。

虽然我们的关系是在法院强制咨询的情况下发生的，且奈尔斯在等待法官对他命运的判决，但他渐渐地愿意更多地参与进来，思考接下来会发生什么。他是一个天生的艺术家，他的艺术是一种不同于街头卖艺的艺术。奈尔斯的案子举行最后听证时，法官利用自己的裁量权将奈尔斯转到了一所艺术课程很好的寄宿学校去了。虽然我不能说我和奈尔斯的关系变得亲密无间，但他的确教会了我如何倾听以及友善待人。给男孩机会，哪怕是那些很难接近、很强硬的男孩，让他们表达出对自己的看法，并为自己的未来投资。

与男孩建立起关系似乎再平常不过，但实际上并没有那么容易。许多男孩形成了不信任、冷漠以及不愿表达的习惯。他们学会了装酷，很少展现自己真实的感受，并采取一种冷漠、不屑甚至愤怒的态度。面对这些讨厌的面具，父母和其他监护人可能会感到困惑和沮丧，有些人甚至会因为他们不信任或者不回应而放弃或责怪他们。

在最近学校的一次父母讲座后，有几对父母陆续来找我。

他们普遍担心的是失去自己的儿子，他们觉得儿子的同辈人、愤怒、沉默、电子游戏、社交媒体，当然偶尔还有爱情，抢走了自己的儿子。但不管是什么原因，与儿子的疏离让父母们感到焦虑、无助和无能为力。那些和孩子关系不亲密的父母感到非常不安，因为在他们心中，每个孩子都需要有人照料。

我向每位父母解释，哪怕他们的孩子易怒、固执、封闭，但其实能影响孩子的那个力量掌握在那些能够接近孩子、照料孩子的人手里。他们可以给孩子关心，和孩子保持良好的关系，这才是真正不可抗拒的东西。关注、倾听、信任和始终如一的陪伴是男孩成长的关键资源。即使像奈尔斯这样的男孩，他一次又一次地失望过，但也不能完全掩盖他想要被了解和被理解的需要。当一个男孩获得大人们的关爱和关注时，他就会觉得自己是有价值的。重要的不是他做成了什么、他看起来怎样，或者他表现得如何，而是他是谁。当男孩受到的关心和关注强化了男孩的自我概念时，他们就有了赖以抵抗所谓的男性准则的持久动力。

当父母越来越意识到亲子关系所具有的强大力量时，他们可能会担心自己有时的心不在焉会让儿子失望。但我解释说，每段人际关系都会经历亲密——疏远——再亲密的周期。俄亥俄州辛辛那提大学教育学教授米丽亚姆·雷德尔-罗斯在对教师所做的研究中发现，有些性情多变的男孩会反击试图和他们交流的老师，这

培养男孩

有时会让教师感到绝望，试图放弃。她的研究团队在2012年的一篇论文中指出："在这种情况下，对老师来说，学生的反抗就是对老师个人的反抗，而且这种反抗也更具有威胁性……因此这种反抗也常常导致老师对该学生'放手'或'疏远'，放弃与这个男孩的关系。"但在我自己对成功男孩教育教学方法的研究中，让男孩最深情回忆的关系往往是曾经经历过挣扎和考验的关系。正是老师对学生不放弃的决心，以及尽管遇到挫折始终如一的坚持，使得他们的师生关系对男孩来说具有了非凡的意义。

许多男孩把他们在学习上的不安全感隐藏在冷漠和被动的面具后面，甚至公然地隐藏在搞破坏和蔑视中。当他们表现得不尊重人或不合作时，老师往往会感到不安和生气。男孩表达不满的方式在关心他们的人中间引起了失望和沮丧，导致人们责怪男孩，并把他们推得更远。在雷德尔-罗斯的研究中，有个老师与班上的一个男孩关系不太好，这个老师将自己对这个学生的愤怒描述为"深刻的"、"一种根深蒂固、令人不安的原始情感"。由于几乎没有机会来处理这些强烈的反应，除了这个男孩自己之外，任何老师都没有察觉到有任何问题。然而，正如她的团队所指出的："在课堂上，孩子们能敏锐地察觉到老师的存在，以及他们与老师的关系，并依次做出相应的反应。"一位愤怒、挑剔或对学生轻蔑的老师不太可能接触到男孩真实的一面。

解救男孩

与男孩保持有爱以及亲密的人际关系有时是特别困难的。带着不安全感或不稳定的依赖感来上学的男孩更有可能避免依赖老师，他会觉得这种依赖是脆弱的。但正如耶鲁大学情绪智力发展中心（Yale Center for Emotional Intelligence）的心理学家戴安娜·迪韦查所说，过去的依赖经历并不是不能改变的。在以后的关系中，之前与父母的不愉快经历可以被积极的经历所覆盖。孩子与父母在痛苦经历中建立的"相处模式"甚至可以被修改。各种否定的结论可能被证伪，这种观点有望被更多人接纳。正如我们在研究中发现的那样，老师经常设法去理解那些变得不愿相信人以及有敌对情绪的男孩，克服他们的防御障碍，改变他们的生活轨迹。正如迪韦查总结的那样："那些与大人有安全依恋关系的孩子会体验到这种关系带来的好处，哪怕只与一个大人有这种感觉。"

其实，不管是与男孩还是女孩，关系破裂是非常普遍的，对男孩而言则更突出。所以对监护人来说，监管与男孩之间关系的质量远比保持稳定、积极的关注重要；如果关系恶化或者破裂了，就必须修复。在我的研究中，成功的人际关系教师与不那么成功的人际关系教师的区别在于，他们对自己"关系管理者"身份的理解程度有多深。承担起这段关系的责任，对于陷入框架或被困住的男孩，要想修复和他的关系，要竭尽全力走近他，不厌其烦地了解他，这真的会让一切变得不同。加州大学洛杉矶分校

培养男孩

文化、大脑和发展中心的神经学家艾伦·肖尔认为:"不安全的依恋并不仅仅是由监护人的疏忽或失误造成的,也可能是由于没能修复好破裂的关系而造成的。"

对于那些关心男孩的人来说,这种人际关系上的挑战是不能轻视的,这是我在职业生涯早期就学到的。我在城市学校作为顾问开始新的工作时,分配给我的第一批男孩中有一个名叫托尼,他是一名八年级的学生。关心托尼的一位校长把他介绍给了我,校长希望,与一个和他生活的中其他人不同的年轻男性交谈,能让他对刻板的男性行为准则有一些了解,这种刻板准则正在吞噬他身上无忧无虑的状态和他的天真。托尼的父亲是个酒鬼,脾气暴躁,对人很粗暴,而他的管教方式就是狠狠地揍孩子。托尼13岁时,就已经是一个小男子汉,而不是一个小男孩了,他不会让自己表露出任何温柔或脆弱的迹象。

坐在办公室的椅子上对托尼来说是很不自在的,我第一次见到他时就注意到这一点了。所以在第二次见面的时候,我披了一件外套,并邀请他到附近的街道上去散步。我们漫无目的地闲逛,跟着托尼的奇思妙想一直走,直到访谈时间结束我们才停下来。我问他这一周的情况,温和地提出了一些在学校出现的问题,并且只是倾听而不作任何评判。我知道只有当他愿意和我说话时,我才能对他产生影响,并且,随着时间的推移,他愿意对我敞开心扉时，才会接受我的观点。

有段时间，托尼生气了，而且变得很难接近。几乎他生活中的每个成年人都背叛了他，他父亲打他，并且他还遭受了街头暴力，所以他学会了向比自己强的力量低头。有一天，他脸上有瘀伤，他说是因为他和父亲前一天晚上打过架。我知道我不应该谴责他的父亲，托尼一直在很努力地维持自己与父亲的关系。但是我必须让他知道，如果事情发展到虐待儿童的地步，我有责任向儿童保护机构（Child Protective Services）举报他的父亲。我一周又一周地倾听着，为即将到来的回访而感到矛盾，但同时我也尽力关心着托尼，让他知道，对于他生活中遭遇的暴力和残酷我感到非常痛心。

一个春天的早上，我们一起散步时，天气渐渐暖和起来了，我心想托尼也许会依赖我们在一起的时光。但就在我刚做出这样一个积极的判断时，托尼又发起了新的挑战，他带着指责的口吻问道："你是同性恋吗？"我回应道："为什么这么问？"他带着有点嘲笑的口气回答说："你不是硬汉的那种啊！就因为这个！"这句话让我有点猝不及防，然后我才意识到，托尼这是在尝试搞清楚他和我之间的关系，一个与他世界里其他人如此不同的男性。我意识到，我怎样回答这个问题以及我怎样展现自己，对他来说会非常重要。我非常尴尬地笑了笑，然后对托尼说我能

培养男孩

理解，一个男的对他感兴趣，但又没有任何可疑的工作事项，这确实有些不同寻常。我还承认，我并不是一个技巧娴熟的斗士，而且从来没有经受过考验，没有非凡的特权。我不知道不得不随时准备着战斗是什么样的感觉。我把托尼的问题反过来问他："我知道你是幸存者，并且你为了好好活着一直得努力地斗争。那是一种什么感觉呢？"这次反过来了，他大吃一惊，但看起来像是领会了我对他那个问题的回答。至少，他意识到我尊重他，而且不会利用他。

我相信，只要经常出现在他身边，不被他的喜怒无常、压抑或不尊重所吓倒，我就能够成功地帮助托尼做一些改变。我想让他看到，有很多大人愿意和他接触，并且无论他怎么做，他们都不会觉得彼此的关系有问题。有这样的男人，他们不会试图去支配和托尼的关系，也不会使用武力，他们能理解托尼只是个孩子，需要依靠别人的帮助。

对待那些习惯性回避以及表现冷漠的男孩，奈尔斯和托尼的例子给出了一种最简单的方法：接受男孩本来的样子。总而言之，至少在一开始，要做的就只是倾听。监护人可以通过倾听男孩的心声，关注他感兴趣的事情，经常询问以及表现出真正的关心，在乎男孩的想法、感受和行为，认可他本来的样子，而不是他所扮演的角色。心理学家迈克尔·尼科尔斯著有《倾听艺术的丧失：学会倾听如何改善人际关系》（*The Lost Art of Listening: How Learning to Listen Can Improve Relationships*），他在书中说："来自监护人的这种认可对维护自尊心至关重要。如果没有人倾听，我们就被封闭在自己内心的孤独中。"

因此，我下面推荐了两种基本工具，来帮助监护人加强男孩的自尊、增强他们的抵抗力、坚定他们为自己而奋斗的决心。

倾听男孩的心声

当监护人鼓起勇气单纯地去倾听和观察，而不是根据他们自己的经验做出评判或建议时，对于那些想要培养自己判断力和自信心的男孩来说，会有很重要的作用。尼科尔斯认为，当父母倾听儿子时，他们是在"见证"儿子的经历，并让儿子确定他不是孤单一人。与传统的男子气概所推崇的刻板个性相反，让男孩获得力量的最可靠方法是满足他们对依赖的需求。倾听是父母培养男孩适应能力的最重要工具。

独自面对自己的感受和反应时，孩子会感到害怕且没有安全感。关于安全依恋的研究告诉我们，能够依赖监护人的孩子会更强壮、更快乐、更自信。一个孩子的自我是通过在他人的眼中看到自己而形成的。从最开始到接下来的整个童年，最重要的经历，或者说那些对他的自我概念贡献最大的经历，都是发生在亲密关系中。孤独是一种原始的恐惧，与人类最基本的本能背道而驰。安全的依附是培养独立人格的前提，简单的倾听是培养依恋感最基本的方式。

当然，相比单纯地接收信息，倾听还需要做得更多。倾听包含了一种更像是接受、理解和支持倾诉者所表达的内容的交流。交流的时候不仅有词语和意义的交换，而且在情感层面上，会产生一种深刻的共鸣，使得一些原始的和发自内心的感受得以抒发；因为被倾听的人是"被理解的"。因此男孩的自我，即他为人所知和为听众所接受的方面，得到了强化。相反，不被理解的自我仍是不完整的，仍在寻求认可。对于一个"不被理解"的男孩来说，他的核心自我和比较公开的自我之间会产生裂痕，他会无意识地寻求认可，而这种认可往往是从需要付出代价的同辈群体中获得的。正如尼科尔斯所解释的那样，"那些从未被听到的东西，其影响之大，不仅造成社会共享的东西与私人空间之间的差异，更是导致了真我和假我之间的分裂"。

倾听当然需要注意力。但是如果你的注意力被其他紧迫的事情占据了，那就很难维持注意力认真听一个人说话。但更重要的是，倾听是一种情感行为。监护人和孩子之间相互倾听的主要结果是，通过亲密、温暖以及对父母关爱的理解来缓解紧张或不安的感觉。神经学家丹尼尔·西格尔认为，成功地传达情感对于一个人保持活力和成就感是至关重要的。当一个男孩的父母把他的经历调整到情感层面时，他会产生一种"自己的感受被感知"的感觉，这种感觉实际上可以让他摆脱负面情感。当一个男孩向倾听者倾诉时，他意识到自己有能力恢复自己的思考，使自己从生活的各种压力和威胁中摆脱出来。不管别人怎么想，也不管别人想从他那里得到什么，他都是独立存在的。这样，正如西格尔和哈策尔所写的那样："父母是孩子大脑发育的最活跃雕刻家。"

根据尼科尔斯的研究，有效的倾听包括"注意力、欣赏和肯定"。倾听者努力追求的是"共情的回应"。在这种共情回应中，男孩是能感觉到自己是被关心的，不论他感觉怎样，或者做过什么。并且男孩也能感觉到他的感觉是被人接受的，没有使倾听的人感到困惑或把对方困在自己的情绪中。当父母清楚地知道共情回应是他们的目标时，那么男孩接下来的行为以及他如何理解事物就远没有肯定和增强他的核心自我重要。倾听的人要学着去信任男孩，他们会自己解决问题，而且当他们不是孤单一人的时候，更会这样做。

但真正的问题是，倾听男孩真的很难。因为深入倾听既要抑制或搁置自己的情绪反应，又要让孩子的感觉在你心中产生共

培养男孩

鸣，而父母往往很容易被自己的情绪所控制。在某些情况下，特别是当父母想起带有男孩的行为准则的不愉快经历时，父母可能很难与男孩"共情"。当儿子寻求他们的关注和同情时，他们重新燃起的不安情绪就会表现得更加突出。多少与男孩的对话无疾而终是因为父母或老师觉得必须给出建议，把男孩从危险中拯救出来，而这种危险是他们想象出来的。男孩没有找到安慰和自信，而是带着更多担心和对自己能力的怀疑离开了。

对于父母来说，在倾听时保持"在场"需要他们控制自己的情绪反应，这样他们就不会打断谈话。西格尔和哈策尔概述了我们大脑对情感刺激的"高路"和"低路"。高路发生在大脑的顶部，涉及对过往经历的反思，以及对语言和思想激起的任何感觉进行编码。但低路需要关闭这些理性的过程，以支持原始的战斗——逃跑——僵住反应。低路反射功能的特点是不灵活。

父母希望儿子相信他们是真心想知道他在想什么、有什么感受，但这样问题就来了，那就是父母很难假装自己很关注他说的话。因为强烈的担心、气愤，或不自觉地流露出的心烦意乱会传递出一种紧迫感，而且是那种难以掩饰的。如果父母的情绪频繁地超越了倾听的能力，那么儿子就会学着一点点地远离。男孩变得说话有所保留，且不爱说话不想沟通，典型的原因是他根本不期待别人听到自己的心声。要让一个男孩建立起自信的期待，让他期待自己会发现有人愿意倾听他说话，这需要监护人注意不要将关注点转移到他们自己关注或担心的事情上去。情绪最强烈的时候往往最难保持客观的认识，而对许多父母来说，这些似乎不是情绪，而是合理的担忧，是无须商榷的做人底线，是优秀的父母应该传授给儿子的人生之课。

男孩特别容易受到考验的限制，迫使父母扮演权威角色，而这会干扰倾听。权力之争会引发父母糟糕的记忆，并导致下意识的反应。当孩子的行为不理智或不恰当时，应该以放松的方式加以限制，而且最好由关系亲近的监护人来展开。遇到男孩的不良行为时，保持放松才是有效管教的关键所在。一个男孩表现不好的时候，他寻求的并不是放任，而是有那么一个足够了解他的人能识别出他"出格"了，而且能消除驱动他做出不良行为的拉力。技巧在于少担心，不要忧心忡忡地忙着设定限制，而要更多地关注了解是什么导致了他做出不合理的行为，要将这种不良行为背后的思想和心灵联系起来。

当行使权力本身成为一种目的时，监护人实际上已经与男孩断开了情感连接。他们的注意力被引向了自身，他们与孩子的情感谐调也丢失了。特别是当权力斗争引起挫败感和愤怒时，监护人会全神贯注于维护自己的感觉。与男孩发生冲突时所唤起的强烈情绪，往往根源于"隐性记忆"：父母已经忘记了的童年经

培养男孩

历,但这些经历仍能激起他们的反应。除非监护人希望一次又一次地回到这些盲点,否则当他们意识到自己的注意力被自己内心的问题所占据时,这表明可能有些事情还没有解决,还有工作要做。

因为与男孩关系破裂是常常发生的,所以如何从情感劫持中恢复过来或许要比倾听更重要。当男孩察觉到他的监护人会管他,会和他保持亲密联系时,他就会产生一个快乐的期待:"我可以依靠我的母亲、父亲、教练或老师,我们的关系依然很好,我没有失去他们,他们也不会责备我、不管我,或者离开我。"西格尔和哈策尔所说的"有毒的破裂"(toxic ruptures)指的是,监护人仍然固守在低路反射中,责怪儿子造成了他们的不安情绪。随意的、莫名其妙的关系破裂会破坏男孩的信任感。

修复关系永远是监护人的责任。当一个男孩与父母、老师或导师的关系破裂时,他是无法重新把关系建立起来的。所以当严厉或愤怒的反应导致关系破裂时,成年人有责任锻炼足够的自我意识,去管理和修复出现裂痕的关系。庆幸的是,这并不要求修复关系的成年人做到完美。即使监护人无法保持亲密的情感连接或不能继续倾听,但只要承诺会倾听、会一直在,男孩也会依恋这样的承诺。监护人如果错过了倾听或陪伴,回来后真诚地承认他们刚才去处理其他事情了,从这样的榜样中男孩能学到重要的道德经验。如果只是简单地说:"让你失望、生气我感到很抱歉。虽然我不喜欢你的行为,但其实更让我难过的是我自己的经历,而不是你的行为,我的遭遇比你还差。我也知道你不是故意伤害我的。"当男孩感受不到安全或者被遗弃时,他们就不太可能会接纳关于道德的信息。

和男孩共度特别时光

帕蒂·惠芙乐是一个非营利性父母教育机构的创始人。这个机构叫"手拉手育儿"(Hand in Hand Parenting),总部位于加州。帕蒂·惠芙乐开发了一套加深父母与孩子之间感情的工具:

- 倾听(当孩子发泄情绪时给予关注);
- 在玩耍中倾听(在能给孩子欢笑和快乐的游戏中跟随孩子的引导);
- 设置限制(当孩子的行为表现出沮丧的时候,一定要温和但坚决地打断他);
- 特别时光(提供可靠的、以孩子为中心的关注)。

培养男孩

这些工具适用于所有年龄段的孩子,可以在孩子实现重要目标时增强父母给孩子提供帮助的能力。惠芙乐自己也是母亲,并且长期从事父母咨询工作。她在与托莎·绍尔合写的书《倾听:应对日常育儿挑战的五个简单工具》(Five Simple Tools to meet Your Ereryday Parenting Challeages)中提出:"现在是时候把育儿的关注点从父母的命令和控制转移到对关系、合理限制和倾听上去了。"

对于年龄较小的孩子,特别时光包括监护人陪孩子一起玩耍、看电影、阅读或简单的交谈。这样做的关键是由孩子决定怎样安排时间,并以他想要的任何方式享受"花费"父母注意力的过程。最常见的结果是,孩子被了解和被关心的感觉有意无意地加深并增长了。这种特殊的时间也可以用在与青春期男孩的关系上,因为大一点的孩子,尤其是男孩,很少发现成年人能和他们在一起。

和青春期的男孩共度特别时光,可能意味着一开始要玩很多电子游戏,听不熟悉的音乐,看粗俗或暴力的电影电视节目。有时也可能需要搭建堡垒,看男孩玩滑板,一对一打篮球(让男孩赢球),或者在后院打长曲棍球。这样做的目的是为了增强男孩对成年人支持的渴望,知道大人并不是要指挥、支配或调教他。只要你对儿子喜欢的事表现出关注和兴趣,就能产生意想不到的

解救男孩

效果。

惠芙乐和绍尔针对如何在家庭生活中安排特别时光提供了一些实用的想法。他们建议要为这种时间指定具体的名字（"任何名字都可以，但必须有一个名字"）还要有具体的日期和时长设定，这样男孩就会有所期待并依赖它。出于自身考虑，监护人应该从短一些的时间开始，比如15分钟，来衡量他们的注意力和跟随儿子的能力能持续多久。当监护人对控制自己的注意力更有信心时，可以把时间增加到一小时或者更长。虽然屏蔽干扰通常是一个挑战，但关注你的孩子并享受你们的关系是一种令人心满意足的快乐。关键是不要对男孩的想法以及他表达自己想法的方式感到不满。这样就能让孩子和父母之间产生一种前所未有的理解，让他们感到亲密无间。

无一例外，一旦男孩希望得到关注，并相信这种关注是可以得到的，他就会非常好地利用它。和男孩在一起，接受他，在游戏或谈话中听从他的引导，通过关注他想做什么或说什么，来证明你想要了解他，这是一种深刻的认可行为，能建立更强大、更自信的自我意识。提供定期的特别时光就像是把钱存在男孩的银行里：它是保护男孩应对面前一切压力的后盾。

在我成为心理学家之前，甚至在我有自己的儿子之前，我就参加了惠芙乐和使用这些工具的人的研讨会。我对人际关系促进

培养男孩

男性健康成长的作用特别感兴趣。我在一次研讨会上遇到一位朋友,她是单身母亲,有一个12岁的儿子,她问我是否愿意和她儿子吉米相处。吉米是一个充满活力的男孩,他喜欢运动,虽然他很敏感,但有时他又任性又野蛮。我也喜欢运动,我想我已经准备好迎接挑战了。我承诺每周抽出一点时间和吉米在一起,来加深我对他的了解,并且也是为将来自己为人父母做准备。这不仅是帮助我朋友和她的儿子,我相信我也会更加了解自己。

我第一次去他们家时,我朋友向儿子吉米解释说我是她的朋友,很想认识吉米。那天下午,不管吉米想做什么我都跟着他一起去做。当时在一个小联盟棒球队,吉米想打跑垒,想来回投球。我抛球,他母亲接球,然后吉米击球,玩了很长时间。我们玩球结束时,我问他我能不能再来和他一起玩,他说:"当然可以。"我们这种相处模式延续到了第二年:我每周会按计划来一次,一起度过一段时间。我再也不用向他多解释我很喜欢和他在一起。一般来说,年轻人期待成年人愿意和他们在一起。但我必须每周向他保证,我会回来的。他的父亲和母亲几年前离婚了,他有些不安,怕他想依靠的东西会消失不见。

没过多久,吉米就开始依赖我们相处的时间了。我们会去他家附近的树林里,他会带我看对他来说很特别的地方。或者等他饿了,我们一起骑车去麦当劳。在特别时光,我挑战自己将注意力集中在吉米身上，不去做其他事情，也不改变吉米想做的事情。在特别时光，我内心的斗争是不要被其他事情占据，不要把注意力转移到自己感兴趣的事情上去。我经常走神，去想我所关心的事或让我忧虑的事。我必须不断地把自己的注意力抓回来放到吉米身上，放在此时此刻。

我越来越了解吉米了。随着他越来越信任我，他也变得难以相处起来，不配合，易生气，提不合理的要求，似乎在试探我什么时候会说"不"并阻止他。每当这时候，他的感情会爆发，他会生气，愤怒，甚至流泪，将一系列痛苦的情绪表现出来。他有时会变得粗鲁无礼。如果我努力保持自信和沉着，不把事情往心里去，也不因此而对他生气，他总是会表现得更放松，对我更开放。我们的关系更好了。总的来说，与一个十几岁的男孩练习相处方法的机会是很宝贵的，我从吉米身上学到了很多。

很多时候，他的行为确实应该批评。但是因为我在练习一种方法——通过倾听建立关系的方法，所以我忍着不开口批评，而且告诫自己要监管和控制自己的情绪，不对男孩作下意识的判断，也不试图去纠正他，这些是多么的重要。我知道我可以坚持让自己保持更大的权利，但我不想仅仅是支配他。我也相信，我不需要教他如何做人，而是在他努力调节自己的行为时给予他支持。通常情况下，父母和其他人的反应是不加思索的，只是简单地将规则和相处风格从这一代传到下一代。通常，我们认为这样的建议——"我在你这个年纪的时候……"——是男孩提高他们判断力的最好方法，但是忽略了实际情况，没有看到时代已经发生了巨大变化。

关于如何从特别时光里收获最多，有几个规则：不给建议；不把注意力分散到其他任务上；在承诺的时间内不跟其他人谈话；不中途中断；也不改变男孩选择的活动；不论多难，明白它的意义。然而，最主要的规则是把你的注意力集中在这个男孩身上，无论他做什么，你都要陪着他。这对任何监护人来说都是一个挑战，因为我们大多数人都缺乏专注力。我们当中有多少人曾被这样关注和倾听过？我们有谁的父母或老师对我们如此感兴趣，以至于把一切都放一边，只是为了听我们说话，和我们一起玩耍？大多数成年人都继续做着自己的事情，很少有人会分享我们最深的想法或感受，我们都饱受关注不足的折磨。

当我们设法和男孩共度特别时光时，会出现什么情况？特别是在一开始或者是和那些与我们有隔阂的男孩相处时，我们要做好经历考验的准备，因为许多男孩变得不那么愿意相信人。他们好像在想，"我敢打赌，如果我把内心的感受全都展现出来，爸爸妈妈肯定不想和我在一起"或者"我怀疑当我做我真正想做的事情时爸爸妈妈还能坚持下去"。在我和吉米相处的那一年，他有时会提出这样的挑战，我会感到困惑。我不知道该怎么办。例如，有一次，他不知为何突然开始生闷气，在从麦当劳回家的路上就开始生气，不理我。他画风突转，以前喜欢黏着我，现在巧妙地从座位上转过身去，望着窗外噘着嘴。我问他怎么了，他却拒绝回答我。我不知道是什么刺激到了他，让他有这么大转变，我也有点担心，不知该怎么做。"这是怎么回事呢？"我自言自语道。

但是，我对吉米始终保持着耐心和坦率，当我们到他家时，他跑进自己的卧室，把门关上了。于是我就坐在了门外，决定不去打扰他，而是隔着门和他说话，让他放心，不管他觉得我怎么了我都不介意，我哪儿也不去。透过门我听见了低沉的呜咽声，但很长一段时间没有回答。最后吉米出来了，我只是冲他笑了笑，跟着他来到后院，在那里他捡起了一只球拍，我们继续打球。我意识到吉米仍然不能直接告诉我他刚才是为什么感到非常难过，但我也能理解，在暴风雨中陪他待在一起，而不是试图得到更多信息，我就算通过考验了。他发现我既不会评判他，也不会离开他。

在特别时光相处过程中，男孩考验监护人的各种方式并不是要把他们赶走，而是下意识地在脑海中解决这样一个问题："这个人会在乎我吗？"如果男孩通过考验证实了监护人的关注和关心是可靠的，是可以和他建立起亲密关系的，他通常就会投入更多的希望："也许我真的可以依靠我们的关系。"

特别时光，即使一切顺利，也可能会导致不安。有时男孩会敞开心扉，谈论让他烦恼的事情——甚至会直接谈论监护人。有时候，特别是当他感到羞愧时，痛苦的情绪可能被掩藏或保护起来，直到男孩获得更大的自信时才愿意吐露。当听男孩讲述受伤的感觉时，一定要随着他的引导，不要让好奇心占据主导，这一点很重要。分享内心想法的程度和速度应该由男孩自己来决定。

有时，男孩很难把不好的感情用语言表达出来，他们会创造一种场景，在这种场景中，他们可以在玩耍的时候把自己的感受表达出来。例如，吉米有时会在打棒球或篮球时"伤害"自己，并跌倒在地上哭起来。我的职责是认真对待他的伤口，即使我也不知道他是怎样把自己弄伤的，并且当他抱怨的时候我要耐心地倾听。我看到了沮丧和恐惧靠着运动爆发了出来，而他只是在向我展示自己是如何努力地竭尽全力地去迎接竞争和挑战的。

为男孩提供特别时光相处的机会，会激发监护人最慷慨的精神，更不用说他们的自律和专注了。有些时候会比其他时候容易些。在艰难的日子里，似乎每一刻都会有另一种干扰、另一种入侵，把你的注意力从你的孩子身上转移到其他紧迫的事情上。由于有太多的事要做，所以很少有监护人能够把全部注意力都放在

解救男孩

孩子身上，尤其是当孩子只想玩游戏的时候。但这会提醒我们，孩子表面是在玩游戏，但其实是在完成至关重要的事情。他正全身心地感受他对监护人来说是多么重要，即使当他们有很急迫的事情，也仍然为他腾出时间。他正在为应对成长中的挑战武装自己。当孩子被忽视的时候，只要努力亲近他，只要回到他身边，这样监护人就是给他提供了一个很好的礼物了。

第三章
男孩的内心世界

在第一章中,我曾向大家介绍过以美国、英国和墨西哥青年男性为研究对象的2017"男性行为框架"的课题。我第一次看到这份研究报告时,其中一项调查结果跃然纸上,引起了我的注意:在对传统男性身份表示认可的18~30岁男性中,有3/4的人表示,过去的两周里,他们至少有一次"感觉做什么事都百无聊赖";2/3的人表示,他们感到"低落,沮丧,或者无望";还有2/5的人表示,他们曾经"想到过自杀"。这些年轻人普遍感到不幸福,这证明了他们身为男性的身份与他们身为人类的内心极不相符。压制潜意识的想法和感受,只会令这些年轻人的生活变得流于形式,而非脚踏实地地去经历、体悟。他们经常感到孤独和灰心,因此往往错失情感连接会产生的放松与鼓舞。

大众文化认为,女人是感觉派,男人是行动派。但事实是,

男孩的内心世界

上一个时代结束后，一切都变了。女性开始向质疑她们能力的偏见发起挑战，展现出她们敏锐的感受力和强大的行动力。同样的，近期也有研究表明：男性的情感能力不足这一观点是一种刻板观念，很可能是错误的。事实上，就在不久前，有相当数量的调查表明：相对于身体保养，当代年轻男性更愿意投资于自身的精神健康保养。他们明白，管理好自己的精神是获得优质生活的关键。篮球运动员凯文·乐福自曝，在一场关键比赛中他曾因恐慌症①发作导致比赛中断，一度震惊篮坛。这在他的人生经历中也是头一遭，他不得不开始认真对待自身的情感生活，同时决定，为那些同样无法正视自身感受的其他男性做出榜样。如同他在为体育网站撰写的文章中提到的那样，"尽管表面波澜不惊，但其实每个人都正在暗暗经历着某些困境"。

男性大都冷漠无情已然是个刻板概念，但这并不是空穴来风。由于传统意义上的男子气概仍然遭受着严格管束，绝大多数男孩必须学习隐藏、压抑自己的情感，甚至让理智凌驾于情感之上。除了愤怒之外，男孩几乎对其他情感表达方式一无所知。冷

---

① 恐慌症（panic），好发于二十多岁，是在一段特定时间内有强烈害怕或不适感受，突然发生下列症状中四项以上的疾病：心跳加速或心悸，出汗、发抖或战栗，感觉呼吸困难或窒息感，梗塞感似会呛到，胸痛不适，恶心或腹部不适，反胃，害怕失去控制或即将发狂，感觉异常、麻木或刺痛的感觉，冷战或脸潮红，头痛，不稳感，头昏沉或快晕倒的感觉，失去现实感，感觉事物不真实，失去自我感，感觉与自己疏离。

培养男孩

水浴、欺辱仪式、恃强凌弱、勇气测试，凡此种种历史延续，都一再强化了情感断联（emotional disconnection）。一个男孩在长大成人的过程中，感情用事只会令他四面楚歌。从学业欠佳到滥用药物，从打架斗殴到不计后果，种种糟糕的结果和威胁健康的冒险举动，大都与男孩对情感的压制有关。

话虽如此，将行为和感觉一分为二的观点也不正确。我们生活的本质就是人际关系，在这样一个相互联系的世界里尤其如此。当一个男孩连他自己的感受都无法感知时，真的很难与他人相处。在视野不及之处，在意识可控范围之外，他的行为非常容易被强烈的感情挟持。没有同理心的约束，男孩很可能会伤害别人。

非要说有什么区别的话，当今的情感需求变幻显得更为复杂，这对年轻人来说是个挑战。圣地亚哥州立大学心理学家珍·特文格对一批少男少女展开跟踪调查后发现，这种情感低潮呈现出令人担忧的上升态势。她提醒道："未来十年，年轻人中将会爆发最为严重的精神健康危机。"自2011年起，对生活中生出的孤独、沮丧、狂躁和不满会在网络社交媒体一代①之中弥散开来。和凯文·乐福一样，许多男性仿佛已经有所察觉，这种情感割裂的状态肯定不是通往成功的生活之道。近期，一份针对英国

---

① 网络社交媒体一代（iGen'er），专指1995年至2012年出生的人，这代人成长于数字时代，伴随着社交媒体一同长大，经常使用上网设备，而千禧世代（指1980到2000年出生的年轻人）是被迫接受这些产品的。

青年男性的调查阐述了这样一个重要观点：英国青年男性的焦虑无处不在，而且已经对他们的工作和社交生活产生了负面影响。调查中附带的数据源自美国国立精神卫生研究所（the US National Institute of Mental Health，NIMH）。数据表明：近1/3的年轻人正在遭受着焦虑的折磨。网络社交媒体一代又称为Z世代，这拨人正被一种"流行性痛苦"所裹挟。

按照特文格的说法，抑郁症指标也是"一飞冲天"，在2016年达到了前所未有的高度。有相当比重的大学一年级新生在审视自身的精神健康时，将健康值定在了"平均线之下"。尽管每年有600万男性遭受着抑郁症的折磨，该症状的表征却往往带有迷惑性，难以确诊。"男性更愿意表现为疲劳、易怒，对工作或爱好提不起劲儿，而不愿承认自己感到伤心，也不会承认自己感到毫无价值。"特文格解释道。另外，从2000年起，自杀率就呈现上升趋势。如今，有1/7的男性会走上自杀这条路。关于轻生这件事，男性数量是女性的4倍。

研究人员还对情绪发展有缺陷的男孩展开了多方研究。俄亥俄州阿克伦大学心理学家罗纳德·利万特就曾表示，述情障碍[①]，

---

① 述情障碍（alexithymia）又译作"情感表达不能"或"情感难言症"，不是一种独立的精神疾病，可为一种人格特征，也可为某些躯体或精神疾病呈现的心理特点，或为其继发症状。表现为描述自己或他人的感觉有困难，关于情绪的词汇极其有限，缺少幻想，对情绪变化的领悟能力差，心理治疗反应不佳。

培养男孩

典型案例见于幸存者综合征[①]。述情障碍也反映了许多男性"无以言表"的情感现状。康涅狄格州立大学心理学教授詹姆斯·奥尼尔博士将其毕生职业生涯都致力于男性生活研究。他推断这种"情感受限"会引发一长串有损健康的后果,包括"对女同性恋和男同性恋持反对态度,对女性持暴力态度,对性和健康之事存有危险隐患,沾染毒品并滥用药物,心理压力大同时心理状态紧绷,对寻求帮助持消极态度,违反法律,缺乏自尊,充满敌意,同时攻击性强,血压水平升高,抑郁,焦虑,还会导致婚姻和家庭同时出现问题"。

虽然男性与女性在情感抒发上表现的不同可以用来解释上述发现,但事实上,男孩和女孩在开启自己的人生时,表达内心情感的能力是彼此相当的。从儿童时期开始,情感发展才出现了偏离。宾夕法尼亚州立大学的心理学家史蒂芬妮·希尔兹认为,男孩和女孩的不同之处在于情感表达,而非情感体验。条件反射作用导致了这种差异:"男孩学会了用'男孩'的情感去匹配男孩的全部行为技能,女孩学会了用'女孩'的情感去匹配女孩的全部行为技能,并且双方都对与对方性别有关的情感表达模式表示抗拒。"

[①] 幸存者综合征,是幸存者在各种人为或非人为因素造成的严重灾难性事件,如在地震、战争、交通事故等中,精神受到创伤后应激障碍的一种表现形式,主要表现为抑郁、梦魇、夜惊、情感脆弱等。

男孩的内心世界

为了专门描述社会标准作用于人类情感的方式,社会学家阿莉·霍奇希尔德创造了一个新词汇——"情感规则"(feeling rules)。从孩童时期人们便开始遵循这些规则,规则已经成长为了他们的第二天性。男孩不仅要学会"演戏",更重要的是还要学会"内心戏"。只有这样,他们才既能表现出符合情感的恰当举止,还能够发自内心地生发出符合这种举止的情感。他们必须拥有勇气,保持镇定,同时绝不气馁,无所畏惧。如果感到恐惧,男孩会发自内心地觉得挫败和羞愧。

现代生活的压力也令男孩的父母身陷困境:变幻的时代更青睐情商,男孩本就对自身的理性思维更为关注,而传统社交模式又限制了男孩的情绪素养的发展。幸运的是,这些陈旧的观念正面临着系统性颠覆。

例如,学校意识到眼下的机遇变幻莫测,已经予以相应的调整。社会情感类课程的教学也已经步入标准化。我曾经在男校工作过很长一段时间,学校管理人员作出决定,全体学生都需要学习鼓励同伴的课程,以实现彼此融合、彼此支持的目标。在情绪急救主题的研讨会上,我们探讨了生命中常见的困扰、伤痛和压力。我们分享案例,而不仅仅是简单地把问题全堆在心里。我们总结谈话与聆听的技巧,同时要求男孩选择一个搭档,针对这些技巧尝试互动。

培养男孩

一旦他们走出这个双人小组,走向外面广阔开放的世界,大多数男孩都能得益于这份发自真心、相互聆听的锻炼。他们中的绝大多数都做好了接受挑战的准备,这令我感到惊讶。另一件令我惊讶的事情是:我们大多数人都心怀成见,正如新罕布什尔大学的托马斯·纽柯克教授所说:"男子汉都厌恶真诚相对。"不过,这一代年轻男性,至少比我年轻的这一代男性,都有着清晰的愿望,他们希望借助工具的帮助来对抗压力,并排遣忧郁。环顾整个教室,我看到两两搭档的男孩子们,他们或是倚在露天看台上,或是坐在地板上,或是靠在墙上,或是坐在一旁卷起的摔跤垫子上。我是如此吃惊,他们竟然需要得到一个成年人的允许,才能打破禁忌彼此交谈。他可能违背了我之前提到的"男子汉的禁忌",那并非出于他的本意。

在迎接挑战的过程中,即便经历过训练也不见得会奏效。尽管大多数学生都乐于——通过重新梳理和转移感情——唤醒这份感受,但眼前的战场是如此陌生,令人望而生畏,除了戛然而止,他们别无选择。有这样一个男孩,他的成长是如此叛逆,连邻居都不胜其扰,他曾对我三缄其口:"我没有什么好说的。"心理学家威廉·波拉克是《真男孩:拯救少年迷思中的儿子》(*Real Boys: Rescuing Our Sons from the Myth of Boyhood*)一书的作者,他和纽柯克都曾就男性在情感共鸣的"两难"之处发表过看法。波拉克认为:"只要一个男孩知道坐下来聊聊自己的失望、妈妈的病痛，或是谈谈这个周末很孤单，能够感觉不错，那他就有打破男孩规范的可能。"

我认同这个观点，也把这个观点传授给了男孩。大多数男人都习惯于把注意力从内心世界转移开来。在我刚刚长大成人的时候，还曾和男孩分享过自己的内心世界。但时至今日，我已经记不得上一次动感情是什么时候的事儿了。事实上，我连一次都想不起来，究竟有没有人关心过我的感受，不仅我的双亲、老师、教练没有问过，甚至是我的朋友们都没有问过我。如果说情商包括意识到并捕捉到感受，还能够用语言将它们表达出来的话，那我这些年来似乎并未了解这一概念的内涵。正如我之前提到过的教室中的某些男孩一样，谈到生活中的难处会令我惶恐不安，即使谈话对象是最亲密的朋友或是父母也不行。我能理解那些"没什么好说的"男孩。我的情感生活真是个谜，弄清楚如何与人沟通让我用尽浑身解数。

正如男性行为框架研究表明：很明显，抑制情感会让人付出代价。幸运的是，制约着情感发展的感觉规则有所改变。奥尼尔博士在展开回溯性研究的基础上，得出了一个乐观的推测。"在美国……社会在如何感知男性情感方面正进行着一种范式转变，"他写道，"社会比以往任何时候都更宽容，允许男性变脆弱，允许男性流露出最本真的人类情感。"

培养男孩

从某种程度上说，就实际需要而言，这些转变非常关键。要知道，当今世界越来越需要培养积极性、韧性和自控能力这样的"软"技能。1995年，丹尼尔·戈尔曼出版了具有里程碑意义的著作《情商》，该书紧扣时代精神，引发了新的科学热潮。促进学术、社会与情绪学习协同发展组织（CASEL）将情商定义为自我意识、自我管理、社会意识、人际关系和决策责任多方技能的统一，是成千上万研究工作的主题。情商这一概念带来的直接后果，就是激发了各大学校中社会情感技能学习（SEL）项目的蓬勃兴起。到2005年，在全美范围内，有超过60%的学校设立了该项目，并开设了情感技能课程。

2011年，涉及27万名儿童的一项研究曾对超过200多份关于SEL项目的报告展开分析，证实了该项目的有效性。作者总结道："SEL项目强化了学生们和学校、课堂表现以及取得学术成就之间的联系。"2012年，一份针对教师的调查发现："教育工作者知道，这些技能可以通过教授获得；希望学校方面能够给予该项目更多优先权，更重视将该项目的发展整合纳入总体课程、指导方针以及校园文化之中；同时，州立学校的学生学习标准都应体现出这一优先原则。"在那个时代，坚忍克己、波澜不惊、意志坚定是情感的理想状态。而时至今日，在处理感情方面，男孩却能够接收到与以往极其不同的信息。

男孩的内心世界

耶鲁大学情绪智力发展中心研发了一种"将情绪注入学校自身DNA"的方法。目前，在美国和美国境外有1200所公立、特许和私立学校采纳了这种方法。该项目能够对学校人员的教学技能展开培训，包括情绪识别、情绪理解、情绪分类、情绪表达和情绪调节，简称"标尺培训"[①]。因此教学人员能够在教学工作中应用这些技能。2017年，当被问及各个学校对该项目的接受情况时，中心创始主任马克·布兰克特回应道："说实话，情况好得难以置信。现在，每年都会有数百所公立、私立和特许学校要求我们开展此项培训。"

几世纪以来，面对男孩的情感培养，人们总是报以忽视和抑制的态度，并且还存在着不少误解。总觉得帮助男孩在日常生活中建立情感素养，是对传统观念的彻底背离。其实在家庭中，父母只要带着真正的兴趣和耐心聆听他们说话，就能鼓励他们的儿子展开情感词汇方面的锻炼。在学校开设的项目中，学生们会学习感受他们自身的感受、认可并深入了解这份感受，而不是急于把它们表现出来。重视实践是这些项目的核心理念。孩子们不仅要学会处理他们的感受，还要学会在理解这份感受的基础上，来表达自己的感受。在他们不断发育的头脑中，感觉、意识和行为

---

① 标尺培训（RULER）是情绪识别（recognizing）、情绪理解（understanding）、情绪分类（labeling）、情绪表达（expressing）和情绪调节（regulating emotions）这五个项目英文单词的首字母缩写。

之间的循环不断增强。消极情绪会引起下意识反应,而这种逐渐增强的循环,能够抵抗消极情绪对孩子们的掌控。

当那个年轻人说"我没什么可说的"时,他的发声,代表了所有存在情感发展障碍的学生。这对男性来说太常见了。总的来说,在男孩的日常生活中,很少能有机会学习并锻炼自己的情商技巧。亚利桑那大学的理查德·莱恩和日内瓦大学的布兰卡·泽伊·波勒曼联手设计了情感意识水平量表(Levels of Emotional Awareness Scales,LEAS),这份表格可以以量化的形式来区分情感发展的不同水平,而女性的得分通常高于男性。这项工作能够为男孩们提供真正的支持,真是在关键时刻派上用场。

做一个快乐的男性

情绪发展中的性别差异,反映了机会和结果之间的联系。强迫男孩符合标准的男子气概,只能以牺牲他们的情感素养为代价。但好消息是,其实只要环境允许,男孩自身早就已经做好了改变的准备。

我们在哈弗福德学校开设了朋辈咨询(peer counseling)项目,以鼓励男孩开展情感技巧训练:带着同理心倾听,诚实地谈论情感困扰的起因,让痛苦的情感浮出水面,甚至发泄流露出来。只需要一点点引导，不管是学霸、戏剧专业的学生，还是橄榄球一级联赛的选手和新手摔跤运动员，都能够在训练中同情地倾听并倾诉他们自己的压力和烦恼。男孩更愿意通过谈论带有情感意味的话题来交流信息并建立信任，比如，与父母的关系、与女孩们的关系、性、色情，甚至是毒品和酒精。他们有勇气面对自己最艰难的奋斗，甚至还会承认自己有过担心或后悔。

与人们对男性情感匮乏的刻板观念相悖，该项目证实了这样一种可能性：男孩具备充分表达他们自己感受的能力。事实上，当他们真正敞开心扉表达自己的情感困惑时，因为压抑已久的紧张情绪得到释放，男孩便能够通过朋辈咨询项目感受到放松。

一名参与者解释说：

> 在参加朋辈咨询项目之前，每当我感到生气或悲伤时，我就只能把自己关在房间里，不想和任何人交谈。但是朋辈咨询项目中的伙伴对我说：试着和别人谈谈，会让你感觉好很多。所以，有一次和女朋友分手，我就主动去找我的朋友倾诉。而以往遇到这种情况的时候，我就只会把自己关在房间里。受朋辈咨询项目的启发，我意识到，只有当你开始倾诉，心情才会向好的方向转变。所以我决定还是去找我的朋友谈谈，这对我的情感恢复真是帮了大忙。倾诉真的让我感觉舒服多了。

培养男孩

在以自我否定为基调的整个少年时代，彼此坦诚相待的机会仍然是一块绿洲。一名学生指出，男孩聚在一起时的表现与他们独处时的生活有着鲜明对比。后来，他总结道："这里面存在着类似脆弱的东西，允许你和你的同学展示脆弱，这真太真诚了，那天晚上后来我哭了。很多天来，这件事一直在我脑海中挥之不去。"

研究人员发现，随着年龄增长，男性的"情感表达"能力会变得越来越有限。但是根据我们从这个项目中获得的经验，只要条件允许男孩拥有亲密情感，男孩都愿意接近这份亲密，就像这个男孩解释的那样：

> 事实上，在这个小组内，你可以倾诉任何你想一吐为快的事情。我觉得，是这个小组内的私密性，营造出了环境的安全感。比如，在这里，你不能对他人评头论足。这就好比，你应当设身处地为别人着想。而且我认为，还存在某些特殊原因，营造出了这个安全的环境；就比如，这里不会出现下面这些反应，比如："我的天哪，真不敢相信你竟然会做那样的事！"或者，你知道的那种："真不敢相信你会有那样的感受！"就像你懂的那种口吻："我能理解你经历了什么。"也许还有一些鼓励的话。我觉得，那可不是你随便什么地方都能找到的某种感觉。而对我来说，那会让我觉得这是一个安全的地方。

男孩的内心世界

多年来，很多男孩都通过这个项目体会到了安全感，并使自身的真我得到了强化，这样的案例不胜枚举。泰特是一个很受欢迎的男孩，他凭借自身的温暖、真实和自然随和广受同学们欢迎。尽管他的体重超标，严重到甚至无法参加体育活动，但他会积极参与每一个游戏和每一场比赛。在任何一个团队中，他都是同学们的定心丸。加入朋辈咨询项目不久后，我曾经要求他在大家面前转个圈，这是每次集中训练的一个固定流程，这个固定流程既能够振奋集体，同时也能鼓舞个人。

尽管他是那么的和气和慷慨，但泰特分享的故事表明，对很多男孩来说，当他们找不到人倾诉时会有多么无助、多么孤独。泰特在吐露内心时说他的母亲早在几年前就去世了，而其他男孩脸上流露出的表情让我明白，在场所有人都不知道他已经失去了妈妈——他不知道应当如何和他的老师或和朋友倾诉。随着他的话匣子慢慢打开，我们才知道，每当他感受到压力时，都会前往她的墓碑旁，打开一只折叠椅，守着妈妈，就这样和妈妈说说话。此时此刻我们才明白，他的成长过程是多么孤独。他并不知道自己的父亲是谁，他继续说道，他也从来没有和他一起生活过，是爷爷奶奶把他拉扯大的。现在，两位老人上了年纪，他也不得不负担起两位祖辈人的生活。泰特表达了自己的感受，也感受到了来自朋友们的热情支持。真是令人难以想象，自从母亲过世后，这些年来，他就这样一个人担负起了全部的责任。

培养男孩

不幸的是，泰特并不是唯一一个内心深藏秘密的男孩。每年9月，在项目开展时的首次见面会上，我们都会发现有许多男孩不愿面对这个世界。

但就像泰特勇敢地打破藩篱讲述自己的故事一样，其他男孩往往也会给出回应。帮助男孩敞开心扉的有效方法并不是什么秘密。男孩的心中所想，其实就是每个人心中所想：和愿意倾听他、理解他又关心他的人谈谈心。只有这样，才能够令他们一抒胸臆，从而去拼搏，去争取幸福的权利。

在那一年临近年末时，一个参与了项目的男孩写道：

> 参与朋辈咨询项目后，我终于明白，如何成长为一个男人才是最重要的事；更具体地说，是作为一个男人，应当如何去追求幸福。在这所学校里，关于"男人究竟是什么"这个问题存在着大量根深蒂固的误读。但对我来说，我已经了解了如何诠释一个快乐的男人应有的样子。我知道，幸福意味着能够坦然而愉快地表达自己的情感；我也知道，幸福源自对某人的行为负责；我还知道，幸福更来自对自己的行为负责。我认识到，只有接纳自己的弱点、承认自己的失误，才会令我的生活变得丰富，才能够激励我更上一层楼，才能教会我谦卑，并引领我走入自爱和宽恕之境。

男孩的内心世界

我在临床实践中发现，在一个男孩的自我感觉和身边人对他的认识之间，往往存在着一道鸿沟。对一个男孩来说，保守秘密简直是童年生活的一部分。但压抑感情可从来不是什么好方法，情感终归还是会随着行为一点一滴地流露出来。另外，在一个男孩无法释怀的思绪回声室中，积压的感情只会被放大、扭曲。

这就是西恩的案例，无论是在学校，还是在家和父母相处：16岁的他在方方面面都是一团糟。这个孩子甚至已经引起了警察的注意。所以当他的父亲来电话跟我预约时，种种问题可不是一句两句就能说清的。在学校，西恩成绩落后；在家里，他又目中无人。他无视父母的警告，甚至开始酗酒，没准儿还沾染了毒品。西恩曾是一名很有天赋的运动员，但赛场上的表现却不稳定，就连教练都对他失去了信心。不论什么场合，人们都看不起他，都倾向于把他的困难归咎于糟糕的选择、糟糕的性格、缺乏勇气，甚至更糟的方面。他正向着成为"坏男孩"的方向一路狂奔。

我原本以为会见到一个倔强的孩子，所以当这个年轻人走进办公室的那一刻，我非常惊讶。他一进门就哭了。在这次会谈之后的多次会面中，西恩很快就释放了诸多紧张和情感上的痛苦，这些感情他已经背负了太长时间。他坦言，与父母的疏远令他非常伤心。在他看来，他们总是不允许自己解释就急迫地责备、迅速地愤怒，第一时间便惩罚他，或者干脆冷漠地转身离开。在他制造出的一系列麻烦中，这对父母忘记了儿子深陷泥潭，仅仅以无视作为应对之策。他感到既害怕又极端无助，所以这次咨询的机会就仿佛一根救命稻草被他紧紧抓在手心，他需要解脱，需要共鸣。

西恩排解了心中的烦恼，开始更清晰地思考自己的选择，最终，能够更好地控制自己的行为。一度，西恩解释道，他总感觉有必要把内心的担忧说出来。不得不把事情埋在心中时，他将这种状态描述为"内在压力"。但当他和父母的关系陷入恶性循环时，他又找不到任何一个人可以倾吐自己的感受。为了缓解压力，他便转而投向了酒精和毒品的怀抱。

西恩拥有很强的洞察力，他渐渐承认，自己的行为本质上其实是弄巧成拙。没过多久，他便同意接受戒毒戒酒项目治疗。只有治疗，才能缓解情感失控，避免对情感麻木习以为常。在与父母交谈的过程中，西恩让他们明白，究竟应当如何做才能真正帮助到自己的儿子。他的成绩开始提升，踢足球也更加全情投入，最终获得了进入顶级学院球队的奖学金。

我惊讶地发现西恩是如此有自知之明，这说明：认为男孩不擅长情感表达的想法是多么深入人心。像西恩和泰特这样的男孩，他们的思考深度和情感天赋令我措手不及。我自己所受的情感训练，也令我对男子汉的刻板观念根深蒂固。一次偶然的机会，我发现了朋辈咨询网站（peer counseling network）。当时，我已经有好几年没有对任何人吐露过自己的情感，也很久没有对人全心全意地吐露真心了。为了在这个世界上闯出自己的道路，为了消化掉艰难的情绪，我几乎不给自己喘息的机会，我已经对情感完全麻木。

最初一年左右，我在接近自己内心深层的感受时总仿佛盲人摸象。慢慢地，我学会了重复体悟自己的情感。我必须重新学习感受那些发自内心、源自本真的东西。当我努力从被孤立的状态中恢复过来的时候，一段又一段被嘘停、被羞辱、被威胁或被无视的记忆在我的脑海中纷纷闪现。所以几年后，当我遇到一个像西恩这样的男孩——他是一个即使自我封闭，但当自己需要时，还依然具备敞开心扉能力的孩子——我真的被他藏于内心的正直深深打动。

想要再次接近自己的内心世界需要努力、自律和信念。我对自己变得如此封闭感到难过，总觉得有某些相当重要的东西已经离我而去。重新找回心灵的完整的过程往往很痛苦，我脑海中存储的情感反应和情感记忆都是负面的。但当我允许自己去感受眼前发生的现状时，便已经是取得了拓展性的进步，不仅紧张感得到了舒缓，而且因为我不再透过失望、痛苦和恐惧的有色眼镜来看待这个世界，我的世界观也开始变得与以往不同。即使感受本身是无意识的,悲观厌世和愤世嫉俗中也被习惯性地认为理所当然,也会为交谈和倾听的力量所折服。回过头来,再重新审视我所感受到的,将会带来更有希望、更有活力的前景。

大多数年轻、心态仍然开放的男孩,都比我这个成年人活得更轻松。在参与学校开设的项目时,我们获得的经验是:其实每个男孩都具备更好地关注、表达和调节自己感受的能力。一开始,由于他们的生活压力和人际关系质量各有不同,男孩表现出不同程度的情感开放水平。但当他们在这个项目中进行练习之后,每个男孩都找到了自己的声音,并且乐于接受这个改变的机会。比如泰特和西恩,他们都曾一度陷入无法摆脱的情感困境。糟糕的决策不仅加重了他们的孤立感,更对负面结果进行了强化。

有两种情感状态对男孩有特殊的相关性,尤其是在他们没有机会从逆境中恢复的情况下。文化规范强化了男孩羞耻和愤怒的经历,让他们的情绪发展变得混乱而困惑。

羞耻的经历

羞耻是男性成长发展过程中不可分割的一部分,影响着每个男孩自我形象的树立。赵美心博士发现,在4~6岁的孩子中,一种无法企及的男子气概已经在他们的生活中弥漫开来。这一标准在"男孩是什么样的人"和"他如何相信自己符合文化期望"这两件事之间,引发出了一种即将持续一生的紧张关系。心理学家史蒂文·克鲁格曼写道:"这种男子气概可以从被奚落是'女孩才玩的游戏'或是被嘲笑为'胆小鬼'开始,发展到在面对战争时害怕自己觉得恐惧,害怕自己缺乏男子气概的这份恐惧可能会让自己表现得像个懦夫,而相伴每个战士。"让缺乏男子气概的男孩感到羞耻简直是世代相传的传统。他补充道:"标准化男性的社会属性很大程度上依赖于对羞耻感的厌恶,来打造出能够为人们所接受的男性行为和态度,这让很多男孩对羞耻极度敏感。"

男孩很容易因为羞耻而深感脆弱无力。男子气概的典范虽然难以实现,但也并非纯粹抽象的,日常生活中的每一天都有它的身影。父母会因为儿子以什么样的姿态抛出一个球而焦虑;当他的行为不恰当时,他的老师也会感到沮丧,认为他烂泥扶不上墙;教练总是以侮辱和羞辱的方式激励男孩积极进取;同学们很快就把他叫作"同志"。最终的效果就是让每个男孩对于该如何思考自己拎不清。男孩很早就学到了这点,大概在5岁之前吧。赵心美博士说,他们懂得必须以某种方式着装、谈话和交往,否则就会面临成为众矢之的的境地。

因为羞耻感往往来自他们身边最亲近的人,所以男孩无法回避这分秒不停又冷酷无情的批评。每个男孩的自我形象中都掺杂着消极的一面，因此男孩渐渐学会了把这份自我怀疑通过内部消化掉。正如克鲁格曼所解释的那样，"当一个男孩屈服并隐藏了自己的主观自我时，羞耻感就会升腾而起"。因此存在这样一种可能：男孩会将感情转入地下，甚至对跟他们最亲近的人都隐藏起来。除了自我怀疑，他们还会学习隐藏情感，这种情况变得如此自然，以至于这已成为一种下意识的行为。

但回避不能无休无止。羞耻感有时是无法逃避的。乔希就是一个例子。他是一个非常聪明、非常敏感的13岁男孩。乔希有注意力缺陷，包括学校表现和社会生活在内，很多事情对他而言都困难重重。他逐渐习惯了成绩在班上垫底，还经常因为不安分的行为而受到老师们的警告。对他来说，就算是和同学们日常相处也是问题不断。这种脆弱又不安的情感，使他很容易成为其他无聊或爱炫耀的男孩的靶子。他压抑的沮丧情绪最终爆发，而且，当然，这样做只会让他的同学关系和师生关系都变得更糟。他父母的担忧与日俱增，终于，他们安排乔希和我见面。

从一开始我就发现，在他们原生家庭的定位中，乔希的父亲大部分时间都不在家，他扮演着和事佬的角色，而他的母亲则充当着管教者的角色。在我的办公室里，父亲可以安慰他们的儿子，而母亲则有点失控，她表现出更多的恼怒和失望。这对父母不仅头疼乔希的学业问题，还因为他总对妈妈发脾气而备受困扰。但不论情况变得多么糟糕，这个年轻人和父母之间依然可以深入地沟通，他也依然非常在意他们的想法。最重要的是，他有取悦母亲的愿望，并且希望父母都能够以他为荣。

我和乔希曾就他的行为失当与精神崩溃展开探讨。当他发觉无论做什么都无法让他的母亲高兴时，那份绝望，很明显，是导致他品行不端和精神垮塌的主要原因。对于和母亲之间的紧张关系，他要么大发雷霆，要么就干脆无动于衷。他学会让自己一头扎进漫画小说中打发时光，或者沉浸在电子游戏里无法自拔，对外界任何试图令他振作的努力都表示坚决拒绝。他的父母把他这种无声处理理解为故意找茬，作为惩罚，关闭了他的电子设备。他本来就没有什么朋友，这样做更是让他无法通过社交媒体与朋友交流。父母和乔希之间的关系迅速降到冰点。

但当他告诉我，他多么爱他的家人，多么在意他们的期盼，我就立刻敦促他把这个秘密说给他的父母听。在我的反复劝告下，他设法告诉父母：他之所以让自己保持沉默，是因为他感到羞愧难当。在我的帮助下，他的父母也渐渐明白，乔希需要的不是责备，而是一份来自父母的肯定。无论他犯了什么错、遇到了什么挫折，他优秀的品德在父母心中始终屹立不倒。他们明确地向儿子表示，就算他把事情搞砸，父母也会一直陪在他的左右。

培养男孩

归根结底，羞耻感必须被克服，否则它就会摇身一变，成为一个男孩人际关系的主导。只不过，处理羞耻感的方法分为有益策略和有害策略两种。即使躲避看上去是唯一可行的选择，隐藏恐惧和不安也只会赋予羞耻感更加巨大的能量。但当他得到了理解与接纳，一个男孩便拥有了自我接受的能力，能够拥抱不完整的、不完美的自己。他有能力学会以一种独立于阳刚男性以外的视角进行自我审视，甚至有能力发展出一种对规范本身的自由批判。无论他离成功还有多远，也无论他犯了什么样的过错，他都能与自己的脆弱和解，感受到那些珍视他的人带来的安慰。

来自内城的德里克是个害羞的、聪明的男孩，正在郊区的一所私立学校念书。他彬彬有礼又乐于助人，待人热情又才华横溢，但他总是有点畏首畏尾，对身边发生的事思虑过重，反而牺牲了自己的率性。每个人都喜欢德里克，他也有很多朋友，但他的人际关系总是停留在表面。他很有趣，常常被邀请参加各种派对，可到了派对现场，又总是被人无视。

最后，还是一位田径教练注意到了德里克的犹豫不决，认为他有能力做得更好，便把他拉到一边，关心他近况如何。德里克向教练表达了自己真正的兴趣所在，他也明白自己现在的状态是畏葸不前。他回忆自己第一次试着"独立搞定一切"的那个时刻，发现症结在他的父亲。因为没有接受过高等教育，还总是失业，所以他的父亲变得越来越暴躁易怒。德里克目睹了父母彼此之间的暴力相向。有一次，父亲出门后，他和弟弟也去睡觉了。突然间，他被一阵巨响和巨大的吵嚷惊醒，最后，他听到父亲踩着重重的脚步上了楼，咆哮着要把孩子们带走，要离开这个家。父亲冲进他们的房间，而母亲追赶上来试图阻止却被父亲推出门外，母亲滚下了楼梯。这一摔，终于令德里克的父亲恢复了理智，他冲出家门，再也没有回来。

这件事后，德里克和他的母亲继续过他们的日子。但这种矛盾的情绪让他始终无法从震惊和困惑中走出来。就如同经历过类似事情的其他孩子们一样，德里克感到很难过，因为当时的他没有能力制止父亲，也无法保护母亲不受伤害。他责备自己因为震惊和恐惧而动弹不得，以至于什么都没做。他决定不告诉任何人他所经历的一切，而一旦养成保守秘密的习惯，这种习惯就会慢慢生根发芽。他向教练解释说，他并不想要"任何人的怜悯"。因为在他转学进入的新学校里，他的那些受到庇护长大的朋友和队友们，他们的原生家庭都具有一个城市家庭该有的样子，大多都与他不同。

说出这段过往后，德里克放松了下来，他已经准备好谈一谈羞耻感曾经如何掌控了他。他不是一个人在战斗，教练陪他一起制定出了一个计划。教练要求他完全坦诚地面对自己：即使撞到

培养男孩

南墙也不畏缩。在训练中,教练对他大声嘶吼,试图激发他更深入、更努力地触碰自己的内心。终于,在一个已经精疲力竭的日子里,德里克崩溃在了终点线上,他暴跳如雷,泪如泉涌。所有曾禁锢过他的不安和沮丧通通倾泻而出。在跑道上,教练和他并排坐下,倾听他的感受,然后告诉他其实这一切没什么。

教练的直觉和德里克的诚实共同发力,使他取得了突破性进展。他们都切实地感受到,感情上的坚忍克己阻碍了他发挥自己作为一名跑步健将的天分。总是审视他的内心,总是让他不断地反省,只会逐渐侵蚀一个男孩的活力。

羞耻感会使一个男孩自我孤立,以便保持焦虑性的自我批评。男性自我孤立的模式很早就形成了。例如,当一个男孩接收到他应当坚强、独立、自给自足的信息时,他想和母亲亲近这种正常情感就会遭到质疑。根据心理学家威廉·波拉克的说法,"许多非常小的男孩羞于回到他们母亲的怀抱,这种痛苦的分离过程远非自然之举,只会对一个男孩的情感生活造成毁灭性的打击,在此之后,他们便只能得到父亲碎片化养育"。年龄一到,男孩们都会因为太难为情而不愿在公开场合拥抱妈妈,这令世界各地男孩的母亲们为之伤心。因为男孩担心,自己会因此被视为"妈宝男"或者"长不大"的孩子。

根据这些(坚强、独立、自立等)信息的严格程度,一个

男孩的内心世界

男孩可能会用自我防备来掩盖情感依赖和情感渴望带来的羞耻感，一种常见的办法是完全否认这些欲望，比如"我不需要任何人"，或者转向男性亲密关系和超男性化行为以获得亲密关系和情感沟通。对一些男孩来说，断绝关系会令他们激动并愤怒，对他们而言，越是自我封闭、难以被他人接受，就越有可能把唯一的情感宣泄渠道当作救命稻草。

愤怒的男孩

在阐明男性和女性的情感规则有多么不同这件事上，愤怒是个特例。女孩被教育成要在愤怒中依然保持克制，表现得"友好"，而男孩则常常被允许将愤怒释放出来。基于这个事实，男孩可能更具有攻击性、更不好惹，同时也更可能走向偷窃，并演变出其他种种反社会行为。这些情感规则对那些关心男孩的人来说可谓是难解之谜。如果愤怒是允许男孩表达情感的唯一方式，不管是恐惧、伤害、失望，还是失落，怎么做才能提高他们的情商呢？宾夕法尼亚州立大学的心理学家斯蒂芬妮·希尔兹是《说出心里话：性别与情感的社会意义》（*Speaking from the Heart: Gender and the Social Meaning of Emotion*）一书的作者，她在这本书中写道："愤怒的问题是女性情绪化和男性非情绪化这一刻板观点的基本悖论。对女性的刻板观念就是情绪化,而对愤怒作为一种典型情感的刻板观念则专属于男性。"

她接着谈到,"当我们认为我们曾经或未来可能被剥夺了我们以为理应属于自己的东西时",愤怒就会产生。与悲伤不同,愤怒是一种行动情感。愤怒的个体浑身充满了纠正不公正的冲动,在这个条件下,采取攻击和行使权利都是正当的。社会地位高的个体更容易感到愤怒,而社会地位低的个体则更容易在有所失去时表现为悲伤或内疚。

愤怒既被视为一种性格特征,也被视为一种状态。作为一种性格特征,某些人看上去比其他人更容易生气。以这些男孩为例:男孩在练习一项技能或一项运动时,经常会大发雷霆,他的沮丧情绪终于有机会被点燃了,这个年轻人身旁的其他人都不得不小心翼翼,他们害怕他捉摸不定、怒气大发。无论大卫的父母对他做了什么,或者学校打来的一系列电话,举止不端、成绩下降、和他的妹妹打架、不遵守宵禁和互联网使用协议,都不可避免地导致大卫的情绪迅速滑向失控的深渊。不出所料,他的沮丧和失望爆发了。另一方面,查德的愤怒只是因为一个男孩的言语越界。男孩中表达强烈愤怒的方式分别有两个不同的源头:被冤枉时表达愤怒的自由,以及更普遍的有愤怒的资格。

作家梅根·博勒是多伦多大学的一名教授,她也发现:愤怒有两种不同层面：道德层面和防御层面，它取决于愤怒被激发的环境。当一个男孩认为他在一件不公正的事件中是受害者时，愤怒的情绪就会从愤慨和正义中升腾而起。但当一个男孩感受到威胁时，他愤怒的反应则更多地是出于恐惧。我曾经遇到了这样一个男青年，他和他父亲间的关系非常冷淡，在一次争论中，因为过度紧张，他的身体开始抑制不住地颤抖。不难看出，父亲对他自控能力的倾轧是何等强大，以至于激起了他如此强烈的情绪。博勒写道："看起来，防御性愤怒的两个关键基础性特征是：因为变化而恐惧，因为失去而恐惧。在大多数恐惧的案例中，人们更容易以愤怒作为回应，而不是去感受一个人的脆弱。"

社会学家迈克尔·基梅尔在他2017年出版的《愤怒的男人：纪元末的美国男子气概》（*Angry White Men: American Masculinity at the End of a Era*）一书中写道，男性的权利是一种由来已久的历史现象。由于性别和种族愈加平等，有些男性在觉察到机会减少时，展现出"权利受到侵害"的情绪。这些男人们非但拒绝承认恐惧和失败，反而表现出正义和愤慨的模样。曾属于"他们的"东西被夺走了。在我的儿子所在的足球队中，从那些被裁掉或转为替补队员的男孩身上，我也发现了类似的反应。不仅不从自身找原因，有时他们——乃至有时他们的父母——反而常常抱怨，之所以落得这步田地，是因为教练剥夺了"他们的"比赛时间。

培养男孩

男孩表达愤怒的方式常常取决于对风险的估计。"我会不会是在自找麻烦？""我敢不敢承担愤怒的后果？"学校不良行为中巨大的性别差异，凸显了男孩表达愤怒的自由度究竟能有多大。对男性学生来说，挑衅和故意作对在很大程度上仍然是愤怒又不肯合作的外在表现形式。专家发现，在家庭中，男孩受到更严厉的管教也是出于类似的原因。

我实习中曾遇到过一个男孩劳伦斯，他的故事就展示了愤怒和行为不端往往相伴而生。他是一个几乎无时无刻都感觉饥肠辘辘的中学生。从冰箱里拿出三明治、打包午餐这些事都是他自己负责。有一天早上，忘了带饭的他径直来到自助餐厅，发现自己的午餐盒空空如也。他身无分文，而且近几周一直向朋友们讨钱花，早就耗尽了大家的慷慨。他把一腔怒火全部撒在了妈妈身上，头脑一热就把冲动转化为了行动，不管三七二十一，他穿过自助餐厅的长队，给自己拿了一堆想吃的食物，又猛地冲出队伍，从收银台前冲了出去。直到他因为偷窃被捕并被停课，他才得以与母亲交谈。在接受惩罚后，劳伦斯意识到，挫败感是如何强有力地影响了他的判断力。

男孩的愤怒和随之而来的不端行为时常令人困惑。尽管从未有研究支持过这一观点，但历经数代，人们都认为荷尔蒙冲动是令男孩和女孩的情感和行为产生差异的主要原因。男孩表达愤怒的感觉是因为他们有能力表达,还因为表达其他感觉更为困难一些。很多男孩在发觉自己无法做自己真正想做的事情时,比如无法逃离一个环境,或无法情绪崩溃,就会吵架。

一天早晨,我正在家事法庭工作,法警传唤我前往地下室。就在我们搭乘电梯下楼的时候,他对我说:我需要和"我的"儿子谈一谈。电梯门一打开,这层楼中间唯一一个单间里正坐着我的来访者奈尔斯。他脸色阴沉,还鼻青脸肿。在我们的每周例会上出现的那个敏感、可爱、充满艺术天分的男孩,摇身一变,成了一个顽固、愤怒的男人,他甚至几乎没有认出我来。原来,奈尔斯在去参加每周一次的例行会面时和一群来自敌对帮派的男孩打了一架。虽然奈尔斯先发制人,但最后还是被撂倒在会客大厅。扭打中,他掏出了之前塞在裤子里的双截棍。

我很费解,为什么奈尔斯会在一个即将决定他命运的司法系统面前选择暴力?我明白,他对其他男孩的反应与其说是失去理智,不如说是出自本能。他只是做了他觉得必须做的事情。不计后果、负隅顽抗、怒火攻心都不过是为了掩盖表达恐惧和羞愧的复杂心情。实际上,他的反应表达的是他很愤怒。

儿童心理学家丹·金德伦和迈克尔·汤普森共同定义过"残忍文化"(culture of cruelty)一词:每个男性都必将拥有足够的经历,以锻炼自己勇敢地面对霸凌,捍卫自己去抵制公开的羞辱。男孩子们表露在外的感情往往与他们的内在感受相悖。对很多男孩来说，焦虑和不确定、羞耻感和羞辱感始终在内心世界盘桓。在公共场合，情感规则要求男孩不畏恐惧，永不退缩。

父母是儿子的顾问

少年时代，情感发展是一个重要问题。传统观念认为，性别在情感输出上的差异被解释为一种基于生物学的二元差异。但在男孩和女孩的情绪行为中可以观察到的种种不同则表明，这种差异更有可能是以性别为基础的规则掌控了情绪体验的结果。研究证实，每个戴着面具的男孩都有一颗生机勃勃、感情丰沛的心。只有极少数人能够与束手缚脚的社会标准抗衡。

父母和监护人是男孩最自然而然的捍卫者，是他们的"第一响应者"，也是承载他们烦恼的最自然不过的容器。早在婴儿时期，他们就会向监护人展示饥饿、寒冷或孤独的感受。随着孩子的成长，这种情感表达还会不断扩展。所以，将你的痛苦与不安展示给监护人其实是一种本能，目的就是为了寻求理解和安慰。为孩子答疑解惑是父母尽职尽责的一部分，我们怎样才能在自己儿子身上诠释好这个角色呢？

男孩的内心世界

第一步，我们必须认识到事情是如何开始出错的。可能男孩也期待在遭遇情感困惑时能够有人出手相助，但真正获得援助的人却实在是寥寥无几。有时父母无意识的反应，反而会分散他们的注意力、限制他们的同情心，让孩子们紧张起来。某些话题可能很难铺开来谈。父母会犹豫，一旦张嘴是不是就越界了，是不是就干涉到儿子的"个人事务"了。那些与男子气概固有模式存在差距的男孩，一般和父母的交流都特别有限，完全无法打消父母的疑虑与担忧。这种担忧甚至会促使父母敦促他们的儿子表现得更有男子气概。不论在什么情况下，紧张都会干扰父母对子女倾听的能力。

科里和他的母亲来向我求助的时候已经用尽了各种办法。这个十年级学生疯狂逃课，人生没有任何规划可言。当我与他单独会面时才发现，科里毫无追求、表现糟糕，原因就在于他几乎每天都与酒精相伴。自从他的父亲抛弃了他们全家，酒精就成了他在挣扎多年后还能应对这样一个家庭的救命稻草。被丈夫抛弃令他的母亲心灰意懒，除了工作和日常家务外几乎什么都不做，科里保护她，关心她，而吸毒，有助于他缓解对父亲的愤怒和对母亲的担忧。

父母离婚后，科里选择独自面对成长，因此待在家中的日子越来越少。他向我解释说，这是由于他不想给母亲增加负担。于是，他不仅失去了父亲，也无形中失去了母亲。只身一人的情况下，他的压力变得无处排遣。

不知怎么的，他设法让他妈妈了解到，需要帮他找个人谈谈。按照他对我描述的：他以为试图对母亲隐瞒一切是在帮助母亲。而我给出的建议却是：站在父辈的立场，帮助他的母亲完成她应该完成的工作，才是她真正需要科里帮助的地方。尽管很不情愿，科里还是同意把妈妈也叫上，一起与我碰面聊聊天，让她也能了解他的感受。在会面过程中，我和他的母亲聊了很多，了解到这个女人的丈夫抛妻弃子、父母也撒手人寰后她的日子有多难捱，也了解到她是如何让自己坚强起来，然后一步步走出阴霾的。我鼓励她让儿子明白：妈妈现在更坚强了，愿意给予他支持，希望科里能允许她重新回到他的生活中。我也帮助科里表达出了他曾经感受到的孤独和恐惧，教他重拾对母亲的信任，接受母亲能够为他分担困苦的事实，认识到他需要妈妈并不会成为妈妈的负担或烦恼。

有件事情常常令我惊讶：随着男孩渐渐长大成人，他们的声音越来越低沉，肌肉越来越健硕，而父母却往往忽视了他们仍然需要关爱和保护的事实。男孩中流行着男人应当为自己负责的说法，并且这种说法随着男孩的成长，又逐渐渗透进他们的人际关系中。我总是试图约年轻人和他们的父母一同会面，因为在他们最主要的人际关系中对他们展开指导，是我所能提供的长期治疗方案中的最优方案。就科里这个男孩而言，我还是劝他认真对待自己的情感需求，跟自己的父母实话实说。与此同时，我也要提醒爸爸妈妈们，他们仍然应当在儿子的生活中承担重要的角色。虽然解决孩子的（他的）各种问题并非父母的工作，但父母的倾听依然会使男孩获益良多。父母的倾听能够为他们提供机会，帮助他们将情感分类，为他们情感发展的下一步做准备。

保有耐心，保持自信

对男孩来说，做他们的倾听者需要具备的最重要的品质就是耐心和自信。由于种种原因，许多男孩不得不表现得像个男子汉，训练自己把不确定或沮丧的情绪藏在心里，只允许自己以愤怒的表达方式发泄情绪。尽管改变方向、打开心扉最终能够带来极大的解脱，但一开始难免会让人觉得恐怖和陌生。某些男孩没准儿会觉得，他们步入更为依赖他人的阶段是一种退步，还可能感觉他们的男子气概受到了威胁。这些担忧使得父母也没有能力安抚男孩的情绪。只有当男孩自己主动将改变和结果一一对应、两两对照，才会发现：只有摒弃孤独，他才会变得更坚强，更有韧劲。

培养男孩

当一个男孩不得不压抑自己的情绪时,就不得不同焦虑、不安和孤独作斗争。他可能会把自己的不安,投射到两位总觉得自己做错了什么又试图施以援手的父母身上。伸手去拥抱那个躲在面具后面的男孩——这个动作本身,就是在邀请他表达自己的真实感受。一旦男孩的心扉被打开,不愉快统统被释放,他的父母可能将会面对不计其数的不适感。需要注意的是:父母们要把自己当作诱饵,才能成功地引导男孩走向更坦诚的亲子关系。

不要把你儿子说的话或他的行为个人化,这是关键。许多父母对不尊重或拒绝的容忍能力相当有限,特别是当他们刚刚准备走出自己的舒适区时。但当我询问那些感到不满或气馁的父母们:难道他们真的想得到一个因为学会了自我控制、习惯于审查自己不安想法而过度紧张的孩子吗?这是父母不得不开始倾听的前提条件吗?他们真的能指望儿子具备这么多关于原始情感的观点,以至于他能以平和的方式谈论情感吗?

当男孩批评、责备或拒绝父母时,父母也应当不离不弃,保持镇定,甚至应当报以温暖和理解的微笑。只有这样,才会让男孩明白:他的父母可以接纳他的真情实感。躲在面具后面的男孩,压力水平通常比成年人想象的要高。退缩和坚忍掩盖了对看似不可能的挑战的恐惧。父母有责任提供更广阔的视野,让他们的儿子感受到陪伴,让他们能够料理好自己的生活(尽管父母仍有担忧）。

建立关系资本

当父母们做好准备开始倾听时，他们也许会发现时机还没有成熟。他们的儿子还没有准备好与他们进行分享，这让父母感到烦躁。似乎没有哪个问题的措辞是完全正确的，任何语气听上去都不够松弛。有时候，男孩的种种烦恼被苛刻地"管理"着，他们对于烦恼的感受远远超出了他们父母所能提供的任何帮助和理解。因此，他们能给出的最优解，就是在几乎不掩饰自己的恼怒的同时抽身沉思。

在真正接受父母递过来的橄榄枝打开心扉之前，男孩的情感表达往往困难重重、举棋不定：要么回避他们认为父母不擅长的话题，宁愿与朋友或恋人交谈；要么干脆闭嘴，什么都不说。因此，通过某个独特的时刻，或者就在消磨时间的某些片刻，在父母和儿子的关系中奠定一份轻松愉快的基础，就显得特别重要。当男孩遭受到情感障碍时，他们便会想到求助于这份愉快的关系储备。

有时候，男孩子们会清晰地表示出想谈一谈的需求，但其

培养男孩

他时候，他们就只是安静地陪在父母身边，希望他们能够主动注意到自己，希望他们能主动开启沟通。理想情况下，父母只需要简单地跟随着儿子的引领即可。抛出一个开放性的问题，比如"最近怎么样"或者"昨晚怎么样"，代表着他们愿意敞开倾听之门。但如果男孩选择不作回应，父母不应该强迫他回答。很多因素都可能令他关上心门，反复提问就是施压，很可能会适得其反。虽然有时候儿子也会对父母汹涌的关心心怀感激，但某些时刻，不打扰反而会加深信任。当这个沉默寡言的男孩终于敞开心扉时，他会对自身有着更强有力的掌控感，也会对自己与父母间的关系感到更有信心。

对于许多养育着十几岁男孩的父母来说，"需要知道"的初衷更多的是出于焦虑，而不是真正的需要。但是，那些对儿子采取动手术一般管理模式的父母们其实存有一种误解。他们认为，亲子关系的质量是第二位的，而儿子的表现如何、是否安全、是否服从规则、是否不负众望，或儿子的价值观才是更重要的。对秉持这种观念的父母，男孩通常有两种反应：有些男孩为了获得一定程度的独立而与父母分离，表现为叛逆；另一些男孩则接受了这种关系附带的交换条件，进而放弃构建自己的生活。

我的两个儿子都热衷于青少年足球，从4岁开始一直踢到高中，甚至延续至大学阶段。一路走来，我和他们的妈妈曾无数次坐在边线和看台上观看比赛。我们目睹了太多男孩没能充分发挥自己的才能，铩羽而归。虽然也有些人在改变兴趣爱好后重新引人注目，但很多人最终一蹶不振，因为这是他们对付专横的"足球妈妈"或"足球爸爸"的唯一方法。归根结底，父母不能强迫儿子们去展示和去热爱。失败了，在他们看来反而是赢了（赢过了父母）。

与试图管控一个男孩相比，更好的方法是让他感受被爱、被感知和被倾听的魔力。尽管这种细水长流的方法或许不能缓解冲动所带来的焦虑，因为父母总是试图控制和支配孩子，但它在建立开放交流方面稳操胜券，对于青春期的男孩尤其适用。偶尔，我在临床工作中还能发现那种对自己的父母知无不言的男孩。确实如此，在他的人际关系背后，是他确信父母会陪在他左右，而不是压他一头，或者一时冲动就搞突然袭击。

处理好与愤怒的关系

与应对男孩回避情感分享的倾向相比，父母如何管控他们自己的愤怒，恐怕是更具挑战性的事情。愤怒，或者至少是咆哮，在男孩中相当常见。到了青春期，对许多人来说，这就成了可以用来逃避展示自我的唯一情绪。但易怒的男性会让人敬而远之。

培养男孩

多年以来，形形色色的男孩手缠绷带或打着石膏出现在我的办公室，而且回家后他们卧室的墙上还会被打出一个又一个洞。情绪被压制，压力无处释放，都会导致男孩在某个时刻不由分说地大发脾气。一个男孩的愤怒，特别是当他的身体已经成熟，却还不具备成熟的自我调节能力时，是会爆炸的啊。当父母面对儿子以怒制怒或者面露惧色，试图以此控制一个生气的男孩时，简直就是火上浇油。

男孩情绪释放的第一波往往就是愤怒，那是令人痛苦的能量的原始爆发，领先于其他更为复杂的情绪。通常如果父母能够冷静而自信地应对，那他们的儿子就有足够的空间和安全感从最顶层的情感中剥离出来，转变成较为缓和的情绪，比如恐惧、羞愧、失望和心痛等。愤怒爆发的量级没准儿可以掀翻屋顶，也没准儿会响彻云霄，都取决于男孩得到的支持程度或他情感的受挫程度。不会有任何理性认知能够对他的愤怒实施管控。但当一个年轻人找到表达威胁或倾诉沮丧的空间时，情况就变得大不一样了。紧张的肌肉放松下来，他的心也会因从容的深呼吸而变得平和，而不是处于"或战或逃反应"的掌控之中，他的心中有的是放松、情感连接和自我认知。

父母还兼具一项功能：他们应当成为愤怒男孩的顾问。在父母过往的经历中可能也遭受过来自愤怒男性的伤害，他们也许有必要跟孩子聊聊自己的这部分过往。如果早年间父母所经历的心灵创伤余波未消，往往也会引发儿子的愤怒。在这种情况下，父母们会发现，自己被一种强烈的感情驱使，想要压制自己的儿子，或者干脆完全回避愤怒这个话题。如果父母自己还承受着过往伤痛的困扰，肯定无法在情感上陪伴他们的儿子。错失了这样的机会真是可悲。

举个例子，约翰是一个很合群的高中生，音乐天赋很出色，还特别善于社交。他的家人非常以他为荣，全家都乐于以他为中心。虽然他很尊重父母、跟爸爸妈妈的关系都很好，但他的父亲因为太过忙碌，所以在大多数养育子女的事情上都听从了他母亲的安排。这就使得约翰和母亲间的关系变得有点特殊，进入青春期后，他开始频频测试母亲的道德准则。学院院长发现，约翰变得越来越野蛮、越来越轻视自己的职责，便建议这对母子来见我。在评估时我了解到，尽管约翰的母亲在药物滥用和性行为方面为儿子制定了严苛的规则，但是事实上压根儿没有起到任何作用。他要么撒谎，要么撒娇，反正总能逃脱她的约束，然后坚持不懈地向着愚蠢的方向越走越远。当她对儿子表示出坚决反对的态度时，约翰就会变得愤怒、悲观和沮丧，这样一闹，他的母亲又会心软。当我问她是不是她对儿子传递出的信息让孩子有了什么误会时，她开始陷入一种极度焦虑的状态。面对儿子，这位妈妈束手无策。

培养男孩

　　随着时间的推移，真相渐渐浮出水面。很久以前，在她生命中某个无法忘记的岁月里，她那酗酒无度的父亲曾经对她施虐。这种情感伤痛余波未平，一旦儿子的行为有变，这位妈妈的情绪平衡就很容易被触发并被打破。她会陷入恐惧的状态无法自拔。作为一个慢性偏头痛患者，日复一日的生活让她仿佛深陷泥沼，随着约翰越来越频繁地在妈妈的道德边缘试探，越来越不肯善罢甘休，她也变得越来越尖刻，整个人绷得越来越紧。

　　那些发现自己很难与儿子共情的父母，常常会在有意无意间陷入自己的过往，那时候他们是真的无能为力，于是情形开始重演。从最原始的层面上看，就算他们的儿子正在一步步走向不洁的深渊，避免冲突也会是他们关注的第一要务。无能为力的另一种表现形式是：父母可能已经迷失了自我。只知道为自己的生存而战，忘记了自己才应当是负责倾听的那个成年人。

　　把过去经受的伤痛和当前反应联系起来思考，可以帮助父母放过自己，摆脱周而复始的无效行为模式。理智地正视过往经历的痛苦就是在向着解决痛苦的方向推进，这样做也能避免下一代重蹈覆辙。尽管往事带来的痛苦能量需要一段时间才能消弭，但那些敢于直面自己伤痛的父母，肯定不会轻率而盲目地把他们的儿子们视为敌人。

　　即使男孩勃然大怒，与他保持交流，就可以为他处理问题——不管是真实的错误，还是只是一个臆想中的错误——创造出一个空间，否则只会让他离这段亲子关系越来越远。父母并不完美，他们也不需要完美。父母只需要在男孩感到沮丧的时候，为他提供释放的空间——否则他很可能会转身离开。让男孩把自己的感受憋在心里，表现得"友好"，只会让他们丧失主动修复破裂关系的能力。当父母从一个男孩的语气或态度中察觉出他在生气时，要尽可能不带防卫性地问一句，"我做了什么让你不高兴的事吗"或者"我们之间发生了什么事吗"，这一点父母们是能够做到的。如果产生了真正的伤害，不论是主观过失，还是无心之失，父母都应当道歉。有时候，道歉不拘于形式，只要肯低头就能奏效："我很抱歉，是我没有理解好你想表达的意思。"但愿父母们能够承受得起失败，具备足够的自我力量，提供足够多的支持，进而修复与儿子之间应有的沟通。

对学校的几点建议

我在上文中曾提到过朋辈咨询项目，这个项目之所以能在学校里推行开来是有充分理由的。这些项目包含针对基本技能的培训，目的是为了"让男孩做好迎接生活的准备"。分布各地的SEL项目都在响应这个目标。根据促进学术、社会与情绪学习协

培养男孩

同发展组织（CASEL）这个致力于学术研究、实践锻炼和规则制定组织的说法，儿童的社会和情感发展是其"学业成功的基础要素"。让参加过朋辈咨询项目的男孩对它给出评价时，他们更看重自己已经习得或者深深依赖的那些技能，包括倾听他人、敞开心扉表达自己的感受，以及学会信任他人。他们也热衷于了解其他男孩正在经历的事情，乐于与他们的同学们保持更紧密的沟通。大多数人都有这样一种感觉：不管自身正在经受什么困难，他们都不是一个人在战斗。

在老师和学生这种一对一的关系中，始终存在着一对冲突：老师是应当作为给分数的权威，还是应当扮演知己的角色。这对冲突必须厘清。只有这样，男孩才能感知并捕捉到向老师诉说个人问题的时机。害怕听到建议、不敢判断是非、担心被人审视，或者不愿被人压过一头，与以上种种可能性关联的本能反应都会使男孩把事情藏在心里。对老师来说，解决办法就是从个人层面上与每个学生建立联系，从一系列关系姿态中汲取灵感。打个比方，通过与学生分享共同的兴趣、交流彼此的相同之处，或相同的经历来加深双方的连接，传递自信，甚至传递幽默，都会很受欢迎。期望最终能够感化更多不愿言说的男孩的内心。

纪律处分会引起男孩的情绪波动。学校往往将教育者定位在管教模式而不是辅导模式，贯彻行为准则是第一要务。我所了解

男孩的内心世界

到的基本原则是：调教男孩遵规守纪的最好办法是正风肃纪、令行禁止。说真的，我遇到过的许多男孩都是不见棺材不落泪，只有在面对事情发生后的残酷现实时，才能唤醒他们重新考虑当初的冲动。但惩罚的确有助于男孩获得更强的洞察力和更优秀的自控力。尽管这通常是一派胡言，但当惩罚成为主要手段，男孩很容易就会撤退并做出合理的防御行为，这就导致他们无法发现自己的错误，也无法改变自己的行为。

大多数情况下，泰德是个文静的男孩。但有一天他却和老师发生了争执，因为他在课堂上玩手机的时候被老师逮个正着。尽管违规的事实是如此清晰明了，泰德还是勃然大怒，这太让人意外了。老师不肯倾听他的感受，直接关他禁闭，于是他开始失控，开始骂人。幸运的是，那天晚些时候我还没有离开学校，碰巧就遇到了这件事。从早上开始，他就独自坐在这间办公室的一张桌子前，学校也勒令他停学。但当我问他究竟发生了什么事情时，他又爆发出新的不安。我就那么安静地听着，对他身陷困境表示同情。因此没过多久，泰德就崩溃了，他开始哭泣。他承认，一旦需要处理复杂的情感，他的压力就特别大。

在激烈的大学录取过程中，与他的感受相比，他的母亲更在意他作为一名有天赋的网球运动员在球场上是否成功，这让泰德很伤心。他孤独又不知所措，老师抓他的现行时，他正在回复母亲发来的紧急短信。所以泰德当场大发雷霆。当他把事情的前因后果都向我倾吐出来后，我们便着手安排他向老师道歉，向老师解释他的暴怒与老师无关，并愿意接受她提出的任何要求。而且我们也同意与泰德和他的母亲见个面，以更为真诚的态度帮助他们重新搭建沟通渠道。想要达到目的，施加限制往往并非到此为止，反而恰恰是个开始。

不幸的是，因为找不到值得信赖的倾诉对象，许多青春期的男孩都身处情感断联的状态中。为了抑制复杂多变的感情，这些男孩不得不保持防御姿态，变得冷酷起来。管教和惩罚似乎成为与这些强硬男孩接触的唯一方式，因为他们变得如此疏离而不可触及。但还有一个办法也很值得一试：教师和教练可以发挥自身榜样的力量。

我们曾为费城制定过青少年暴力预防项目（youth violence prevention program），首批参训男孩也管它叫作"和平武装队"（Peaceful Posse）。项目有一个关键环节：为在青少年中心、体育项目和教会团体的工作开展培训社区领袖。我们的目标是培训成年男性，他们中的许多人都从未与成年男性近距离生活过，让他们学会如何向男孩展示应当怎样控制自己的情绪。这些成年男性为身处青春期早期的男孩成立了课后小组。在小组中，包括组长在内的每个成员，都会谈论令自己烦心的种种过往。这样做，

男孩的内心世界

能让人觉得纠结情绪问题算不上什么大事儿，从而自然而然地讨论内心感受，还能够提供一种更人性化的方式来替代电子游戏、电影和电视节目中所打造的动作人物和战士一类的男性形象。

与此同时，一名任职于郊区某学校的长曲棍球男教练在某次集会上进行了一番演讲。他毕业于西点军校，同时还是一位广受好评的数学老师。他那次演讲的题目是"哭泣"。因为他意识到，他曾教过或辅导过的许多男孩在成长过程中，都曾被男性应有的刻板观念所束缚。他在演讲中分享道："我算是看明白了，对能够深切感知事物的男性来说，打开心扉去感受诸如心碎、忧伤和悲痛等种种情感，是无比自然的一件事情。"于是他作出决定，要向他的朋友们真实地表达自己的感情。只要情绪需要，甭管是私下场合还是公开场合，该哭就哭。虽然他的这一做法违背了禁止男人敞开心扉的文化传统，但他还是觉得自己有责任诚实地面对一个成年男性与青少年男性的情感生活现状，毕竟他对这些青少年来说是榜样一般的存在。

体育运动则又是另一番景象。体育运动为男孩提供了大量测试自身勇气的机会，这让他们能够更好地释放自己的情绪。许多教练，特别是年轻一代的教练表示：他们在面对自己的角色时，不仅仅把自己定位于赢得比赛和训练运动员的教练者上，还会定位于对运动员性格的塑造者上。他们明白，在面对表现不佳的男

培养男孩

孩时,自己的一番叮咛能够触发双方心与心的坦诚交流。让男孩分享他在团队或一场比赛中的自我认定,尤其是当他在某些方面遭遇短板时,往往令他能够打开自己这扇紧闭的心灵之门。认识到自己的贡献对团队而言不可或缺,能够将男孩的感受从恐惧、自卑转变为更加集中注意力、拥有更为明确的动力,更能够鼓励男孩敞开心扉,将自己的挣扎和感受表达出来。在赛艇、跑步、游泳和其他团队运动中,一个男孩的性格会在他力有未逮时不经意流露。这种时刻对教练来说不啻为一个大好机会,正好用来帮助他拔高成绩、大步成长。但这需要男孩转变对自己的认识,并展开一次针对自身情绪的反思。对于男孩来说,想要成为赢家,最好的方法就是找到一条路,清除他自己思想中的重重障碍。

第四章
男孩与学校

科学课上,一个七年级的男孩满眼渴望地望着窗外的运动场,放学后他要去那里踢球。尽管老师尽最大努力,想吸引面前所有学生的注意,然而她环顾教室,却发现又有一个男孩正在偷看手机,教室后面还有两三个男孩在交头接耳。有太多具有竞争力的兴趣来与她争夺学生的注意力了。

根据历史学家米歇尔·科恩的观点,"健康的懒散"这种习惯是17世纪男学生投入学习的特点。在很多方面,"懒散"依然能总结许多男孩对学习的投入方式。只可惜,学习成绩不好的后果就没那么"健康"了。很多男生随波逐流,即使分数不及格,也不为所动。有人敦促他们更努力些,他们也无一例外地耸耸肩(表示不在乎)。许多男孩从没体验过全身心应对学习挑战所带来的满足感。学校教育会提供很多机会来培养学生的毅力,这正

培养男孩

是一个人为自己的梦想奋斗所必备的能力,但太多男孩却轻易放过了。

2015年,《经济学人》(*Economist*)杂志中的一篇文章提出"女孩正在超越男孩",并把男孩称作"弱势性别"。这篇文章是根据经济合作与发展组织(Organization of Economic Cooperation and Development,OECD)2015年发布的一份报告写的。该报告收集并分析了50万名十五六岁学生的成绩,他们来自65个国家。在调查全球"新"性别差距的同时,该报告还发现了不利于男孩上学的许多性别差异。

但是在以知识为本的全球经济中,通过检测并认为他们"孺子不可教"并不能成为充分的解释。我参观过全世界许多学校,在面谈和课堂观察中见过各种男孩,他们是那样明显地渴望成功,这一直深深打动着我。如果一个男孩在接受教育方面很懒散,说他"不在乎",这种传统的解释将远远不够。"不在乎"是结果,而不是原因。

退步

在男孩孩童时代的诸多损失中,学业不佳是其中较明显的

男孩与学校

一个损失。据说,全世界的男孩都因为学业表现不佳而陷入"危机"。过去几十年中,不管是在美国还是世界上的其他国家,女孩们取得的成绩呈持续上涨态势,然而男孩却一直原地踏步。根据经济合作与发展组织提供的报告,男女同样接受一年的学校教育后,女孩们的表现远远优于男生。男生往往处在成就底层的位置,而且超过50%的男生在数学、阅读和科学上的基本功水平略逊于女生。

社会学教授托马斯·迪普雷特和克劳迪亚·布赫曼研究了20世纪美国的数据,他们发现自1900年开始,性别差异就已经真实存在了。男孩和女孩之间的这种差异性往往在他们进入幼儿园之前就已经体现出来了,小学阶段的表现就更加明显了。三个原因导致了这种结果:

- 女孩在上学初期,展示出优于男孩的社交能力和行为技能。
- 女孩比男孩努力,因此也收获了更加出色的能力。
- 女孩更加喜欢上学,她们通过自身的表现体验到了更多的满足感。

中学接近尾声的时候,一些所谓的软性认知能力,例如:

培养男孩

完成作业和课前做好充分准备，对于取得长远的成功是至关重要的。以至于，八年级的成绩比标准化测验的成绩更能准确地预测他们完成学院课程的概率。他们也解释了男孩越来越弱势的原因。相比贫穷和种族偏见导致的男女差距，男女之间的教育技能差距表现得更为明显。

根据年度调查，成就上的差异导致了他们不同的志向，同时也拉大了性别差距。八年级的时候，男孩对自己的要求比较低，因此付出的努力也很少。他们不怎么上一些要求严格的课程，成绩比较差。相比在学习上的较少投入，他们更喜欢寻求刺激，例如吸烟，这也反映出他们对未来不上心的状态。

家里面既有儿子又有女儿的父母们更是有话可说，他们的故事让这些数据更有说服力。小男孩查理有一个姐姐，名叫汉娜。姐姐就是一个超级明星：做事井井有条，善于自我激励，志向高远，对待老师真诚，也很会讨他们喜欢。而查理呢，喜欢和朋友们到处闲逛，玩电子游戏，每天乐呵呵的。他也能和别人融洽相处，也很会讨老师的欢心，但就是不喜欢上学。父母不自觉地就会把他的表现和姐姐进行对比，并在报告中评论，他态度消极，不做充分的准备和全身心的投入。查理并不能像姐姐那样，在学校中表现优异，体验到上学的乐趣。而对于女孩们努力学习，完成学校布置的任务，查理和他的朋友觉得她们太较真了。

男孩与学校

当男孩面对一些额外的压力时，男女之间学习效果的差距就更加明显了。在最近的一项大型研究中，研究员选取了出生地为佛罗里达州，出生年份在1992年至2002年间的100多万个男孩女孩，将他们的出生证明与健康状况、纪律表现、学院成绩和高中毕业情况进行匹配研究。研究发现，生活在低收入社区的男孩，相比他们的姐妹们，更容易在小学或是初中阶段出现旷课和行为不端的情况。此外，男孩有更大的概率出现心理障碍和认知障碍，很可能不能够完成高中学业，也很可能会触犯青少年司法体系。根据报告作者的观点，这些压力因素对男孩产生很大的影响，"并不是因为男孩本身家庭环境对他们带来多大的影响，反而是由于他们的邻里周围和学校中聚集了大量弱势儿童，这种情况对他们产生了一定的负面作用"。

加上种族偏见和贫穷因素，对于男子气概的文化定义让他们很难在学校中有良好的表现。干扰他们在学校表现的因素已经扩大到在校教师对他们的态度和行为。来自纽约大学的社会学家华宇·塞巴斯蒂安·切恩格评估了在高中阶段老师和学生之间的师生质量。他很确定，良好的师生关系可以预见到学生们的期待和成绩。同时，报告还指出，具有移民背景的孩子和有色人种青少年往往很少有机会接触到这些重要的社会资本。

从经济合作与发展组织的报告中，我们能够很清楚地看出

培养男孩

来,"多项研究表明,表现最好的学生才是'好'学生",同时还提到"不管是由于社会化进程还是男女天生的一些差异,平均来说,男孩更有破坏性,更愿意触碰边界,肢体行为更活跃。换句话说,他们的自控能力稍差一点儿。"各种各样的刻板观念,导致男孩与老师之间的师生关系并不是很融洽。

近日,我到访了一所高中,为老师的专业发展提供一些帮助。正值五月份,离毕业时间越来越近了。当我经过学院咨询办公室的时候,里面聚集了一群毕业生,我恰巧看到这样一幕:一个女孩拿着手机开心地蹦蹦跳跳,兴奋地告诉电话那头,她被第一志愿的学院录取了。而她的男朋友就站在旁边,也很想和她一起庆祝。但是从他的面部表情中我读出了一种纠结,他也收到了第一志愿学院的反馈——他目前位于候补名单当中。

来自佩尔学院的托马斯·莫特森从事高等教育机会研究,他绘制了一张表格,其中在女性录取率、受教育程度和领导力及市民参与度几个方面都是呈上升的趋势,而男性在以上几个方面的表现则恰恰相反。面对男性下降的学院录取率,求职的渺茫希望,停滞不前的工资,上升的失业率,监禁,贫穷和自杀率这些,托马斯发出了疾呼。

但是,这种性别成就差异的警钟并没有被普遍接受。对男孩来说,真正的担心经常和强烈反对性别平等相混淆。对于一些观察者们,他们对根深蒂固的男性特权的反应,让他们很难去定位男孩的失败。英国社会学家黛比·爱泼斯坦和她的同事们指出了三种普遍的信念,这些信念使对话无法有效开展。

首先是"可怜男孩"文化基因,把男孩塑造成残酷环境和被无情剥削的受害者形象。从这个观点来看,学校就成了霸凌、过度控制的代名词,要求男孩严格遵守各项纪律准则,展现男儿本色。然而,这种观点大大降低了男孩在个性塑造中的自我参与程度。在运动中取得的胜利或是成为校园"老大"的成就感诱惑他们沉迷于短期的名声,而并不着眼于长远的期待。同时,这也让老师和学校为了让孩子们步入正轨所付出的努力大打折扣。如果学校教育是一出戏剧,那么其中男演员的主观体验在社会力量的冲击中,已经消失殆尽。

其次是一种"失败的学校"论调,认为学校从组织结构到师资配备都更加适合女生。该观点的支持者强调,很多努力的付出都是为了提高女生的地位,以至于学校逐渐"女性化",从而导致了男孩的挫败。但这个观点的问题是,有证据显示,在提升学校整体各方面的时候,都均衡考虑到了男孩和女孩。此外,这种观点还忽视了一个现实情况,几乎在所有的学校里,男孩最喜欢的老师都是女老师。

最后,"孩子总归是孩子"论调认为,考虑到男孩子荷尔

培养男孩

蒙爆发、争强好胜和活跃好动，学校根本就不是一个适合他们的地方。自主选择、冒险还有兄弟会这些活动才更加符合他们的天性。但是，这种论调只不过是对"基因决定命运"二次论述，非常错误地概括了自主选择、体验经历和思想开发之间的复杂关系。但不知为何，这种论调用到男孩身上就貌似合情合理。

还有一些更加有趣的观点，同时考虑到男孩的自主意识和男性的特征，进行综合考量。来自新罕布什尔大学的托马斯·纽柯克认为，由于男子气概属于一种"构建更加严密的文化范畴，越轨行为会面临很严重的惩罚"，男孩在学业上不情愿的投入可视为一种反抗。他写道，一些男孩认为"好的学生时代"就等同于"顺从、娘娘腔、不敢承认自己、也不敢勇敢做自己"。来自罗汉普顿大学的贝基·弗朗西斯和伦敦大学的克里斯汀·斯凯尔顿沿着同样的路线研究，这两位英国教授断言文化规则激励着男孩"叛逆、冒险、具备体育天赋和谈恋爱"。从这两种观点不难看出，必须与童年抗争的孩子似乎更容易得到尊重，更有前途。

解决方案

新的全球市场需要的是人才和技术，而在校表现欠佳的男孩在这种环境中就很不占优势。但是那些对男孩给予关心的人们，也没有必要任由这一切发生，就好像不能避免一样。新的研究表明，男孩也能集中注意力，兴奋起来，尤其当他们面对的老师能够理解男孩孩童时代，看穿他们防御和自暴自弃的态度。这些男孩与老师或教练建立起学习关系后，他们更愿意对确定的事情或是想做的事情全力付出——同时学到一些新内容。一些父母如果幸运，随后就能看到成效。那些曾经叛逆懒散的男孩发生了改变。他们学会了自我投入，并能从取得的成绩中获得自豪感。

就像精神病学家艾米·班克斯提到的，所有的孩子都"连在一起"，如果一个老师既温暖又有趣，能够把孩子们巧妙地连接到一段关系中，应该没有人会拒绝加入其中。可靠的班级关系带来的新爱好，对于男孩自我激励和争取更大的突破蕴藏着巨大的希望。差不多十五年前，一组教育学者起草了《关系教学宣言：相遇为了学习，学习为了遇见》（*Manifesto of Relational Pedagogy: Meeting to Learn, Learning to Meet*），其中提到的一种力量为研究开辟了一条新路径。他们写道，"遗忘的迷雾笼罩着教育，而迷雾中所遗忘的是人本身。学校是人聚集的地方，我们忘记了教育的根本是人与人之间的关系。"

渴望改变成绩落后男孩的教育专家们，逐渐关注到了关系维度。通过经济合作与发展组织对来自超过17个国家年龄为15岁的

培养男孩

男生和女生进行管理调查,来衡量他们所取得的学业成绩,2009年学生能力国际评估计划(Programme for International Student Assessment)确认了"积极的师生关系"这一观点。2014年,一家荷兰研究团队通过对近100组研究进行回顾,他们发现,不管是积极的师生关系还是消极的师生关系都会对学生产生重要的影响。即使是极度抗拒的学生,只要老师找到适当的方式进行沟通,这些学生也会有所回应。积极的学习关系对于班级里的后进生,尤其是男生非常有帮助。近期,美国心理学会(American Psychological Association)发布了一份总结,内容关于积极的师生关系所带来的影响,其中概括到,当师生关系愈加坚固时,"学生会更加信任老师,在学习上的参与感更强烈,课堂上遵守纪律,从而取得更好的成绩。"

同老师联系紧密也为孩子们提供了"安全基地",一方面保护他们不受负面压力影响;另一方面,老师对他们来说既是榜样也是一种激励。在师生关系中,如果男孩与老师相处感到安全,会更加激励他们练习情绪调节,提高自身行为管控能力。当我和我的合作伙伴理查德·霍利发现师生关系在男孩的学习过程中是如此的关键时,我们认为,相比男孩如何学习,更重要的是他向谁学习。

我们的研究得到了国际男校联盟(International Boys' Schools

男孩与学校

Coalition，IBSC）的支持，有一些老师对教导男孩有特殊的兴趣，我们将这些案例搜集起来进行分析。老师们一旦建立起这种联系，他们会利用获得的影响力强化男孩的意愿，让他们竭尽全力。和男孩建立关系的方法中暗含着一点，那就是在男孩没打算提高自己的学习成绩或是体育成绩之前，他们会衡量给他们提出要求的人。但是，他们不会轻易履行承诺，尤其当他们面对全新的挑战，或这件事情远远超过他们的能力范围，不在兴趣之内时。为什么一个男孩，或者说任何一个人会这样去做呢？更关键的是：这个男孩为了谁而这样去做呢？通过研究我们发现，关系的力量可以将一个男孩提升到一个新的高度，而学校将这一影响体现得淋漓尽致。

尽管师生关系已经赢得了很多关注，但是，在老师应对"男孩危机"中，一些传统的观念还是会占上风。"学习模式"的观点尽管缺乏科学依据，但长久以来始终盘踞在他们的想象力中。事实上，一些世界知名的心理学家、神经系统科学家和教育工作者近日发布了一封信，主要为了挑战这种观点，他们提出无论是大脑结构还是激素分泌，并不会造成男生和女生产生不同的学习模式。同时，这些传说中的差异也不应该主导教学实践。包括哈佛大学的心理学家史蒂夫·皮克在内，这些署名人员在信中还补充道："大脑在学习中起的作用确实至关重要，但学习模式只是普遍存在的神经迷思而已，并不会对提升教育起什么作用。"

培养男孩

但遗憾的是，最近的一次投票结果显示，尽管缺乏相应的证据支持，但85%的学校管理人员同意学习模式说辞。一家专业公司希望提供适应这种基本的学习模式的课程。"亲男孩"教育中很大的一个问题是，假定了多样化的男孩是一个单独的群体，而不管他们其中有些是体育迷，有些是科学怪人，有些处在巨大的家庭压力当中，有些正在对抗着街头暴力和社区堕落。虽然在工作中我接触到一些学校，发现男性理所当然形成一些男性的爱好和个性，但是很少会有男生仅仅由于性别驱使，而培养一些爱好。在这种形势之下，教授男孩的老师应该清楚，他们应该把每一个男孩当作独立的个体去建立师生关系。

接下来的这个故事的主人公是一个聪明的男孩，一开始他的学习成绩不佳，并且有继续下滑的趋势，但当他在一位即有洞察力又有责任感的教练帮助下，男孩取得了突破。这个故事清晰地阐述了，在教学关系中是多么需要教师对男孩的理解，出色的即兴技巧，足够的温暖和决心。同时也展示了，师生关系如此充满力量，以至于可以改变人生。

凯文学东西很快，这个孩子淘气，精力充沛，总是很容易就被逗笑或是和朋友们玩到一起。他喜欢开玩笑、搞恶作剧和冒险，成长过程中一直都在跑步、追逐和捉迷藏。他虽然可以忍受学校，但其实他讨厌在校的大部分时间，并且认为做作业是一种苦差事。当他步入中学阶段后，学业对他投入的时间和专注力要求更高了，他开始从尽力而为转变到得过且过。学业成绩的下滑和来自父母、老师的压力也没能改变他的行为轨迹和学习态度。其实只要他全身心投入就能学得很好，但他很少会这样做。虽然说凯文并没有失败，但是好学生身上所具备的能力，他都很少去实践甚至并不具备。这些能力包括勤奋、困境中寻求帮助、组织能力和时间管理能力。事实上，他反而养成一些其他的能力——无奈接受糟糕的成绩、给失败找借口、撒谎或是隐瞒一些不好的事情。而这些无疑会阻碍他取得进步。这种成长轨迹对高中学习或是更长远的发展毫无前途可言。

对此，凯文的父母想了很多策略，例如检查儿子的作业，陪他一起熬夜完成更多的作业任务，念叨教育的重要性，对他的一些能力提出表扬，又或者在他学习不努力的时候进行惩罚，然而没有哪一种策略起到了长效的效果。凯文漫不经心回应说他"讨厌学校"，而且他很舍不得把做自己喜欢事情的时间匀给学习。

对于老师来说，他们也是非常困惑。老师们用来激励学生的普遍方法，包括和他们促膝长谈，和他们相处建立默契，叫父母进行谈话，寻求其他的帮助或使用一些惩罚措施，例如课后留校，或是给他们评低分。但种种的办法对于凯文的学习态度没什么长期影响。老师们会觉得他就是"懒惰"，然后这个标签就一

培养男孩

年一年地跟着他了。

直到七年级的时候,凯文碰到了一位和他一样爱好足球的数学老师,这位老师既爱笑也爱玩,逐渐对凯文产生一种特殊的喜爱。他的课堂看似跑题,课上又有故事和笑话而且闹闹腾腾,但是凭借着灵活的授课技巧,学生们也跟他一起沉浸在课堂的知识内容中。在成为一个好老师的同时,他也真诚地享受着与班级里男生女生的这种师生关系。这种积极的态度影响到了他的学生,为班级关系打下了基础。一切似乎都很有效。当秋季开家长会的时候,他告诉凯文的父母,凯文让他想起了自己的故事。那个时候,他有许多不现实的期待,但也按部就班地按照学校的步调,努力表现出对学校的尊敬。

"那是什么改变了你呢?"凯文的父母问道。这位老师告诉他们,他曾经碰到了一个引起了他的兴趣的语文老师,从而不但改变了他在学校里的态度,更改变了他对整个人生的态度。此前,他从不知道写作会这么有趣,而且富有创造力,并能带来成就感。但是他的这位语文老师热爱那些优秀的作品,会从最爱的作者中选取片段读给他们听,能明显地感受到他阅读时带着的尊敬和崇拜。这位老师鼓励他的学生们无论写什么都要身心投入,哪怕是完成最日常的作业,也要表达真情实感。凯文的老师说,他的这位语文老师帮助他发现了自己都没有清晰认识到的东西,这让他对这位老师永远心存感激。

为了延续这位语文老师带给自己的关心,这位数学老师承诺将凯文设为自己的特别关照对象。他会在不忙的时候为凯文空出一些时间,在上课前到凯文的课桌前和他聊几句或是检查一下他的作业,又或是和他开开玩笑。随着他们之间关系的加深,老师开始逐渐向凯文发起挑战,让他在学习中展现出真实的自己。从始至终,老师都对凯文做得好的部分提出表扬,并真诚地把凯文当作一个独立的人来对待。在英超联赛职业足球赛季,他们最喜欢的球队争夺排行榜的第一名,两个人一直为俱乐部的起起伏伏揪心着。

过去的一年里,凯文的父母看到了他在对学校的态度上正稳步提升。到6月份,他甚至开始学习,担心起自己的学业了,而这种习惯会贯穿到接下来的年级中。但是,最具转变性的是凯文自己主动学习这件事。当凯文投入学习,在各学科中探索,进行脑力冒险,这些让他感到兴奋,一个未知的世界为他敞开了大门。在他与老师建立的这段信任关系中,他学会了触及一些自己都不敢想象的领域。凯文的父母很难表达出他们的宽慰和感激之情。

加深理解

从2008年开始,我和理查德·霍利与国际男校联盟合作,探究男孩教育中的有效因素。通过一系列的研究,我们搜集了丰富的故事和案例,这些素材出自40多个各类学校,来源于2 500位处在青春期的男学生以及他们的2 000名老师,涉及16个英语国家。

在探索性研究的初期,我们简单询问了老师和男学生们,在他们的经历中最有成效的是什么。虽然,在很大程度上老师和学生们的回答高度重合,这也让我们对他们描述的成功案例有很大的信心,但是他们的回答有一个重要的分歧。老师们对于学生的描述,更侧重于课堂技巧,更多地运用一些学术性语言。反之,孩子们会讨论老师们的一些品质和个性,虽然我们指导意见里面特别提出不要透露老师的名字,但孩子们还是忍不住说出改变他们人生轨迹的那些老师或是教练的名字,他们会滔滔不绝地描述关于他/她的经历。老师和学生们对问题回答的差异性,让我们开始关注师生关系。孩子们都知道些什么,为什么他们如此清晰,而老师们则恰恰相反呢?对于那些帮助过激励过他们的老师们,男孩对他们给予充分的肯定,我们逐渐意识到,在成功的教授和学习过程中,"关系"就是那个特别的媒介。

当我们发布了研究结果后,很快收到了频繁的要求,希望

男孩与学校

我们能讲一下在会谈和学校拜访中发现的信息。确实，帮助学校以便让老师们在处理关系上付出的努力更有成效，是件很重要的事情。但是，尽管学校的老师和管理者很有决心，但是对他们来说，将师生关系放在工作中心位置是很难的。老师们虽然知道在良好的师生关系中，男孩会努力付出，但是他们几乎没怎么系统性地考虑过这件事情。当老师们被问到为什么这么做时，他们自己都很难解释清楚。这种关系型的教育通常都会在本能的层面对孩子产生影响，在潜移默化中变化就会发生。如果教育人员还只是专注于男孩的传统文化观念，他们很难知道男孩到底在想什么。

另一方面，男孩头脑格外清晰。有一个很典型的小组，当我们问到与他们相处得很融洽的老师时，一个男孩开始滔滔不绝地说起来，这位老师是如何"点燃"他的。其他的男孩子也七嘴八舌地加入其中。孩子们说自己的老师非常暖心，把自己的教室描述成了一个好像很神圣的地方。"这个课堂，"他们说道，"你根本不用假装表演什么。"老师的存在并不是一种严厉和苛求的象征。反而，孩子们觉得自己必须要认真对待，因为老师就非常认真。而且孩子们还提到了老师的"激情"和对他们的关心、耐心、坚定、乐于助人，孩子们用这些词来形容老师。"他有些特别，"一个男孩说道，"如果不做作业，或者不全力以赴就会感到很羞愧。"

培养男孩

我们认识到，如果要帮助学校使师生关系更加起作用，就要把师生关系绘制得更加详细。在首次研究的后续追踪研究中，我们梳理出了有效关系和无效关系的特征，最后发现，无论何种文化背景，哪个国家，什么类型的学校，与学生关系融洽的老师具备的品质始终一致。

我们列了一个教师品质清单，我们发现具备这些品质的老师能够征服学生，和他们建立起良好的学习合作关系：

- 精通学科知识。积极的师生关系不仅是建立师生间的双向喜欢，其实，在一段师生关系中，清晰地掌握学科知识才是让男孩用心学习的基础。

- 高标准。男孩经常赞扬的那些老师都有共同的特点，他们对课堂有着清晰甚至严格的要求，男生们对这些老师也是非常信任。

- 对学生个人爱好和特长有回应。当一个男孩意识到，老师对自己的认识并不局限于自己只是一个七年级的学生或者英国学生，男孩会加深与老师的关系，更加愿意完成自己的学习任务。

- 与学生有共同的兴趣爱好。同样，不管是在体育、音乐还是机械方面，如果老师能和学生有共同的兴趣点也有助于建立信任的关系，对学生的表现起到正向促进作用。

• 与学生有共同的特征。事实上，如果老师和学生有一个共同的特点也是建立师生关系的一种方式，这些特点包括：禀性相投、背景、种族、创伤和克服过的困难。

• 磨合一种应对反抗的方式。在面对男孩的反抗行为时，如果老师们不进行硬碰硬的对抗，而是选择包容或是更有幽默感的方式面对，不仅能够和这些难搞的学生打成一片，而且可以营造一种希望满满的班级氛围。

• 乐于暴露弱点。有时，老师会给学生讲讲自己的奋斗历程，这样在学生面前的形象就更加具体了。更常见的一种方式是当老师做错一件事情时，他会向学生们道歉。

当老师们借鉴了上述中的一条或是几条策略后，与男孩成功地建立师生关系，会发生巨大的变化。当然，最重要的是现实效益，男生们获得了技能，掌握学科知识后，他们能顺利通过要求的测试。单单这个收益就是一个不小的成就，来看看下面这位少年的分享：

> 我上中学的时候，数学一直困扰着我，尤其是代数部

培养男孩

分。我实在是搞不清楚,我越努力学习,反而越迷糊。上了几星期课后,另外的一位数学老师来到我们班上,我询问她如何解这些方程式,她讲解得很慢,我开始理解一点儿了。后来,她把解题的过程写到我的书上,我就理解得更好了。随后,在接下来的一些题目中,我按照她的方式进行解题,我开始会做一些题目了。这使我感到格外地受激励,我理解我们在做的这件事情,这种感觉很棒。这促使我继续努力,在一次测试中,满分50的试卷,我竟然考了48分。也就是从那时开始,我逐渐地摆脱了数学对我的困扰。

除了这些当下的提高,还有一些更重要的收获。当男孩培养了新能力,他们自我的概念逐渐产生,也看到了人生更多的可能性。男孩说,物理老师的启迪让他们想成为科学家,又或者受身边的一位激情澎湃的语文老师的影响想成为一位诗人。下面这位男孩讲述了自己受一位历史老师的启迪,让他踏上了一条意想不到的道路:

对我来说,最值得纪念的课堂经历是在历史课上。从我踏进教室的那一刻,我就充满了对历史的兴奋和热情。这种感觉是以往从未体验过的。我的历史老师非常热爱历史,并为之

男孩与学校

疯狂，她对历史的这种狂热瞬间感染了我。我也开始被历史吸引并沉浸其中。这是我第一次对某一个学科付出这么真诚的努力。从此开始，我对各个学科都全身心投入，尤其是历史学科。这绝对是我在学校教育中的转折点。

成功地与教练或老师建立师生关系，不仅让男孩增长技能，扩大愿景，而且要让他们感受到被帮助，或者他们能够期望自己的需求也可以获得满足。他们会意识到即使面对困难，自己也并不孤单。下面这个男孩讲述的故事发生在计算机课上，但其中承载的意义已远超过了这个学科：

> 这件事情发生在我十年级的计算机研究课堂上。那时候我们开始学习编程，我实在不懂如何操作，也不知道为什么这样操作。然而，当时的老师非常理解我，全程都在帮助我。就算我一直都很困惑，她也没有放弃我。经过了若干次早上和午餐时间的额外授课，最后我就像灵魂开窍一般，所有的内容都弄懂了。在那一单元的大测验中，我取得了很不错的成绩。但这并不是这个故事的重点。这件事情之所以让我如此难忘，是因为老师一直没有放弃我，一直相信我可以做到。如果没有老师这么细致的帮助，我不会搞懂这一单元让人困扰又复杂的内

容。老师真的做了很多额外的工作来帮助我。

男孩对帮助过他们的老师所表达的喜爱程度是非常深刻的。教育哲学家大卫·霍金斯著名的论文《我，你，以及它》（I, Thou, and It），其中捕捉了成功的学习关系这一视角，他写道，"对于这样对待你的人，你是一种什么样的感受呢？这可能不是我们所称的'爱'，但我们绝对可以将其称为'尊重'。你之所以看重这个人，是因为他在你的人生道路上帮助了你，对你来说，他是有用的，而且是独特的。"

沟通失败

当男孩得到老师帮助时，他们会心存感激。反之，如果老师对他们没有反馈时，他们可能会心烦、失望、生气甚至是痛苦。没有这种师生联系，男孩可能更倾向于逃课。他们认为老师就应该愿意去指导他们。在小组访问中，不止一个男孩告诉我们，"这是他们的工作。他们应该关心我们，在学习上帮助我们。"

在师生关系中，如果男孩遭遇了某种崩溃，他们的话语也丝毫不加掩饰：他们形容这些老师们毫无同情心、心不在焉、失礼、彻头彻尾的刻薄,是非常糟糕的老师。一个男孩在评价老师时,他觉得自己被老师虐待了。他说:"我恨他。他的课上我什么都不会做的。他可以让我考试不及格,他们也可以把我赶出教室——我就是什么都不做。"这种情况下,他对自己的伤害远大于老师对他的伤害。问他为什么这样做的时候,他很坚定地补充道:"我不会为他做任何事情的。"在一些男孩与老师关系恶劣的故事中,这种强硬的态度很普遍。男孩在感到失望后,他们理所当然,也很干脆地切断了联系。

我们问了男孩,为什么和某些老师的关系这么不融洽。他们给出的解释,我们同样列了一个清单,这个清单里的内容恰好和积极师生关系清单中的解释相反。令人惊讶的是,他们的抱怨都很具有相关性,其中包括老师让自己失望的不同方式,或者未能满足他们对帮助所抱有的最基本的期望。

- 对学生无礼或是贬低学生的老师。在男孩看来,尊重是一段学习关系中最基本的要求。尊重的缺失是导致师生关系破裂的最普遍原因。老师对学生表现出的否定或挑剔的态度,挑战他们彻底断绝与老师之间的联系,他们也从不会考虑这样会导致的后果。

- 对所教学科没有工作热情的老师。男孩期望老师们可以

培养男孩

精通自己负责的学科，而且非常关心他们。男孩希望老师们的热爱能够引导他们让班级气氛高涨起来，让课程变得有趣。

• 对学生疏忽或漠不关心的老师。男孩希望老师们不仅具备良好的教学能力，也能够关注到学生的热情。他们对于那些对自己不理不睬的老师会非常生气。

• 缺少反馈的老师。男孩期望老师们对自己的努力学习有所反馈。如果需要的话，能承诺提供帮助，包括如果老师的授课方式对一个男孩的学习成绩不奏效的话，老师愿意调整自己的授课方式。

• 无法控制课堂的老师。在很多方面，男孩会以不同的方式频繁地提到这一点，这印证了我们之前的一个怀疑，其实男孩真的希望让有能力的老师来管理课堂，这样他们能够更加专注于学习。

• 不激励学生的或乏味的老师。不同于老师们对学科的热情和投入程度，老师们的授课方式对男孩至关重要。面对单调的校园生活，他们希望老师可以激励鼓舞他们。

• 沟通欠佳的老师。有时候，男孩对老师没有任何特殊的厌烦；其实，他们只是不能理解老师，听不懂他们的课程。

很显然，我们也并未只从男孩的视角看待整件事情。当我们问老师们同样的问题，"如何解释师生关系的破裂呢？"老师和学生的理由没有一点是重合的。虽然，老师们对于没能修补好破裂后的关系表示遗憾，措辞表达也能让人感受他们的心碎。然而和男孩一样，他们不会将责任归结到自己身上。最后，他们还是把关系破裂归因到了学生身上，例如学生们的个人或家庭原因、心理问题、学习缺陷，或者在一些案例中，是由于文化压力所致。老师和教练强调，虽然成效并不显著，但他们也在努力克服这些情况。对各方的期待，他们已经做了所有专业范围内的努力，他们坚信导致这种失败的原因已远超出了自身的能力。

在学习关系中，关系的破裂并不少见。毕竟，不管是男孩还是老师们，生活的日程都排得很满，来自各方的压力也影响着他们不能全身心地关注校内关系。关系学者已经证实，在人际关系中，有一种循环是很常见的，那就是连接——失联——再连接。其中的断开并不会导致严重的后果。正如威尔斯利学院的精神病学家兼作者珍·贝克·米勒提出的，在关系教学法中，真正的挑战是"如何把一路荆棘转变为通往连接之路。"

看到在教室和各种学习关系中频繁出现的情感失联，我们想知道如何才能解决关系破裂的问题。从老师的角度来看，我们经常听到的说法是，修复关系的责任方在于男孩，他们会说"对这

培养男孩

个孩子,我能做的都已经做了,接下来他要有所表示我才愿意继续做下去"。然而,在一所高中里,我们和一些顶尖的学生层领导进行了一次小组讨论,其中透露出老师们的这种观点。我们会发现,即使是这个学生群体中最有权利的人,在和老师的关系出现问题时也会受到一些损失。男孩觉得自己受到了威胁,感到不满。通常来看,他们不太能跨越这种年龄和权利上的障碍去进行关系的重建。反而更常见的解决方式是,他们会取消相应的课程或者逃离老师,一直忍受到学期末,有时可能会采取更加消极的态度。

那么,从实践性考虑,老师作为成年人和专业性人士,修复师生关系的责任理应落在老师身上。肯尼索州立大学的心理学家丹尼尔·罗杰斯将这种缺失的角色描述为关系管理者,总结出了三个确定的岗位职责:

- 成为学科的专家,在学习上为学生提供帮助;
- 时刻意识到与学生间的联盟关系;
- 即时监管和修复关系中的"用力过猛"。

从我们掌握的数据来看,我们发现,能够与学生成功建立师

男孩与学校

生关系的老师不会期待学生在这段关系中承担与其同等的责任。他们会认为，男孩也很脆弱，全身心地投入一些困难科目的学习，已经尽了他们的最大努力。但是老师们作为关系管理者，他们面对的学生群体数量太大了，这也是一个不可能完成的任务。

其实男孩也没那么容易。当男孩受到攻击、担心害怕或是不堪重负的时候，他们的抗拒感会骤增，即便是最有耐心的老师也会被他们推远。因此，很多老师在与一个充满挑衅、捣乱又不听话的孩子对抗时，会采取防御自保的策略。出于对自身保护，老师们就默认自己已经做了期待的所有事情。这个时候，即使考虑到男孩自身的弱势，也应该由他们迈出下一步了。因此，我们会发现，在师生关系破裂的更深层次，是由于老师在这段关系中由管理转变为防御自保。一位老师对此的坦率承认，也证实了这种常见的现实：

> 坦白说，我为什么没能和这个学生建立良好的师生关系，是因为这个过程太让人疲惫了。我们之间没有什么共识，我也丝毫察觉不到他想建立这样一种联系。我知道，他可能在与家庭中的各种挑战进行抗争，但是他每天都是一张扑克脸。让人很难知道到底是什么在困扰着他。我思考这个学生的问题，我觉得他就是一个需要帮助的孩子，但是他又不想被帮助。我觉得，他喜欢上学，热爱运动，最重要的是他想成为一

个强壮的少年。可能他觉得寻求帮助或者接受帮助是一种示弱的表现。我不得不承认,我觉得我也不想再做什么努力了。他对我和对其他人都是怒目而视,对待同学也没有礼貌,对什么事情都是一种轻视的态度。虽然对于老师或者教练来说很不愿意承认,但是我就是放弃了。所以,我确认他感受到了我对他的不喜欢。我判断,他对我也不是很尊重,也并不喜欢我。在我和他相处的前两年里,我感到很疲惫。我难以从对他的挫败感中恢复过来,他也能感受到我的情绪。他觉得很难处理这段关系,而我觉得我对他的付出已经足够多了。

相比之下,即使老师们感到挫败或消极,只要他们不放弃,不把修复关系的压力转嫁到学生身上,事情还是有转机的。例如,萨拉是一个数学老师,她所在的班级全是学体育的男生。这些学生从不把她当回事,上课的时候都坐在后面,有说闲话的,也有四处乱逛的。当萨拉批评他们的时候,学生们有时还会嘲笑她,在背后议论她。为了把问题的苗头在萌芽阶段掐断,她觉得一个叫卡尔文的男孩貌似是这个团队的小领导,于是放学后把他留下谈话。萨拉说,她发现了卡尔文身上潜在的领导力,但是担心他把大家带向一个负面或是具有破坏性的方向。在整个谈话过程中,虽然卡尔文不怎么说话,但他还是很有礼貌的。然而从那天开始,卡尔文好像泄气了一样,无精打采,不做作业,上课注意力也不集中，而且老师讲话的时候也不会看她。

不难看出，萨拉的"解决方式"让关系更加恶化了。在秋季的家长会上，她打算采取另一种方式再进行尝试。会议开始，她向这个男孩道歉，并向他的父母解释自己错误判断了他，可能有时让他感到尴尬，然后希望男孩能再给自己一次机会。尽管男孩在父母面前没怎么说话，萨拉开始注意到男孩的变化：他上课的时候开始听讲了，也按时交作业了，而且也不和其他男孩子乱逛了，这也使得他们吵闹的声音小了很多。趁热打铁，萨拉希望这段关系能更加令人满意，她会给男孩的学业一些建设性批评，同时也为他这一年课程上取得的进步喝彩。

就像所有优秀的关系管理者，萨拉操作的预设是：如果一种策略行不通，就继续尝试其他办法，直到找到有效的办法。除了她的自信和耐心，最令人振奋的是她的灵活性。她觉得这个问题就是应该由她来解决，她从未想过放弃，或者将责任转嫁到学生和学生家庭上面。

考虑到师生关系的破裂，教学压力的问题也就自然无法避免。伦敦大学教育学院的塔玛拉·毕比关注到了这个问题，她写道："总是感觉被人关注，加上对于被看到、被重视和被认可的持续需求，好像一个人只有足够优秀才会值得被注意、被爱。所有的这一切让教室成了一个复杂并有潜在危险的地方，人们也会从这里感受到压力。"

有时候也确实奇怪,尽管教师这个职业需要面对各种复杂的关系和职业挑战,每年依然有大量的心怀理想的大学生选择成为老师。但是这些新老师的希望并非空想。在与一些退休的老师的交谈中得知,他们过去几十年都在和年轻人打交道,其中发生的很多故事充实了职业生涯。尽管教师行业存在挑战,但对于整个教学生涯来说,回馈也是丰厚的。

关系型学校

在我的系列研究里的另一个项目中,有一小部分学校同我一起合作,让关系式教学成为教学方式的中心。每个学校为了应对大部分老师在学年中碰到的关系挑战,都积极地提出对策支持老师和教练们。学校将满足每个男孩的需求放在第一位,排在了一些稀缺的时间资源和注意力之前,这意味着老师不再是唯一决定问题走向的人。

当老师处在压力之中,或是自己的专业技能受到威胁时,就会对接触学生产生消极的态度。受这些压力影响,老师们倾向于防御自保。波士顿学院的教授安迪·哈格里夫斯曾经写过关于教

男孩与学校

学中"情绪工作"的内容,他发现有些老师无法解决这种无能为力的问题,而这些老师的个人认同又取决于和学生的成功相处。鉴于一些受到惊吓的男孩常常退缩,不再付出努力,所以,让这些老师们去忍受男孩的抵抗也是不现实的。实际上,男孩的抵抗很容易惹老师生气。

关于学校支持关系型教学有几条基本的原则。就像我说的,所有人都必须达成一项清晰的协议,关系的管理者应该是老师而不是学生。相比在实际课堂上,这一观点在理论中体现得更加明显。虽然,随着孩子们的年龄越来越大,让他们在师生关系中多承担一些责任是可以理解的,但是,期望一个孩子在与成年人的关系中居于主导地位是不现实的,应该由专业人士来解决这种关系的破裂问题。

同样,学校的所有人不管遇到什么困难,都必须支持这个观点,那就是关联上每个男孩。关系型老师不会随意打发麻烦的学生去做一些特殊服务或是对其进行体罚。相反,他们会在室内做工作,找各种方法来接触和影响他们,希望能够通过关注和关心同那些在努力的学生们连接起来。如果和学生的关系遇到僵局,老师们知道他们还没有找到正确有效的途径,他们会不断地尝试直到成功为止。随着老师能从外部获得关于孩子的评价信息,他就能为维护关系提供更多维度的努力,频繁提及男孩对于心理教

培养男孩

育支持服务的需求,足以想见老师们遇到的挫折和经历的绝望。

这同样说明了朋辈支持的重要性。没有哪位老师能一直保持客观。尤其当老师们想自我防御的时候,他们可能意识不到自己在关系破裂时的角色。米丽亚姆·雷德尔-罗斯提醒老师们,其实帮助就近在身边,"如果没有同事的温馨提示和反馈,我们很难意识到自身的盲点"。很多学校策划了专业成长机会,提供信息反馈和朋辈互助。通过提供这些机会对关系问题进行复盘,老师可以审视他们在哪些环节用力过猛。

在这些关系型学校里我设立了工作室,进行了一种模型试验,当老师们与学生相处不顺畅时帮助他们反思复盘。在其中一所学校的工作室,一位教导主任和我分享了关于一个挑衅老师爱捣乱的男孩的故事。他承认,在与男孩的激烈交锋过程中"丢失"了男孩。后来,这个男孩越来越难接触了。然后他描述了男孩后来的境遇,男孩在学校闯了祸被开除,后来在街道上遇上了更多麻烦,男孩彻底崩溃了。接下来,屋子里一片寂静,这位老师对于失去和男孩的联系愧疚了很多年。在他的故事里,同事们清楚地看到他发自真心的承诺和无计可施的悲伤。

等这位教导主任镇定下来,其他老师不由自主地开始发言,肯定他的勇气和诚实,并提供一些反馈。每次有人发言时都会说到他的善意,表达对他的尊敬,告诉他在关系破裂之前，他已经做了所有的努力。当然，他们也提到了一些与他行事不同的方法和观点，他下次可以尝试一下。这样就强调了在关系型教学中，成长型思维的必要性：每个人都会提高。当老师们能想到的所有办法都无济于事时，朋辈的支持可以在无路可走的时候提供帮助。

父母如何融入

父母在学习中也扮演着重要的角色。当父母与老师形成联盟，他们展现出的团结会让摇摆不定的男孩坚定地融入与老师的合作关系中。当父母从联盟中撤出来时，他们的疏离和负面情绪会影响到孩子，让他不再坚信自己一直以来感受到的来自老师的照料。学习联盟不仅要包含老师和学生，更要有学生父母的参与。

我们的研究显示，这种父母——老师合作关系至关重要，但很多家庭对此心存疑虑。通常，父母们都知道老师是主要角色，他们要听从老师，但是很多父母不知道该如何积极地参与进来支持老师的努力。然而事实是，父母和老师之间是会互相加强还是会削弱彼此的努力，这一观点一直未有定论。

培养男孩

虽然没有明确表达,但父母们一般都对老师抱有过高期望,尤其在关系领域中。他们认为,每位老师都应该具备敏感度和专业的洞察力,能够清楚读懂他们的儿子,并且根据他的需求匹配相应的教学风格。可能,父母们最希望老师具备的能力就是与儿子建立关系的能力。他们希望老师们能和他们一样看懂自己的儿子——"理解"他们的儿子。当父母碰到一个能很好地和儿子建立关系的老师,他们觉得这样才正常。一位父母说道:"当他碰到一个相处融洽的老师时,他更愿意以一种开放的心态学习。"

在与父母的会谈中,很明显的一点是,他们希望寻求老师的帮助,而这种帮助并不局限于学业上的努力。父母们希望老师不仅仅关注孩子们的学习表现,而且能够花时间多维度地看待他们。老师最好清楚,如果学生感到自己对老师有责任感时,他们会努力学习,取得更好的成绩。父母们相信,通过私人关系,老师会更好地激发出孩子们的潜力。

隐藏在这些希望和期待之下的是强烈的情感。当有一个至关重要的成年人有意图地塑造儿子的前景,父母在很大程度上依赖于老师和儿子建立起来的高质量关系。他们在儿子身上投入很多,同时也希望另外一个人能够给孩子输入一些他们不具备的价值。当他们发现老师能帮助他们这么多,他们便会宽慰一些,心存感激,就像下面这位母亲解释的:

男孩与学校

> 我的儿子和其中一位老师关系很好。这完全改变了他的态度和对自己的认知。他和其他同学的关系也很好，社交体系也随之发生变化。我最大的欣慰是，他不再认为自身具备的一些特征是特殊的。这段关系让他对自己有了信心。改变了与自我相处的模式，一切都发生了变化。他可以安全地探索未知的自己。我认为，他在未来的人生中还会时时回想此事，把这段经历当作一种人生的印记，不管未来发生什么，他都会有所依凭。

当孩子与老师的关系相处和谐时，这是件很幸运的事。父母很乐意为老师让路，让他们尽情发挥，而父母只需在家中做好自己的工作，进一步加强老师所付出的努力。

但是，父母会发现，完全放手交给老师也很难做到。当师生关系的发展令他们不那么满意时，他们也很矛盾。是应该冒着与老师对立的风险干预呢，还是保持沉默呢？有些父母觉得进退两难：夹在为儿子提建议和与老师合作的困境中。在这种情况下，很多父母非常消极也充满了担心。似乎，父母的压力程度与其儿子同老师之间的关系好坏有直接关系。"你不想惹恼儿子的老师，"一位父母说道，"你并不想把老师支开，也不想冒犯他，因为这一切到最后又都回到孩子身上了。"有的父母甚至

培养男孩

想在家中承担老师的角色,弥补孩子在班级里没学好的内容。但是,尝试这样做的人反馈说,如此会产生消极结果,影响他们和孩子之间的关系,更不用说他们要是直接指出孩子与老师之间存在的问题了,这会让孩子们认为,自己就永远处在班级中这样一个位置了。

在小组讨论中,一些父母提供了很多有助于老师了解他们儿子的建议。

- 传递自信。首先一点也是最重要的一点是,他们建议老师向男孩的潜力传递自信。专业人士提出的肯定对于男孩的自我形象至关重要。一位家长分享道:"尤其是他发现还有人相信自己的时候,你会看到他的光彩和成长。"

- 给予尊重。父母建议,当老师对孩子们表示尊重的时候,更有助于他们与孩子们建立良好的关系。他们觉得,男孩很容易对老师表示尊重,反过来如果男孩感受到了来自老师的尊重,这种情况下孩子们会更加热爱学习。一位家长特别提到了一位老师:"她也不是一直和和气气的,但这是涉及尊重的事情,孩子尊重这位老师,他会试着接近这位令他尊敬的老师。"

- 保持幽默感。父母们也推荐了幽默感,认为轻松的心情有助于和他们的儿子建立积极的关系。虽然学校的作为会有很多耗费，但极其重要的一点是，这个老师可以帮助孩子（更不用说帮助他们的父母）从全局的角度去看待各项事情。一位父母说："那一年，孩子非常喜欢在校时光，课堂也很有趣。"

- **练习优秀的教学技能。**对于父母在师生关系上的侧重点，他们认为好的教学实践非常重要，是这段关系成败的关键。如果男孩们察觉到这位老师不会授课或者对自己讲授的学科没有热情，那就算他们喜欢这位老师，也不会认可他的努力。

父母如何帮助儿子完成学业

在对一些家庭进行研究时，我经常发现，父母的期望经常被编织到孩子的自我认知和志向抱负中。究其原因，就像老师一样，老师必须时刻警惕他们对某些学生的期望是否有所降低；父母们也要审视自己是否从现实角度，考量了孩子的能力到底能取得什么成就。他们是否在用自己的求学经历看待儿子的潜力呢？"孩子就是孩子"这种态度又有多少渗透到他们的期望中呢？他们是听天由命呢，还是付诸行动呢？在孩子与老师发生冲突时，他们是站在孩子的这一边，允许他们逃离这段师生关系呢，还是做出努力来改善这段关系呢？

培养男孩

在很多案例中，导致男孩在校学业欠佳的更深层原因，是由于其中一位家长没能履行尽自己最大努力的诺言。其中的原因很多，例如：由于一些不好的经历，男孩产生一种厌恶，可能之前被父母严厉批评过，厌倦了父母；又或者是未能准确找到问题，使付出的努力受挫。但一般来说，在学校表现不佳类似一种系统故障：男孩先是在家里自学，随后再投入学校的学习。学校可以训练男孩，让他们的学习更有效率。但是对于不想努力学习的学生来说，学校很难让他们投入学习。

当儿子放弃学习时，父母都不知所措，或是病急乱投医。他们并没有陪伴孩子，反而对孩子专断、苛求和下命令；又或是冷冰冰地靠近他们，没有用心投入。这些方式都是无效的，而且不能激励孩子继续努力。孩子们倾向于做那些父母真正认为他们应该做的事情，当一个男孩落后的时候，有效的方式是思考孩子在这段关系中所付出的努力和面对的挑战，而不能仅仅揪着男孩存在的问题不放。

一旦父母对期望的底线设置清晰、恰当，他们就能回顾自己在学习小组中的角色位置了。父母们无法掌控师生合作关系，但是他们对合作双方的影响是有益的。我们从调查中发现，父母的态度会影响儿子对待老师的态度，以及他们对待作业的回应。父母的支持也会影响到老师，老师会注意自己的情感投入，并注意学生的投入程度。关注儿子的进步,向老师对待儿子的方式保持开放态度并且对老师的所作所为表示支持,这些都会激励老师做到最好。

父母作为自己儿子老师的队友,要保证老师掌握所有的信息,这样才能确保他们有效开展工作。如果老师进行得不太顺畅,父母应该引导儿子为自己发声,而不是绕过儿子代替他进行沟通。这有助于他学会自我主张和与他人协商。重要的是,这种策略引导他重新回到老师身边,提醒他这是他自己的关系。男孩也从父母那里得到信号,父母相信他能解决关系中的棘手问题。只有当男孩自己放弃的时候,父母才能采取更主动的行为。有时候,这意味着邀请他去面对自己的挫折和失望,然后再次尝试。父母不能轻易接受儿子随意放弃与老师搭建的关系,或是放弃某个学科或课程,因为这些挫败会导致更普遍的悲观情绪浮现。

更为长期的关注

学习对男孩来说是一件个人的事情。这也是我们研究中的基本课题。在与老师和教练关系方面,男孩会满足要求,迎接挑战,这个过程中他们努力学习知识,提升技能。但就因为这是一

培养男孩

件很个人的事情,所以,老师和男孩生活中的起起伏伏也影响着这段关系,影响着老师的授课和男孩学习的关注点。男孩可能会变得分心,而老师也可能心事重重或者注意力减弱。

当一切运行顺利时,这个小组里的父母、老师和男孩会形成促进成长的强大力量。下面这个故事表明,父母与老师之间良好的团队合作会帮助孩子步入正轨,即使他们目前正承受着巨大的压力,也会关心自己的未来。托比上九年级那年,他的妈妈发现丈夫有了婚外情,家庭面临破裂。由于托比和爸妈的关系都很亲近,所以他非常崩溃,没有选择父母中的任何一方,而是从他们之间疏离出来。虽然后来他的爸爸从家里搬了出去,法定的离婚程序也在拖拖拉拉地进行着,托比还是更想从学校里的朋友和哥哥们那里得到支持。这个曾经让他依赖的家,如今到处都回荡着往昔的美好回忆。

托比的妈妈非常担心自己的儿子,几次提出进行心理咨询,但是托比每次都是拒绝的态度。尤其,当妈妈看到他和父亲之间爆发的冲突,托比对于爸爸展露的性情和价值观表示失望时,此刻妈妈就更加担心了。但托尼依然坚持自己的观点,透露出自己对父母已经丧失信心了。

这个时候,这位母亲只能是向外界寻求帮助。除了为儿子寻求治疗,她还集结了朋友和家人们。为了托比,她见了儿子小学辅导员老师和教导主任，告诉他们家里发生的事情，希望他们能够密切关注自己的儿子。

在接下来的一年里，起起伏伏发生了很多事。托比的成绩一落千丈，而且也没能达到大学橄榄球队的标准。他的妈妈认为，托比的信心在他经历的这个家庭剧变中遭受了重创。她一直同老师和教练保持联系，努力不让自己的儿子变坏，为了掌控事态发展，需要让她儿子身边的人跟上进度。逐渐地，她也有了自己面对坎坷离婚路的方式，与前夫进行着公对公的交流方式。但是，她还是比较担心托比，担心家庭带来的压力会影响他不能全身心地去做该做的事情。

托比真正喜欢的老师是他的班主任兼辅导员。他不但是一位优秀的语文老师，对写作充满了热情，而且他碰巧也是越野队的教练。每当托比学业有所下降，成绩下滑时，这位老师会和他的妈妈商量，决定提振他的自信心，而不是盯着成绩和作业喋喋不休。他还把托比招入了自己的越野队中跑步，在整个秋季的跑步中，这位老师都陪伴在托比身边给他讲故事，在比赛中给他加油，他们自然就成了朋友。

每当托比在比赛中因表现不佳而垂头丧气时，这位老师都提醒他看看自己已经取得的成绩，鼓励他把眼光放得长远一些。他还会和托比分享自己作为跑步运动员时跌宕起伏的经历，告诉托

培养男孩

比，他是如何将跑步类比为生活中的种种事情，即使生活中充满了心烦意乱和困难，也需要集中注意力。几个月之后，托比逐渐学会了如何聚焦自己的目标，尽管家庭跌宕又充满麻烦，他也一直鼓励自己，而不是自暴自弃。托比的母亲注意到老师带给他的这种影响，心里十分感激。

第五章
男孩与"小团体"

通常在两岁时,孩子开始把自己当作男孩或女孩来看待,这奠定了他们形成自我这一概念的基础。2011年至2016年间,被认定为跨性别者的儿童数量增加了1倍,这种对男孩女孩非此即彼的二元论正在逐渐消失。只不过孩子们自己意识不到,大多都还是会以男孩或女孩的方式来看待自己而已。尽管如此,仍有许多迹象表明,我们对性别分类的看法正在不断发展。2017年,作家丽莎·塞林·戴维斯在《纽约时报》发表的一篇文章中辩称,自己的女儿从3岁起就开始排斥女性规范,但她并非"性别错位",她只是"不遵守性别角色"。许多父母不愿限制孩子对未来的想象,也开始尝试用性别中立的方式抚养孩子。

尽管父母会尽最大的努力来保护他们的孩子,但性别规范

培养男孩

在眼下的种种社会中依然是无法回避的问题，它影响着从着装造型、挑选玩具到建立友谊的一切选择。成长到3岁的时候，男孩和女孩开始出现重度的性别分离，这一现象虽然代价高昂，但同时也带来了种种益处。

研究表明，性别脚本鼓励男孩独立，鼓励男孩比女孩更自由地流浪远方。一个普遍的观点是：男孩会比女孩花更多的时间在家庭之外的地方游荡。对自由的渴望，会让他们去探索、去冒险，从而为男孩开展社会生活灌注信心，锻炼他们的社交技巧。不过，自由也会使他们无法感受到来自家庭和社区的积极影响。

男孩社会运行着一套它自己的规则。男子气概的规范驱动着这些规则运转。就算男孩不愿意，他们也会在规则的刺激下做出符合规则要求的事情来。在这套规则中，和朋友一起消磨时间变得带有目的性，也越来越成为男孩关注的重点。朋辈群体营造出了属于他们自己的世界，这令男孩与家庭间的联系变得越来越单薄，他们和伙伴相处时的经历、进行的活动也通常不会在家庭或学校内分享。男孩乐于给别的男孩留下深刻的印象，乐于做更具群体价值的事情来保持他们的地位。

从学前班到青春期中期，男性之间的友谊是男孩发展人际关系技能和探索家庭之外亲密关系的主要方式。和他们的朋友在一起，男孩可以练习关心他人、相互信任、彼此分享、尝试给予，

男孩与"小团体"

并学会接受。男孩会先把在家庭中习得的美德,比如忠诚,推而广之。

哈里·斯塔克·沙利文博士,是20世纪上半叶一位声誉显赫的精神病学家,他认为,随着认知能力的提升,孩子们会学到相互共情和彼此支持。这种他称之为"密友"的更进一步的关系,能够教会孩子们站在他人的立场考虑问题,还能教会孩子们为他人作嫁衣裳。拥有一个朋友和成为一个人的朋友所具有的重要性在他的认知中达到了新的高度。在学校编织出友谊网络、结交到知心好友,如此种种,开始令年轻人的生活从最初的以家庭和邻居为中心向外扩展。他们的生活呈现出新的面貌。

纽约大学的心理学家奈奥比·韦对身处青春期的男孩在友谊中产生的同情、爱和亲密关系的程度进行了记录,此次研究令她对"男孩和女孩之间的友谊有本质区别"这一观点产生了怀疑。男孩之间的友谊特别重要,她解释说,拥有一个了解自己并接纳自己的朋友,能够提高男孩的生活质量。

遗憾的是,这种友谊被一种文化力量所碾压,男孩既无法绕过这种力量,也不能完全对它视而不见。有不少男孩都能就自己和他人的亲密关系对奈奥比·韦侃侃而谈。同样还是这群男孩,他们也表示,随着年龄的增长,不仅曾经的友谊渐渐消散,并且承受的压力变大了——要确保不被人误会自己是同性恋。随着男

培养男孩

孩进入青春期中期，彼此之间关系的发展就要求他们去找个女朋友，并要求他们约束与同性间的亲密关系。

友谊对幸福至关重要，上文的做法只会令年轻男性群体与友谊二字背道而驰。近年来，心理学家们越来越关注一种被称为"流行性孤独"的现象，这种现象在老年人群体和青少年群体中更为常见。作家哈拉·埃斯特洛夫·马拉诺在谈到这个社会日益关注的问题时说道："友谊非常像食物。我们需要靠它维生……当我们对社会关系的需求没有得到满足时，就会感到精神不振，甚至连身体都会出现问题。"研究表明，长期的孤独感会引发身体的应激反应，增加应激激素皮质醇的分泌水平，并抑制免疫系统运转。基于对其流行性和危险性的高度关注，2018年，英国首相特蕾莎·梅任命了一位大臣，专门负责协调英国的公共卫生，为人们感受孤独提供应对措施。但愿吧，越来越多的关注能够帮助男孩更好地抵抗削弱他们友谊的力量。

系紧那条纽带

同女孩分手是验证友谊的一个契机。这个时候，男孩会在自己信任的一段友谊中分享自己分手后的感受和反应，惺惺相惜

男孩与"小团体"

的朋辈流露出同情和理解,被分手的男孩便能从中感受到安慰。奈奥比·韦发现,男孩非常清楚友谊对于他们的重要性。正如一位年轻人向她解释的那样:"你拥有可以倾诉的对象就意味着,当你遇到问题的时候,可以和他一起商量。你懂的,如果你把所有的事情都闷在自己的心里,人是会发疯的。试着把心里话说出来,不管和谁,聊聊吧。"

男孩之间的友谊会打造重要的生活技能。当有人站在你的身后给予你支持时,你便会感受到个中区别。应对全新挑战时,朋辈间的互动能够缓解你的焦虑;遭受挫折坎坷时,朋辈间的互动能够增强你的自尊。这些都会成为滋养你一生的经验。正如布雷特和麦凯斯在他们的博客《男子气概的艺术》中所写的那样:"朋友就是那些你可以在紧要关头依靠的人。即使全世界都与你为敌,他们也会站在你这边。"

在另一项研究中,赵美心博士对青春期男孩之间的关系进行了观察,而后还对他们进行了采访。她的观察证实,一个男孩找到一个能够令他"做自己"的朋友有多么重要。赵美心试图分辨出,究竟什么样的男孩更能抵抗男子气概带来的压力。通过研究她发现,在向规范低头这件事上,有些男孩即使觉得自己被贬低了或被误解了,也会进行更彻底的妥协,有些男孩则敢于触碰规范的红线。是否拥有一个了解并能接纳自己的"真朋友",哪怕

培养男孩

这样的朋友只有一个,也会成为将男孩与群体区别开来的原因。赵美心写道:"在人际交往中,那些感觉到自己被了解和被认可的男孩似乎更具备抵制他人揣测的力量,甚至有助于他们得以保留自身人格的完整性。"

赵美心曾经见过这样一个男孩,这个男孩因为无法成长为更有"男性气概"的样子而令父母倍感沮丧。尽管面对灰心的家庭和失望的学校时这个孩子压力重重,但他仍然可以坦然面对就是因为他有一个能够接纳他的朋友。在接受赵美心的采访时,他解释道:

> 在我13岁的时候,我结识了他,直到现在他都是我最亲密的朋友,他真的帮助我变成了自己想要成为的人……举个例子,是他令我意识到原来我的妈妈为我做了那么多……如果没有他的提醒我绝对意识不到……直到他对我一一指出,我才明白,就如同'嘿,是的,这样是不对的'。然后我俩异口同声地说'嘿,为什么我们就不能干脆做自己呢?'

奈奥比·韦认为:男孩之间的友谊尤其重要,只有拥有友谊,男孩才能拥有对抗"男孩规范"的力量。一个叫乔治的男孩解释说:"和最好的朋友在一起,我不必只说些别人爱听的

男孩与"小团体"

话,也无须遮遮掩掩,我不必戴着假面具,只说一些他们想听的话……这么说好像也不确切,就像是,哦,对了:如果不是和好友在一起,我就不得不言不由衷,只能跟着别人的思路走。"在她和她的研究团队展开的一系列采访中,男孩描述了他们彼此之间的亲密和关心所能达到的程度:

> 我和我最好的朋友亲密无间……就是这样……拥有这种感情,你才会明白它的厚重,它是如此深沉,和你如影相随,这真是让人匪夷所思……我想,在生活中,有时两个人真的是心有灵犀,真的能够彼此不离不弃、荣辱与共,能够相亲相爱。感情就这样发生了。这是人类的原始本能。

他们曾表示,如果没有朋友,他们没准儿早就"发疯了",或者早就"迁怒于某人了"。根据研究,奈奥比·韦得出结论:男孩可以和女孩一样拥有亲密的友谊,而且在情感上,也完全能够协调好彼此的节奏。

男性拥有友谊的历史不长,在这段历史中,麦凯斯回溯了它的演变:古希腊时代呈现的是英勇的友谊,那个时代孕育出了柏拉图式朋友的理想模式;到了19世纪的美国,热情的关系和深厚的感情开始变得普遍(亚伯拉罕·林肯和西奥多·罗斯福都在他们成年后，公开表示对亲密友谊的支持）；步入20世纪，亲密的友谊更是演变成正常社交，成为非常普遍的现象。但如今，除了传统意义上的男性组织，比如军队、运动团体、消防队和警察部队，大多数男性与其他男性在一起时，还是会感到束手束脚。对同性恋的担忧似乎是引起这种变化的原因。在世纪之交到来前，男性其实本来能够较为自由地表达对彼此的情感，也不怕被贴标签。但是，由于同性恋关系被认为是歪门邪道，尤其是被一些心理学家盖棺定论后，男人们在相处时开始变得更加畏首畏尾。

最近，一个15岁的男孩肯尼告诉我：他所在年级的其他男孩散布谣言，说他和另一个男孩是"同性恋"。他被这谣言弄得心烦意乱又茫然无助。这是他头一次经历这种来自朋辈监督的威胁。这不禁让他思考，"难道是我有什么问题吗？"他开始自我觉醒，同时开始在意自己对其他男孩知无不言的程度。马里兰州约翰斯·霍普金斯大学的心理学家格雷戈里·雷恩准确地描述出了他所面临的困境："在一个竞争环境中，爱和其他种种亲密关系都是很难维系的。因为保持亲密关系需要展示你自己的弱点、承认自身的问题，这可太不'男人'了。"

虽然时代不停在变，但变化的方向并不明朗。互联网时代，多种多样的性别形象和仿佛无孔不入的同性恋解放运动扭转了时代的文化态度。英国温彻斯特大学的社会学家埃里克·安德森问

男孩与"小团体"

道:"当我们的同性恋文化式微时,男子气概那惯常的、保守的、正统的观点究竟遭受了什么样的洗礼?"通过对美国和英国青年男性展开研究,他给出了如下建议:"兼容并包的男子气概"能够令男性以"曾经与同性恋有关的方式行事",这对他们的异性恋身份威胁更小。

但奈奥比·韦认为,同性恋解放没准儿反而对男孩施加了更大的压力,逼着他们明确自己的异性恋身份。在她看来:"同性恋解放很可能会激发异性恋男性以最老套的方式,更强烈地坚持自己的男子气概。"传统的男子气概被一种新的生机勃勃的文化所强化,什么是"时髦的",什么是"过时的",变得更加泾渭分明。

不论这些文化变换以何种方式上演,年轻男性的友谊都将受到影响,男孩的整体幸福感也会打折。在当前这个大环境下,男孩情感交流的缺失最终会导致不利后果。奈奥比·韦提出了经典术语——失范①,它指的是一种异化疏离又不具意义的状态,这种状态通常是由社会压迫造成的。奈奥比·韦发现,这种沮丧而倦怠的状态多见于青春期晚期的男孩,而"失范"一词正是对这种状态的恰当描述。失去好朋友往往是痛苦的,有时甚至是毁灭性

---

① 失范(anomie)是一个社会学术语,指在现代化过程中,因传统价值和传统社会规范遭到削弱、破坏乃至瓦解,所导致的社会成员心理上的无序状态。

的，就像这个男孩对奈奥比·韦解释的那样：

> 我失去了当初的朋友……那是我唯一信任的人，我们曾是那么的无话不谈。每当我失落沮丧，他总能让我重新振作起来。我对他也是如此。这就是为什么现在的我会感到如此孤单，甚至常常心灰意冷。因为我失去了可以倾吐心声的对象，甚至连个网友都没有，心里的秘密无处宣泄，对我而言，没人能够帮我解决问题……我想我是永远无法找回过去的状态了，你明白吧。我认为，如果你曾拥有过一个真正的朋友，却又不幸失去了他，你恐怕就再也无法找到一个和他一样的人了。

一个令人胆寒的变化可能正是归因于他所提到的那种孤独和失落：男孩的自杀率已经飙升至女孩的4倍。这个变化多发于年龄较大的青春期男孩。奈奥比·韦可不认为这是什么巧合："当需求亲密关系和情感支持与作为一个男人必须具备男子气概这两件事互为对立时，这个时候的文化氛围只会让男孩在青春期后期遭受到这种对立所带来的深深的疏离感。"

男孩与"小团体"

兄弟会[①]

社会学家巴里·索恩在对一个小学运动场展开研究时观察到:"虽然在课堂、餐厅、操场上女孩们和男孩也一起玩,并且互动也很频繁。要知道这些看似简单的接触往往能够深化友谊,甚至能够进一步缔结成更为稳定的联盟,但是,同性互动更容易结成更为持久、更为牢固的关系。"当男孩和女孩已经学会在日常生活中遵循他们各自的性别界限时,再怎么互动也都只能成为"熟悉的陌生人"。

从基于性情和游戏方式不同的生物学角度,到对异性保持抗拒的文化压力,再到引导男孩找男孩结伴玩耍的认知过程远比引导男孩找女孩玩耍的认知过程要多得多这个角度来说,种种理论都能佐证这一观点:为什么即使允许选择玩伴,男孩还是依然只选择和同性玩耍。这个时候再反观女孩们的举动,你会感到更为意味深长。但索恩的研究揭示出,作为孩子们身处的最重要的社会舞台——学校,在组织和强化性别差异这件事上起到了相当大的作用。当一个男孩发现某个女孩们玩的游戏非常有趣,或者他觉得自己特别中意某个女孩时,他就已经将自己置身于危险的边缘

---

① 兄弟会(Brotherhood),是存在于美国、加拿大等国家的一种社团组织,入会采取自愿的原则,入会的门槛要以交会费为前提,也曾以讨论学术为主题,而今演变成一种扩张人脉的途径。

培养男孩

了。不论是别的孩子们还是成年人，都会出手对他表示警告。他们会把这些徘徊在性别边界的男孩当作靶子，戏弄他们、骚扰他们，非得让他们遵循既往的男性脚本不可，不允许有例外。

因此，女孩群体和男孩群体开始朝着不同的方向演进。传统观念认为，女孩应当是成双结对的，而男孩则应当是三两成群的。女孩们应当多多练习诸如谈话交流和分享秘密之类的人际关系技巧，而男孩则应当多多参与游戏比赛和计划实施等活动。但索恩对上述那所小学运动场的观察表明，男孩和女孩往往开展种种对抗比赛、追赶类和攻击类的游戏，并戏弄彼此，都揭示了男孩和女孩之间相互影响的仪式化进程。他们的游戏传达了一种文化基因：从根本上来说，男孩和女孩是完全不同的。

男孩成群结队，这形成了他们少年时代的一个特色鲜明的存在：兄弟会。就像女孩团体展现并强调的规则明显适用于女孩一样，兄弟会展现并强调的规则也明显适用于男孩，尤其适用于少年时期的文化。一个男孩在同龄人中的地位决定了他在邻里间和学校中的受欢迎程度。除了地位本身具备的生存价值之外，对于它所承载的志同道合和被认可、被接纳等情谊而言，与团队的沟通也很重要。伟大的冒险故事、蛮荒时代，以及绵延一生的友谊，在身处各种文化阶层的男性心中都有着神圣的地位。"我支持你！"是一个男孩对另一个男孩的顶级背书。

男孩与"小团体"

在少年时期,兄弟会涉及的主要机构包括比赛团体、运动队、童子军和男孩俱乐部。在这些团体中,男孩患难与共,遵循着与他们个人友谊截然不同的规则。没有一个男孩能独立于朋辈群体而存在,每个男孩都必须在其中找到自己的位置。在朋辈群体中的经历直接决定了一个男孩如何看待自己,甚至决定了他如何看待自己的人生。

在最好的情况下,兄弟情可以增强男孩的归属感,并传授一种持久的价值观。运动队就是一个很好的例子。作为助理教练同时也是橄榄球教练的乔·埃尔曼认为,身为团队的一员,应当学会如何"成为一个能够与他人合作的人",在比自己的个人生活更为宽泛的领域里明确自己的抱负,并对与自己比肩奋战的队友和教练负责。他解释道:"我们属于彼此。完全相互接纳是规则所在。我们也需要彼此。团队是一个复杂的有机体。我们相互依存;任何一个队友对团队而言都缺一不可。我们互相影响。全员合一,团结一心。"

不同于只关心输赢的"业务型教练",埃尔曼延伸出了一种他称之为"变革型教练"的哲学。变革型教练"致力于自我理解和共鸣,将体育视为一种获得美德和培养美德的训练。"他的最终目标是让球员"在高中毕业前懂得三件事。第一,他们被爱着。第二,他们被爱、被接受是因为他们本就值得,而并非他们

培养男孩

做了什么。第三,他们应当知道,天生我材必有用。"管中窥豹,这个例子告诉我们,在兄弟会中锻造出的沟通能力是多么富有能量,它能塑造你的美德,强化你的品格。

有力的佐证还有很多。奈奥比·韦了解到,在综合资源稀缺的情况下,少数民族男孩、出身蓝领家庭和贫困家庭的男孩,甚至已经把兄弟情发展成了一门出色的艺术。身处美国的非洲裔男性就面临着共同的困扰,他们的兄弟情便更注重忠诚与沟通的价值观。乔治华盛顿大学的莱昂内尔·霍华德博士的研究重点是人际关系在非洲裔美国男性发展中的作用。他认为,非洲裔美国男性如何处理生活中的逆境和挑战,取决于他们与其他非洲裔美国男性相处的关系质量。

研究发现,兄弟会还能提供正向激励的另一个背景发生在单性别学校①。支持者们声称,当男孩不必展示出自己与女孩不同、不再承受这样的压力时,他们会感到更为自由,更愿意破茧而出,去尝试超过性别界限之外的东西:艺术、情感表达、参与性学习,同时缔结更为深厚的友谊。布朗克斯的老鹰青年男子学院(Eagle Academy for Young Men)就是这样一所学校,该校非洲裔美国男孩的毕业率已经达到了纽约市平均水平的2倍多;该校

---

① 单性别学校(single-sex school),学校只接收男生或女生作为学生,或同一学校内男女生分开上课。无论是上课还是参加活动,都比在混合学校中更加放松和投入,各方面的才华和能力也得到了充分展示。

男孩与"小团体"

90%的毕业生都进入了大学深造。从某个角度上说,学校管理层将他们的这份成功归因于创建了一种朋辈文化,接受这种文化的男孩能够积极地互相关心。正如斯沃斯莫尔学院的约瑟夫·德里克·纳尔逊博士在他的研究中发现的那样,男孩在这样的学校中能够领略并学习到他所说的"变革型兄弟情":

- 要先人后己;
- 要雪中送炭;
- 要伸出援手;
- 要通力合作、竭尽所能;
- 对兄弟,要爱屋及乌。

上述种种案例都表明,在理想状态下,兄弟会能够帮助男孩感受到理解、支持和被爱。男孩从很小的时候就会被彼此吸引。一旦他们意识到,成长为一个真男子汉是他们实现自我非常重要的一环,男孩的友谊就可以滋养并支持他们锻炼自己各种重要的生活技能。兄弟会可以救人于水火,甚至可以挽救一些男孩的生命。

迷失在人群中

但兄弟会有时也会制造出更为消极的影响。当一个男孩作为兄弟会会员被排除在核心之外时，他们便会频频遭受逾越文明界限的打击，这个时候的男孩俱乐部近乎邪教。有时，兄弟会、运动队和其他强调兄弟会的团体会鼓励一种极端的男子气概，这会让一个男孩的价值观和判断力变得扭曲。

早在小学阶段，男生团体就开始推崇反社会行为模式，鼓动这些团体的成员执行他们自己单独行动时不大可能采取的行事方式。赵美心博士对三四岁的儿童群体展开过为期两年的跟踪研究，在他们入学前，并不在意和男生玩还是和女生玩；可一旦成了小学生，男孩就迅速开始抱团排斥女孩。每个男孩都对自己的玩伴、自己选择的玩具，以及自己在学校公共场所的举止表现得更加自觉。反对女孩，成为他们的团体标记，标记着男生和女生之间的界限。

朋辈群体功过相当。许多男孩都发现，当他们进入只有男孩的空间时，不得不放弃大量自我。他们努力抵抗着不得不服从于环境的那股力量，努力做回自己。尽管社会压力迫使男孩隐藏自己，但应当了解如何帮助他们保持对自我的认知，才能真正帮助他们成长为想要成为的那类人，这一点至关重要。无法搭建亲密

男孩与"小团体"

关系，会令男孩更容易陷入炫耀的漩涡。正如作家乔治·奥威尔所理解的那样，男孩真的可以躲在面具后面成长。

萨姆出生在一个大家庭，排行不前不后。无论是学业、运动，还是社交，他的哥哥们方方面面都让他难望其项背。他们的生活节奏是那么紧张，几乎没有工夫搭理他。而萨姆的父亲，就算下了班，仿佛也总是徘徊在长子们的体育活动中，不是和这个打打棒球，就是和那个玩玩长曲棍球。尽管萨姆自己也尝试过许多不同的运动，但在他父亲的眼中，已很难显得与众不同。母亲对他倒是宽和可亲，也常常能够感同身受，但说实话，她还是更愿意和萨姆的妹妹们混在一起。

萨姆所在的K-8学校[①]由最强壮、最苛刻、最叛逆的一群八年级男孩所掌控，他们处在生物链的顶端。放学后，只要成年人不注意，他们就会在操场上斗殴，目的就是为了强化盛行一时的等级秩序。那些在学校表现好的男孩，那些配合老师、努力学习的男孩，则往往被人变着花样地取笑和折磨，比如排队时被挤来挤去，在门厅走廊里被绊倒，在浴室里被嘲弄。

萨姆很擅长写作，完成学校作业对他来说非常轻松，事实上他喜欢学习。相比于那些不在乎课业、很少参加班级活动的男孩而言，各个老师都毫不掩饰对他的偏爱。但随着青春期的到来，

[①] 学校包括幼儿园和1—8年级。

培养男孩

萨姆发现,真正在乎学业、赢得老师的赞扬,只会让他在同龄人中四面楚歌,他成了众矢之的。

到了八年级,这个男孩的成绩开始下降,因为行为略有不端,还收到了留校察看通知单。在家里,他开始变得闷闷不乐、烦躁易怒。对母亲,他常常叛逆不恭;对妹妹们,他又屡屡尖酸刻薄。他的父母注意到,在学校萨姆已经换了一群玩伴,还会在周末时主动要求去那些受欢迎的男孩家里过夜。最后这个变化反倒让他的父母感到舒心,他们为萨姆感到高兴,认为他正在"破茧而出",仅仅把他的坏脾气归咎于青春期和荷尔蒙。他还开始对女孩表现出了前所未有的兴趣,直到有一天,他的母亲在他的手机上看到了令人不安的内容。她没有说出这个秘密,只是自己默默跟踪着事态的发展。有两次,她甚至发现了女孩子被猥亵和被挑逗的照片,而这些照片的来源正是萨姆的新朋友们。

总的来说,事情渐渐明朗,萨姆遇到了麻烦。他的父母开始为他寻求心理咨询。我们最初的评估环节是单独谈话,会面时萨姆透露:当时,学校里对他的戏弄和嘲笑,已经如同洪水猛兽几乎快要失控了。到了最后,他终于意识到,除了和处在生物链顶层的孩子们沆瀣一气外,自己已经别无选择。作为回报,他们邀请他参加他们的种种聚会,彻夜厮混在一起。萨姆发现,原来自己也可以成为有趣的家伙,而且愿意冒更大的风险来保住周围对

男孩与"小团体"

他的"风评"。他从未挑战过一些大男孩的统治地位,事实上,他发现了一个他特别欣赏的男孩,而且这个男孩也欣赏他。他开始享受被当作"自己人"的那种亲密感和安全感。他已经学会了走一步看一步。

但萨姆也透露了他对事态发展的方向曾有多么吃惊,在家里的时候多么孤独。他的父母并不知道他正面临着什么。在聚会上,男孩带着从父母那里偷来的酒,有时甚至还带着大麻。男孩和女孩早就已经开始眉来眼去,与日俱增的压力迫使他们至少要表现出冷静和来者不拒的姿态。萨姆已经驶入了社交的快车道。午餐时间,他的哥们会对周末的壮举高谈阔论:在性事上有了哪些全新的体验,又和哪个女孩发展出了更进一步的关系。萨姆和他的朋友们相处得越久,他就越感到与家人关系的疏远,甚至自己都快要不认识自己了。他越来越难以想象,究竟如何对父母讲述自己生活的真相。

幸运的是,萨姆并非冥顽不化,他明白自己必须悬崖勒马。接到警示电话后他的父母意识到,对于儿子岌岌可危的现状他们负有不可推卸的责任,他们太忙了,注意力太过集中于两个长子的运动成就了。他们告诉萨姆,他们非常抱歉。他们发掘出萨姆与明星般哥哥们不同的光彩之处,其中就包括他在写作上的天赋。他的父亲每周都抽出时间来和萨姆闲聊,问问他是否想出去

培养男孩

玩,想做什么就陪他做什么。有时他们会去餐厅,有时他们会玩玩长曲棍球,有时他们就只是坐在地下室打电子游戏,萨姆能在他挑选的任何电子游戏中都把父亲杀得片甲不留。

兄弟会既诱人又危险,而且能量强大。对萨姆和他的父母来说,八年级的经历是个教训。萨姆很可能就那样迷失了自我。从这个角度来说,当男孩把跟哥们相处的宗旨奉为圭臬,就可能丧失底线,偏离自己原有的道德准则。来自朋辈群体的直接压力和间接压力,让来自父母的规劝成了耳旁风。萨姆的故事很有教育意义,它让我们明白:男孩想要抵抗朋辈规范,只有靠关系定位。在他的故事中,我们也看到了男孩的勇气极限。"萨姆的故事"是一则警示寓言,讲述了男孩是如何放弃抵抗,并在他们自己都不认可自己行为的情况下,依然同意追随其他一众男孩的前因后果。

对于那些不如萨姆幸运的男孩来说,如果不是父母伸出援手,拉他一把,兄弟会的规范就会变得令人煎熬。宾夕法尼亚大学的人类学家佩吉·桑迪注意到,强奸是一种社会文化现象,在某些特定条件下发生概率更高。在男性团体极端推崇男子气概并仇视女性时,这个团体就变成了一个"有强奸倾向"的群体。在这种情况下,极端男性化的态度和将女性狭隘地视为男性欲望对象的性脚本,融合而成了一个危险的组合。加州大学洛杉矶分校

男孩与"小团体"

的心理学家尼尔·马拉穆斯绘制了强奸可能性量表，结论令人不安。有1/3的大学适龄男性表示："如果能保证他们不被抓或不受惩罚"，他们就会强奸女性。

但当一个男孩根植于自己家庭的沃土中时，反女性规范就很难获得支持。在对男性至上推崇备至的文化中，只有多多沟通，才能保护男孩免受各种极端性、暴虐性和破坏性行为的伤害。这些对男子气概的极端化要求对那些在家庭接受早期社会化教育的男孩有着特殊的吸引力，同时，朋辈群体也早就教会了他们接受和服从。随着年龄增长，他们与父母渐行渐远，开始将他们身处的团体视为自己的家，赢得团体的"尊重"更是成为硬通货一般的存在。

希腊的终身兄弟会就是兄弟会脱离自身的一个例证。它的会员中，每6个人就有1个人考取了四年期全日制大学，这令它比以往任何时候都更受欢迎。据公共卫生研究人员称，生活在兄弟会宿舍的年轻男性86%都酗酒，这个比例是其他学生的2倍。通过比较加入兄弟会前后男性成员的性侵犯罪率，一名研究人员发现，男性成员入会后发生性侵犯罪的可能性更是入会前的3倍之高。在2014年《时代》杂志的一篇文章中，作家杰西卡·班奈特写道："当你身处一个由男性制定规则的俱乐部中，你会发现女人在这里要么被视为局外人，要么被视为商品，甚至可能更糟——被视为男人的猎物。请问你会有什么感想?这样的俱乐部对男孩来说也并非完美无瑕,所以他们最终终止并重建了男孩俱乐部也就没什么好奇怪的了。"

作为团体的一员,在认为自己应当成为什么样的人和他身处的团体代表着什么样的价值观之间,一个男孩必须积极地、长期地在两个方向间展开角力。大多数男孩有时会屈服于集体的力量,甚至像萨姆一样在群体规范中迷失自我。但是,同样也和萨姆一样,他们彼此之间的沟通可以强化核心价值观,帮助他们从有害的规范中拨云见日。

在养育儿子的过程中,帮助男孩锻炼勇气是一项重要技能。强化一个男孩的信念、鼓励他做出反抗是对标准化男子气概的应对。如何解决兄弟会所带来的两难之境,决定了一个男孩余下的人生轨迹。

父母和学校能做什么

当一个男孩和朋辈群体玩在一起时,父母和老师都要时刻提醒自己秉持一个最基本的方针来指导儿子:"想要拥有一个朋友,先要让自己成为一个朋友"。想要成功获得友谊,所有孩子

男孩与"小团体"

都必须学习关心、信任、分享和让步这样的人际关系技巧。与父母相处的模式会对男孩形成潜移默化的影响,当他们在人际关系中迈出第一步时,会利用既往与父母相处的模式来搭建他们与外人的人际关系风格。从这个意义上说,与父母、老师和兄弟姐妹间的主要人际关系为接下来的其他人际关系发展奠定了基础。明确知晓自己身处关怀之中的男孩,会非常有自信地让自己在帮助他人这个方面发光发热。他们会非常乐于慷慨待人,给人机会,同时更乐于关心朋友。在面对与他们身份不符的提议时,他们表示拒绝的自由度会更高。

一些研究表明,正是与母亲的密切关系强化了男孩向他人表达温暖情感的能力。对她们的儿子抵制传统男性情感束缚方面,母亲们能够提供的帮助可不是一点半点。当儿子步入青春期,母子之间关系的强度也直接影响到这个男孩向朋友表达情感的能力。奈奥比·韦写道:"从六年级到八年级,那些认为自己母子关系得到提升的男孩,在友谊中对传统男子气概的抗拒也越来越明显。"

结果表明,孩子们与他们自身监护人间的关系质量,是他们后续人际关系发展的一个显著而有力的指征。正如我在第一章中提过的那样,研究"依恋"问题的专家们发现,对父母们展开"成人依恋问题20问"(twenty-question Adult Attachment

Inventory）问卷调查，便可以就儿女对他们父母的依恋情况进行预测，准确率高达85%。尽管人际关系的风格在成年后还能得到改善，但克服早期伤害中残留的戒备、多疑、独裁和压榨模式可是一项艰巨的工作。对于母亲、父亲和其他成年人来说，在今后的生活中让男孩更有能力的一个重要预防策略，就是让儿子和学弟学妹们维持强而有力的沟通，并帮助儿子维系住这些关系的质量和深度。

除了打好基础之外，就父母和其他人而言，想要帮助男孩获得友谊、与同龄人和谐相处，这里还有一些具体的建议。

提供机会

要知道拥有好朋友对男孩的发展来说非常重要，因此家庭必须在拥挤的家庭事务和繁重的学校行程中想方设法挪出时间，让他们的儿子拥有和朋友们在一起的时光。现代家庭节奏加快，但想让童年的节奏也随之加快可是越来越难。孩子们在全日制日托、学校、夏令营，以及体育和艺术项目之间辗转腾挪，时间早已经不属于他们自己了。至少在他们达到可以自由活动的年龄之前，男孩还是需要经由他们的父母为自己在日常生活中制定时间，以便和朋友们一起出去玩。

随着时间的推移，社区家庭之间已经失去了往昔的热络，没有什么孩子可以走出家门去寻找玩伴和朋友了。尽管靠他们自己安排时间通常超出了他们的组织能力，但对年轻男孩来说，约着玩不失为另一种选择。这个时候，父母对儿子的注意力和倾听能力就派上了用场：男孩主动安排的任何社交活动都应当受到鼓励。即使是像"我希望我能和汤米一起玩"这样简单的表达，也代表他已经迈出了解决社交孤立问题的第一步。更别说什么"干吗不约他来家过周末？""要不你先约约他，然后我再问问他妈？"之类的问题了。你只需要搭好脚手架、做好后勤保障，男孩彼此间自然而然就能成功地约起来。父母应当让男孩自己主动、独立地发力，而不要总想着指手画脚。

然而，随着父母愈发关注，随着学校越来越关注老师和成绩，男孩很难在成年人中结交到朋友，大家需求不同、也没有什么共同语言。对父母来说，等着男孩发现自己想要什么，然后追随他的思路走，倒不如主动去安排好孩子的一天来得更快、更有效。只不过，长期技能的发展才是关键。面对自己的儿子和学生时，父母和出自善意的老师并不能在获得技能这件事上越俎代庖，毕竟我们希望男孩自己学会如何在他们的世界中航行。混乱而激烈的社会竞争、不断变化的等级制度都需要男孩具备相当程

培养男孩

度的适应力、创造力和勇气才能从容应对,最好是在男孩步入青春期后期之前就已然身怀这些技能。到了青春期早期,当他们身处的朋辈群体宣扬从父母和老师那里获得的独立价值观时,还依然无法自立的男孩便更难赢得尊重。

关于适应力的研究证实:哪怕男孩只拥有一个盟友,能认可他的现状、关心他的所需、无论发生什么事都支持他,他也能以良好的状态继续撑下去。在男孩找到志同道合的那一两个兄弟之前,老师、教练、牧师和父母会无条件地接纳他们。在特定的情况下,直面被排挤的威胁并非总有意义,但从长远来看,直面威胁能够让每个男孩都相信他拥有后盾,会被庇护,这才是关键。拥有朋友让他明白自己并非孤身一人,要依靠超出自己掌控之外的力量。平衡个人偏好、努力去适应环境,是每个男孩都必须学习的技巧。

密切关注

萨姆的故事和心理学家赵美心博士等观察者记录在案的那些故事都清晰地表明,父母和老师们在男孩的友谊关系中扮演的角色往往是不为人知的。特别是当男孩还很年轻时,他们的社会生

男孩与"小团体"

活还相对透明,他们面临的挑战也相对可控。这个时候,父母和老师们可以帮助他们获得种种技能,在团体需求和他们自己的价值观与需求之间找到平衡。如果老师和父母能够对男孩应对这些挑战,并对他们的平衡给予密切关注,对那些迷路或不堪重负的男孩进行干预和指导,就能够在他们奔向未来的过程中,为他们探寻自我观点、获取优秀的平衡能力提供一个安全保护网。

问题是,"儿童社会"有它自己的规则。这规则在成年人的视线之外运行,也不受成年人控制。一所独立学校的学生研究小组曾展开研究,并发现了这一规则的本质:看似风平浪静,实则波涛暗涌。据报道,有1/10的男孩身陷斗殴和欺侮;有1/3的男孩曾遭受欺负、威胁或恐吓。至于上述事件发生的地方,食堂、学校操场、体育馆和更衣室,越是成年人鲜少现身的地方越是容易发生。在破解成人监视漏洞方面,男孩简直个个都是专家。

父母和老师们无法时刻保持警惕。事实上,只有吱嘎作响的几个车轮相互摩擦,震耳欲聋时,才会引起人们的注意。不同年代的人们遵守着互不相同的规范,年轻人和老年人简直就跟生活在不同星球上一样,井水不犯河水。随着年龄增长,男孩在衣着、音乐、人际关系、志向和娱乐等重要问题上越来越在乎朋友和朋辈群体的看法,并对成年人的一切事务都嗤之以鼻。十几岁的男孩,就是一个独立的部落。

培养男孩

成人必须密切留心这个部落的种种规范，还要密切关注这些规范对他们在乎的那个男孩产生的影响。为了被当作朋友，也为了被团体接纳，就算承受压力，男孩也要遵守部落中流行的规范，即使这些准则偏离了来自他们原生家庭的被视作珍宝的价值观。是成为团体的一部分，还是坚持他们自己的信念，男孩在这两者之间游走恐怕只能是一种试错，不仅需要勇气，还需要灵活的判断力。每个男孩都会遇到大量机会来练习对抗压力。而且，很可能还会犯很多错误。当一个男孩向无法抗拒的群体压力投降时，如果他能对某人承认他感到矛盾、感到不舒服，会对他大有帮助。

一旦他们的儿子加入了一个朋辈群体，不仅对这个男孩，就是对这个男孩的父母来说，也意味着更多机会。如果没有对儿子的社交生活进行微观管理，父母和其他关心孩子的人便会开始留心孩子社交生活的质量：他有没有织起一张人际关系网？那些和他一起旅行的同伴们的道德水平可还过得去？在与自己相关的某些问题上，他是否至少还能保持自我？他所拥有的友谊是否忠诚而长久？理想情况下，与父母间拥有值得信赖的亲子关系也能够令男孩向朋友、队友和其他同龄人敞开心扉。如果男孩不介意父母的焦虑，不畏惧父母事后诸葛亮，也不担忧父母认为自己朽木不可雕，纯粹把爸妈当作"共鸣板"，那就真的很优秀了！

男孩与"小团体"

在萨姆的案例中,无论是好消息还是坏消息都有教育意义。尽管他的家人很友善,也很关心他,但直到他的行为明确显示出他正身陷危机无法自拔之前,家人们都丝毫没有注意到萨姆已经被朋辈群体的力量所裹挟,只有招架之功,毫无还手之力了。只有当家人重新注意到他,他也允许他们真真正正地走进自己的社交生活时,萨姆才有机会重置自己的道德罗盘。他能够将胸中抑郁一吐为快,还会明白来自父母的理解能够坚定他纠正失衡人际关系的决心。他的成绩提高了,也愿意花更多的时间和家人在一起。虽然在学校里他还跟之前的同一拨朋友保持着不错的关系,但父母的介入为他提供了托词,他慢慢减少了参加派对的次数,不再试图跟上这个时髦群体快速却肤浅的步伐。

虽然不同文化下演变出的兄弟会规范各有不同,但他们都代表着同一种独特的主导观念:将特权赋予具备某些品质的男孩,或赋予某些类型的男孩,允许他们惩罚他人。研究发现,那些身材体型比大多数同龄人都更为壮硕的女孩,自信心会受到伤害。同样的情况对男孩来说则恰恰相反:强壮、早熟的男孩与瘦小、运动能力差,或者还在发育中的那些男孩相比,更容易获得肯定。对镜自观,身处兄弟会中的男孩如何自我评价,往往反映的是某种文化偏见。无论是积极信息还是消极信息他们都会放在心头,视而不见只会令他们备受煎熬。

培养男孩

五年级的时候,马利克还是一个很享受朋友遍天下的男孩。但随着青春期的到来,成长也不期而至,中学时代的群体动态发生了变化。他发现自己开始受冷落,排挤也渐渐增多。由四五个男孩组成的一个小团体脱颖而出,成为最受欢迎的一小撮人,他们只找自己人做伴。午餐时,他们会互相占座。就算本来一直和他们是朋友,马利克和其他男孩也只能跑去抢旁边剩下的座位。午饭的过程中,这些男孩兴奋地彼此交谈,每当其他男孩插话,他们就会群起而攻之,取笑对方以提高他们自己的地位。

崩溃的时刻是这样到来的:当时,男孩正在为他们小团体中的某个成员筹划一场生日派对,而马利克发现自己没有收到邀请。由于派对筹划一直在暗中进行,所以他费了好大劲才弄明白这件事。周五晚上,他给某个一直跟这个小团体混在一块的男孩发了短信,问他是否有事要做,想不想出去玩,结果得到的信息是他不能去,因为他"要去参加伊万的派对"。看到这样的回复,他压抑已久的挫败、耻辱和徒劳的感觉一齐涌上心头,马利克崩溃了。

幸运的是,就在他读到对方发来的回复短信时,他的母亲注意到了他的表情,并及时倾听了他的感受。虽然她和儿子一样感到伤心,但她控制住了自己,只给予安慰,没有向儿子提出自己的看法。她能明白,重要的并非眼下儿子感情上受到的伤害,而

男孩与"小团体"

是放眼长远的努力。马利克需要具备独立思考的能力,才能明白应当如何处理自己在学校的社交生活。就他自身而言,他已经意识到,和他天天混在一处的那些人不是他的朋友,他应该尝试和别的男孩发展友谊,哪怕他们不那么"受欢迎",但彼此可以善待对方。

鼓励内向或孤僻的男孩

当男孩和朋友们一起经历"枯水期"时,父母不必过于担心。心理学家威廉·布科夫斯基根据一项针对青春期早期男孩友谊的研究分析认为,社交速度慢是正常现象。事物是如此千变万化,如果一个男孩的友谊没有经历起伏,那才让人惊讶呢。某种程度上说,男孩间的友谊是培养长期人际关系技能的一个训练场。尽管许多父母不切实际地希望他们的儿子能够稳定发挥、保持连胜,但男孩学着适应环境的变化,学着应对挫折,还是值得提倡的。

但"一朝被蛇咬,十年怕井绳"。有些男孩觉得,朋辈群体太过于推崇竞争意识,不如干脆放弃。杰布第一次来见我的时候,还只是一名六年级的学生。但很快,他就展现出和大人相处

培养男孩

时自信的一面：诙谐风趣，容易信赖他人，不怕展示自己的脆弱。他能够做他自己，侃侃而谈时对我完全信任，我在倾听时也乐于给予他相应的尊重和关心。上述种种，都是他在亲子关系、师生关系中，通过锻炼获得的。

但他和同学的关系却是另一番景象。他认为其他六年级学生都既反感又惹人厌，很难相处，这让他对拥有朋友压根不报什么期望。但杰布深受老师们喜爱，他们欣赏他的真诚、主动和幽默。到了周末，杰布往往孑然一身地和家人度过。他也极少和同学们用手机互动。

从未体验过和朋友们在一起的雀跃时光，杰布变得悲观而沮丧。然而，别说是他，就连他的母亲，都没能把这两件事情联系起来思考。事实上，他们反而倾向于把没有朋友这件事情当作另一件事情来看待。他们对于抑郁倾向的想象还仍然停留在生物学的概念基础之上。在学习方面，杰布也有点与众不同。刚上学那几年，他曾和其他那些有着特殊需要的学生一同待在资料室里。后期他慢慢调整，学习方式也渐渐回归了主流。那些特殊岁月，让他始终游走在朋辈群体的边缘。特别是在体育课或健康课上，其他男孩甚至还会对他说出非常刻薄的话。杰布渐渐明白了自己的不同之处，也明白自己不太可能和其他男孩打成一片。他对自己的这个认识令他痛苦万分。

男孩与"小团体"

从他的父母、老师们那里,我了解了他性格的全貌,在初步评估时对他进行了一些测试,然后我意识到:他陷入了一种发展式孤立状态,而这种孤立状态只会越来越强烈。男孩有一种与生俱来的内驱力,他们就是要和其他男性打成一片,拥有他们自己的人际关系网,而且必须搭建起他们自己的生活。杰布退回家庭就是退回了安全区,而他的母亲坦率地承认了他的与众不同,这一举动也在不知不觉中助长了他的无力感。她寻思着,杰布没准需要药物治疗?对杰布来说,他陷入困境又无能为力,不知道自己应该如何摆脱这种恶性循环。

我让杰布谈了谈他的人际关系现状,跟他保证他的确有趣又机灵,还补充说和他交谈真的很有趣,更表示我很确定其他人也是这样看待他的。当他埋怨别的男孩,并为自己的无所作为找借口时,我建议他制定一个目标,我将绝对支持他,直到目标实现。请他每个周末都出门社交,至少一周一次。我帮他列出了一张名单,罗列出所有他可能欣赏的男孩,允许他对每个男孩横挑鼻子竖挑眼,但就是不允许他删掉这些男孩的名字。"没有完美的人,杰布,但你要是想在芸芸众生中寻找一个好友,你需要尝试,需要把许许多多男孩放在你心里公平地衡量。"他信任我,而对那些让他感到失望的男孩,我的态度也是轻轻松松,这似乎给了他足够的动力,他答应去试试。当然啦,当他发现他的很多同学和他在一起的时候都很快乐,他的态度开始有了转变。没过多久，他就真的实现了跟我约定的目标，而且再也不抱怨自己沮丧抑郁了。

我的确非常同情杰布，他班里那些男孩对他是如此粗鲁而刻薄，但这就是人性。他比我更清楚这一点。但与此同时，我明白的，他却不一定明白的一点是：尽管形势看似对他不利，但饭要一口一口吃，路要一步一步走。一次结交一个朋友，假以时日，总能从舞台边缘走向舞台中央。只要有一个男孩热情地对他抛出友谊的橄榄枝，事情就好办了，交际圈子总会一点一点铺开。经历过成功，他会变得更加自信，无力感和沮丧感就会被抛在脑后。一旦成年人眼中那个有趣又热情的男孩学会如何展示自己，他也一定会在同龄人眼中大放异彩。拨开层层迷雾，杰布终将发现，同毒舌小团体相处的一个重要秘密就是：决不能自觉自愿地背黑锅，更不能忍气吞声地成为活靶子。

身处朋辈群体中的男孩人人自危，就算是群体的老大也不例外。任何人都可能突然成为遭奚落的靶子。许多自我意识健康的男孩都会自然而然地意识到这种动态威胁。不过，尽管群体中的男孩大多数都保持沉默，可一旦有人对他们说起知心话，提醒他们不要忘记自己究竟是谁，便总有个别男孩敢于发声。每个男孩内心中都闪烁着人性，而且通常比不那么健康的兄弟会规范要更胜一筹。从根本上说，我们帮助男孩意识到：如何在不受群体规范

男孩与"小团体"

约束的情况下与同龄人交流,是赋予他们力量的一种重要方式。

干预走上迷途的男孩

对于像萨姆这样的男孩来说,成为团体的一员弥补了他一再被忽视的失落感。不论是他的家人还是他的同学,都觉得他不起眼。他拼尽全力只为赢得他们班上最酷的那个男孩的尊重,装腔作势、哗众取宠,不过是为了吸引他们的注意力。萨姆觉得,在受欢迎的男孩圈子里占有一席之地,没准可以让他不再小看自己。但是,当他成为团队的一员时,这个小团体却向着不健康的方向越滑越远,他为自己的妥协付出了代价。直到父母介入后,他才感到如释重负。

萨姆并非一个局外人。许多男孩被兄弟会的规范所主宰,总是暗自希望有人来帮助他们建立更好的平衡。可不幸的是,当父母和其他成年人与这类行为失当的男孩打交道时,他们往往不会把自己视作被强大怪力倾轧的受害者,往往反而表现得心有疑虑。面对这种评判,男孩不仅感到不公平,还会跟成年人那有些不切实际并与时代不符的标准唱反调。成年人很容易从相对安全的角度评判过度妥协。但父母是男孩获得理解和支持的主要来源，这种评判只会让他们和父母的关系越走越远，最后真的只能任由同龄人摆布。

对于那些关注男孩与同龄人纠葛的人来说，下面这个行动框架可能会有所帮助：

第一层

对父母来说，如果早期就发现了苗头，注意到男孩变得沉默寡言，甚至遮遮掩掩，那么你要做的第一步就是制作一份个人清单：孩子的失望、不满，甚至是不敬，是否会激发你的担忧？一旦你获得了更为明确的动机，你对这个男孩的同情和爱也会更加坚定，多想想他的优点，提醒自己他究竟是谁。这个孩子，就是你必须伸手拉一把的孩子。这份清单也能够帮助父母传递出更为鼓舞人心的信息，还能影响你眼中孩子对自己的看法。对任何一个愿意伸出援手的成年人来说，深思熟虑地、明确地认可他们的儿子、球员或学生总归是一个好主意。对那些可能已经收到负面反馈的男孩来说，这一招尤为奏效。

不要简单粗暴地纠正男孩的错误，也不要单纯直接地喝令他停止那恼人的行为，慢慢来，毕竟重新建立起沟通渠道才是我们的目标。只要沟通能够重建，你的儿子自己就能改过自新。要知道他可不仅仅是怀疑自己被操纵，特别是如果他和父母已经产生了相当大的隔阂,那让他放下心中的怀疑戒备可能就真的需要一段时间。专门腾出时间给他、专门倾听他的苦恼能够有效地帮助父母与他们的儿子之间重新建立连接。引导自己的注意力并集中到儿子身上,倾听他的心声、关注他的种种行为,在接下来的行动中你才会有更多准备。

在这个层次上,没有什么特别的事情需要担心,也没有需要当机立断的问题。恢复沟通是重中之重。

第二层

假设,随着沟通深入,父母与儿子间拥有了对话的可能性。你不妨明确地对你的儿子说出他的挣扎你都看在眼里:"看起来,你很难向你的朋友展示真实的自己。"不要用指责或批评的语气表达你对他的观察——那只会让男孩关上心门,退避三舍——而应当用惺惺相惜、充满共情的方式表达出你的关心。某种程度上说,父母向儿子分享自己类似的经历能够帮助他缓解尴尬,还能缓解亲子互动中长辈对晚辈训话的那种压迫感。本着保证、尊重和关心的精神而提供的干预措施最有效,尤其对那些已经充满羞愧感和无力感的男孩来说更是如此。

如果干预取得了一些成效,并能让男孩承认自身存在的问题,那么这个时候父母、老师或教练就来到了一个决策点:他们必须做出决定,这种情况下,是否需要采取一些行动来重塑男孩的环境。例如,转到新学校、加入新团队,或者可能需要接受专业的心理咨询。如果环境已经明显让这个男孩不堪重负,那么此时此刻,唯一真正拥有改变环境的权力的人就只有男孩的父母,只有他们才能让这个男孩有机会把握住自己的人生。但如果男孩只是觉得很难适应,而不愿放弃这件对他来说很重要的事情,成年人则只需提供支持,和他共同头脑风暴一番,帮助他另谋出路。

上述两种情况中,只要向某人坦诚了自己内心挣扎的真实本质,这个男孩自身就已经发生了决定性的转变。再次重申,意识到这是一场持久战才是关键,最终做出改变的只能是男孩自己。他可以定期审视自己,为自己的成功欢喜,也可以接受进一步的指导和鼓励,但不必对某个所谓的监管者负责。理想情况下,他的目标是为了他自己而改变,而不仅仅是为了让爸爸和妈妈满意。

第三层

对有些男孩来说,他们与朋辈群体间的依附关系来得特别强烈。忠诚是兄弟会的核心价值观,它建立在接纳、兴奋和恐惧共同构建出的诱人基础之上。当一个男孩的其他人际关系不太稳定

男孩与"小团体"

时,他还可以指望他的兄弟们支持他。他的朋友们看上去仿佛无可替代。很多男孩被成年人疏远,而只得依附于朋辈群体,他们会因为不愿失去自己拥有的东西而感到绝望。通常情况下,他们的经历包括两个方面:在最主要的人际关系中遭受创伤性损耗[①],以及情感失联,这使得他们更加担心失去现有的东西,不愿意冒任何风险。

绝望中,这些男孩被卷入兄弟会的规范中无法自拔。拥有关心自己的成年人对他们来说非常重要,得不到这类成年人的内在支持和道德发声,他们就只有让自己在群体思维定势中麻醉,天天窝在兄弟会里看《动物屋》。酒精和其他能够影响思维的物质只会让事情变得更糟。保持混沌、保持野性成了他们的终极目标,对那些自身道德准则已经摇摇欲坠的男孩来说,这样做只会令问题更加恶化。

在发展心理学家间存在着一种拉锯式"先有鸡还是先有蛋"争论:如果一个男孩错失了能够培养他开启这种能力的人际关系,又怎么能指望他进一步提高自身的自我调节能力呢?更严重的是,一个男孩在什么情况下会被认为失去本心?神经科学家带来了好消息:男孩永远不会无法连接。神经科学家在解读大脑

---

① 创伤性损耗(traumatic losses),创伤性损耗是心理损耗与生理损耗的统称。

培养男孩

对人际关系新体验的反应方面取得的进展,也令该观点得到了进一步证实。无论男孩身上发生的事情多么让人绝望,但只要有一个与他有类似经历的人出现,情况就会发生翻转。改变,几乎总是伴随着一个成年人的介入,他会在这个男孩孤独又迷茫的时候,克服重重阻碍来到他的身边。尽管这个男孩的早期经历在他身上形成了非常强大的种种固定思维模式,但只要改变环境,这种种思维模式也会随之改变。

当父母或老师试图挽救在兄弟会中迷失自我的男孩时,这无异于一场挑战。身为父母,不仅要与所谓的"忠诚"发生冲突,和醉酒的诱惑相抗衡,还会在取得儿子信任前遭遇种种下意识的壁垒。在我的私人诊所中,就常常遇到这样的男孩。每当我试图和他们加深彼此的沟通时,以往那艰难、失望的经历会让他们的狡猾瞬间被激发,不再信任我。我学会了忍耐,学会了面对坎坷,学会了坚持。最终,男孩的本性会起作用,更有可能出现的结果是打破僵局,而不是继续保持疏离的状态。那些关心他的人,特别是那些能够不用教训的口气说话,或能听取男孩的观点而非固执己见的人,是那么的不可多得,让人无法抗拒。

对于那些特别迷惘、长期回避问题的男孩来说,减少他们在麻烦问题上的选择会有帮助。比如,安排家人一起共度"家庭时光",是处理男孩反依赖性的一个好办法。比方说,妈妈可以来

男孩与"小团体"

到儿子的房门口,让他来安排时间,即使这意味着他只会安静地蜷缩在那里,以考验父母的决心。妈妈们和爸爸们能做的就是,把他的沉默当成解释的机会,告诉儿子他们只是想和他聊聊,希望他能越来越好,并为他们之间的隔阂变深而感到抱歉。"和你在一起是我的首要任务,无论发生什么,我都会站在你这边。在我面前你不需要伪装,甚至不用刻意取悦我。我的全部追求就是希望看到你能做你自己。"要知道信任可是很脆弱的,对父母而言,展示出他们愿意不惜一切代价来恢复和儿子的关系,这一点很重要。

身体信号非常重要。举例来说,当男孩为了自我保护而蜷缩成一团时,你可以试着靠近他一点。给你的儿子一些空间,但也不要接受他为自己划定的严格的边界。碰碰他的脚趾,或闹着玩似地扔扔枕头都可以。父母很难不把男孩的拒绝往心里去,但我一直指导许多父母,要记住,他们可能觉得自己是在对儿子试探,同样的,男孩在信任父母过程中会更为机警。

尽管男孩对于是否要和家人共度特别时光没有发言权,但对他而言,在特别时光里发生的事情可以施加影响,这才是关键。为了传达正确的信息,你必须按照他提出的条件与他见面。通常,当父母愿意安静地坐着,或者愿意和他们的儿子一起完成一些看似无意义的活动时,总会有些小事发生,并成为令相处时

培养男孩

光变得更加明朗的分水岭。我教导父母们,在男孩变得更加开放之前,要做好大量的、多种多样的尝试的准备。帮助他找到一些他可能感兴趣、也愿意和人交流的事务,令他能够沉浸其中;他关心什么,你就也关心什么。假如身陷泥潭的男孩想要自我救赎时,明确地告诉他——你已经安排好了时间,"就是想跟你聊聊"。

奉献精神和远见卓识绝对是赢回男孩的法宝。做父母的就算用尽所有办法,比如,保持耐心和自信,到孩子熟悉的场合与他会面;再比如,别把男孩的拒绝当作是在针对自己。没事多给自己打打气,这样当孩子拒绝你的时候也不会觉得太突然,也别总觉得未来一片灰暗,心怀希望非常重要。就算看到孩子态度不好、行为失当,父母总忍不住想责备他,也必须同时把男孩的善良和承诺牢记在心。只有当你看到儿子因为成功而兴奋时,才会明白所有的努力和付出都是值得的。

第六章
爱、性与情感

年轻人容易陶醉于自己刚萌生的浪漫情感和性吸引力。事实上,在色情媒体的强力宣传下,早在青春期前就开始有了这种性冲动。他们不断测试身体的变化,学着把浪漫情感转化为亲热的前戏,并且学习如何建立和保持亲密关系,他们贪婪地吸收着这些内容及相关的东西。他们迫不及待地想对肉体亲密关系一探究竟,却又遭到了影响其性关系发展的社会规范的无情阻挠。男孩走入校园时,在重要的、非认知技能方面的发展已经落后于女孩,他们在寻求亲密关系时,由于在亲密关系和情感方面经验不足,这使他们处于不利地位。

人们普遍觉得,成年男性总是对青春期男孩怀有敌意,但令人高兴的是,父母和其他照料者能帮男孩面对这一挑战。一

培养男孩

个男孩最刻骨铭心的情感体验往往发生在他急切地寻求爱的时候,当他感到安全时,就会自然而然地想和人聊聊这些。作为听众,父母和经验丰富的良师益友可以帮助男孩顺利度过这个混乱时期。此外,父母双方,以及父母与儿子的亲密关系的好坏,都会对孩子在通往健康、成熟的性行为之路上如何跨越重重阻碍产生影响。

如今,曾经的年轻人已为人父母,新的隐患却出现在他们的孩子面前。长久以来的朋辈文化和男性限制规范的压力不断增强,社交媒体、网络色情,以及受错误观点支配,对性行为抱有随意态度的"约会"文化恰恰加剧了这种压力。然而,除了这些逐渐增加的变化,"我也是①"运动的发起,以及原本针对大学的"禁止校园性侵害"的第九章新规,已经在颠覆传统约会模式的中学实行起来——因此,男孩正确区分爱、性和相互影响就显得格外重要。当一个男孩坚持追求真实的感情而不随意妥协时,他完全可以获得大人的积极肯定,并从中受益。这人相信他的善良,同时能坦然面对来自传统的男性规范和新的约会方式的挑战。

---

① MeToo,美国反性骚扰运动,英文直译为"我也是",是女星艾丽莎·米兰诺等人于2017年10月针对美国金牌制作人哈维·韦恩斯坦性侵多名女星丑闻发起的运动,呼吁遭受过性侵犯的女性说出惨痛经历,借此唤起社会关注的运动事件。

爱、性与情感

全局

在流行文化和朋辈关系中，常常把男性视为性侵者，这种观点可能会影响男孩如何看待自己。例如，男孩第一次看色情视频往往和朋友在一起。他刚开始也许会觉得，这些网站上的图片很无聊或让人反感，但他会得到一个强烈的信息，就是看到这些会产生某种反应。

从孩子呱呱坠地开始，父母们由于害怕过分亲密破坏孩子的男子气概，开始有意识地疏远孩子。这减少了他们之间的相互交流、彼此靠近以及影响的机会。人们一旦认为怀的是个男孩，即使他还在子宫里，也会受到与女孩截然不同的待遇。美国心理学会前主席，心理学家罗纳德·利万特和北卡罗来纳大学的维茨多姆·鲍威尔用"创伤"和"遗弃"等词，描述男孩在独立前的依恋之情是如何被削弱或破坏的。在性格形成最重要的时期，他对接触、亲密、爱和情感的需求常常得不到满足。当他步入青春期，能够与异性约会和探索亲密关系时，就会渴望与人亲密接触。

这就像是一个专门为男孩准备的色情剧本，他们天然适合扮演这样的角色。我们知道世界上没有两个完全相同的男孩，但他对性和浪漫关系的需求，往往被视为是男性荷尔蒙驱动的

培养男孩

结果。我身边有这样的例子，一个十几岁女孩的父亲表达了他对女儿开始和男孩约会时的感受，他表现出一种引起共鸣的情绪："我很担心。因为我知道我十几岁的时候和女孩子在一起是什么感觉。我要保护她，避免受到那些脑子里只想着一件事的男孩的伤害。"

美国人特别不愿意与青少年讨论爱情和性，这使上述成见更加根深蒂固。根据马萨诸塞大学的社会学家艾米·沙莱特的说法，美国社会"不仅对青少年的性行为，而且对青少年的爱情都满怀不安"。并非只有父母觉得，应该远离浪漫关系，事实上，男孩几乎很难找到一个满怀责任心的成年人愿意和他们聊聊这些问题和欲望。

在这种集体沉默中，一些年轻人的不良行为尤为引人注目，更加深了人们对男孩群体的主观看法。有多少电影会把兄弟会男孩的态度和他们的"得分"文化，描述成"男孩就应该是男孩"的搞笑例子？花花公子和调情圣手的广告形象，到底影响了多少代满怀迷茫又缺乏经验的青少年？最近，一个敏感、体贴、焦虑的年轻人和我说起他的第一次性经历。特拉维斯解释说，他的女朋友脑子里充满了自我想象出的色情场面，要求他来一场"粗暴的性行为"，他觉得自己不得不进行一场所谓的表演。他只能从自己看过的色情片和同龄人的行为中寻找线索。我问他自己想要

爱、性与情感

什么，其实他也不知道。问题是，在当今世界，如果用"不知道"和默许的态度来定义一件事，这可能会改变这个人的一生。

或许是为了逃避僵化刻板的期待，大多数男孩学着把爱、性和感情的感觉常留心间。但正如艾米·沙莱特博士所说："美国男孩最终要为一种反对亲密需求的文化付出代价。"男孩在成长为负责任的大人的路上，在完成这项关键的任务时，收获的是孤独，可能因此陷入困境。男孩被迫学会掩饰茫然和孤独，摆出一副坚忍不拔的禁欲主义姿态，好迎合那种歪曲他们真实情感的文化，他们被迫在沉溺于性交的野兽和具有真实欲望的人类之间来回表演。他们的实际需求被传统文化的包袱层层压制，以至于许多男孩根本没法做出理性的思考。

孤独的"在线猎手"

随着青春期到来，男孩的第一次性行为通常始于12岁到14岁之间，有些人会提前。随着身体的变化和性意识的觉醒，大多数男孩开始手淫。到了13岁，几乎一半的男孩都通过手淫射精；到了14岁，这个百分比上升到75%；到了15岁，几乎所有男孩都是这样。至于手淫的频率，大多数青少年男性每天一次，有时两次。在与伴侣发生性行为前，男性平均会手淫2 000次左右。

培养男孩

从青春期开始到21岁完全成熟，在当今的数字化时代，几乎每个十几岁的男孩都能用自己的方式找到色情网站。由于有关性的话题很少被提及，男孩发现，通过色情网站能很容易地学到这些知识。一旦登录这些网站，他们就会收到邀请，使用淫秽图片和视频来刺激性行为。所以说，色情作品和行为互为因果。色情业提倡一种与情感分享脱节的性行为模式，专门吸引孤独而好奇的男孩；一旦进入，许多男孩就会上瘾。羞耻感、尴尬感和痴迷感会使他们原本顺其自然的成长出现问题，这些问题还非常隐秘。

在孤立无援的状态下，男孩子们笨手笨脚又没有考虑周详的做法，有时会被突然曝光在公众视野之中。以男孩TJ（化名）为例，他是一所男校的七年级学生，他的西班牙语老师发现他在课桌下手淫。当我见到他时，他的老师（一位前修女）、院长、校长和他的父母都已经和他谈过话，谈话的方式让他很是羞愧。TJ不愿意谈论这些事，我能肯定的是，我绝不赞同他对他们说的那些话，正是那些糟糕的感受让他做出了错误判断。

我觉得和他一起聊聊可能会有帮助。我告诉TJ，其他男孩也遇到过类似的情况。我告诉他，很多男孩对自己日渐成熟的身体都充满迷惑，这需要一个接受的过程，我特意强调，如果他想要别人懂得他的感受，就必须通过交谈，才能更好地控制那些惹麻

爱、性与情感

烦的冲动。

这样的解释让TJ感觉不那么紧张了,他告诉我,最近确实沉溺于色情小说,被发现后反而感觉安慰,他希望这有助于他摆脱不良影响。他逐渐能够说出自己的感受,包括在复杂的家庭关系中,他如何感受不到真正的亲密关系。当他把这些零碎的问题拼在一起时,TJ更好地理解了自己为何会做出那样的行为。几个月后,我看到他和朋友们在课间跑来跑去,轻松的笑声证明他已经把过去的经历抛在了脑后。

如果你想让一个男孩对性的感觉变得清晰,要做的第一件事就是让他感觉自己并不孤独,让他明白自己的感觉是正常的,自然而然萌生的。比如TJ,他只要告诉别人发生了什么,就会意识到自己行为的偏差,重新调整方向,从自己挖的坑中爬出来。但任何一个想要忠于内心的男孩,都会被强大的市场力量淹没,这些力量将所谓的形象和想法投射到他的身上。

从神经发育的角度看,研究人员怀疑经常观看色情片的人会变成"性兴奋上瘾",而他们的大脑则满是"色情思想",导致他们把性与自我关注的满足感和强烈刺激联系在一起。在年纪大一些的青春期男性中,有一半的人每周会对着色情作品手淫几次;大约15%的人每天都会手淫。一种担忧是,这些情况是客观存在的,和爱没有关系;另一种担忧是,色情作品会影响现实生活：男生靠看更多的色情片来激发性交往。斯坦福大学教授菲利普·津巴多最近解释说："我们的研究发现，很多年轻人告诉我们，色情片扭曲了他们对性和亲密关系的看法，他们最后发现，自己很难被现实生活中的伴侣唤起欲望。"

更麻烦的是，色情作品会让男孩在面对性行为的新法规时应对不足。全国各地的大学里最近关于发生性行为的法律定义发生了变化，使性接触变得更加复杂。例如，在加州的大学，一部新法律将"确定的、有意识和自愿"的态度视为同意发生性行为的标准。以肯定、自觉、自愿为标准。作家艾米丽·巴泽隆在《纽约时报》杂志上发表了一篇题为《明确同意可以校园"约炮"吗？一个复杂的问题》（*Hooking Up at an Affirmative-Consent Campus? It's Complicated*）的文章。一位21岁的耶鲁大学经济系学生告诉作者，对于中学和大学的男生来说，都存在"无意中违反这种约定规则的紧张情绪"。但是，男孩对性行为的态度和期待往往被色情片塑造成厌恶女性的错误形象，充斥着女性被描绘成性玩具，被男性奴役、剥削和虐待的内容，这些内容恰恰与上述同意的标准相矛盾。

另一个男孩的故事则说明，当孤立感因恐惧和羞愧而加深时，可能会出现更极端的后果。斯坦是个相当优秀的学生，也是一名不错的篮球运动员，他喜欢在周末晚上和他的队友在一起，

爱、性与情感

但他的性格安静而害羞。一天清晨天还没亮,他家人被一阵重重的敲门声和持续不断的门铃声吵醒。当他的继父打开房门,一大群联邦调查局探员和州警察拿着搜查令冲进屋里。他们解释说家里有人一直在下载和传播儿童色情片。警车在路边车道闪着灯,向邻居们宣告这家人被搜查了,突击检查的人没收了电脑和移动设备,并对房子进行了彻底搜查。

原来,联邦调查局监控到,斯坦一直从互联网文件的共享网站中浏览色情图片,这让他陷入了大麻烦。更糟糕的是,图片里的男孩和他年龄相仿,这等于向父母和全世界公开了自己同性恋的性取向。

斯坦的家人和检察官达成了一项协议,要求他保证自己的做法不会危害社会。在对他进行心理治疗的过程中,斯坦坦白了自己的性取向和有限的性史,他认为自己是同性恋,并告诉了父母。在这次突击搜查前,他与家人的关系就越来越疏远,特别是当他意识到自己对性感兴趣的本质时,他就藏得更深了。他与家人和朋友孤立,他觉得自己出了什么问题,不知道该怎样表达真实的自己。而在经历了突击检查的惨痛经历后,父母支持他的选择,他才觉得自己能有幸福的未来。

斯坦的经历和TJ的经历一样,都说明孤独感和成长发育的压力会如何扭曲年轻人判断力。这两个男孩都认为,接触网络

培养男孩

色情与现实中的朋辈关系相比，更容易帮助自己挖掘有关性的感受；在卧室中发生的隐秘事件，让他们与现实相隔绝，容易因此丧失正确的判断力。在TJ的例子中，他甚至认为可以在公共场所手淫。

至于斯坦的例子，心理学家迈克尔·萨多夫斯基将其称之为同性恋和同性恋青年的沉默，这往往会伴随着危险行为的增加，让事件更为复杂。尽管政策上对同性恋并不反对，但这些男孩仍然被学校和社区边缘化。同性恋"深知沉默的声音和感觉"，会比异性恋同龄人更容易出现滥用药物和抑郁症状，同性恋的自杀率是常人的4倍。斯坦觉得无法和朋友们在一起玩，也担心他父母的反应，于是不再做那些充满暴力、困惑和羞愧的行为。通过色情网站他找到了安慰，这些内容在网上显得那么光明正大，直到联邦调查局无情地击碎了它。

虽然被认定为同性恋的年轻男性可能仍只能徘徊在社会边缘，但对于定义"什么才是同性恋"的那条严格边界似乎正在放宽。纽约州康奈尔大学的心理学家里奇·萨文·威廉姆斯研究发现，尽管大多数男性都认为自己属于异性恋，但认为自己"近乎直男（straight）"①的人，比认为自己是男同性恋或双性恋的人加

---

① 直男，原文straight，此处为原文直译，也是当今网络高频词汇，意指男同性恋群体对性取向仅为女性的男性群体的总称。

起来还要多。全国调查显示，6%的青少年男性认为"就算是喜欢异性吧"这句话代表了他们自身性吸引力所指的方向。近100万年轻男性承认，他们的性吸引力在一定程度上是不稳定的。与前几代人相比，千禧世代（millennials）①和iGen世代更倾向于将性行为理解为沿着某个谱系变化，而不是某种类别固定的行动。在一项全国性调查中提到了这个问题："一想到性，下列哪个选项更符合你的观点？"大多数人的选择是："性是一种尺度，恰巧位于中间地带。"

但随着时代的变迁，少年时代的许多特征，例如色情产业，也随之改变，演变为宣扬刻板的、甚至是夸张的男性性行为形象。许多网络色情文学都对女性抱有敌意，它们提供有辱人格并宣扬暴力的图片就彰显了这种敌意。当男孩和与他同龄的女孩相处时，上述种种不当的性形象会影响到男孩与异性健康交往的能力。在美国反性骚扰运动"我也是"运动中，《纽约时报》的评论家罗斯·杜塔特认为，色情业为青年男性的性格矛盾添了把火："一旦交配这件事拥有了某种特权，裹挟着不满，夹杂着愤怒，充斥着消极情绪，'唤醒'了某个敏感领域，还沾染了卑鄙下流的色彩，便能为满足性欲打造出多种多样、史无前例的可能性。但令人沮丧的是，真正的女性不仅在数量上不足以满足男性

---

① 千禧世代，原文millennials，指的是人口统计学家用来描述出生于1980到2000年的一代年轻人，媒体也将其称为"Y世代"。

的需求，而且与女性交配获得满足比男性在家通过屏幕获得满足要难得多。"

以这种挫败感为例，有一群年轻男性自称"非自愿独身者"①，他们倾向于将自身的凄惨处境怪罪在女性和女权主义头上。根据美国疾病预防和控制中心调查显示，在15~24岁的男性中，多达27%的人可能会陷入没有伴侣而不自知的状态中。一名研究人员估计，2012年，这一数字将攀升至470万。在近年来的一系列谋杀案中，身背多条人命的凶手都承认，他们之所以作案就是因为被女性无视后感到愤怒和孤独，杀害她们是在泄愤。这些男性已经引起了美国上下，乃至国际范围内的关注。

大量研究已经证实，男性对女性的歧视态度和他们的攻击性性行为之间存在着千丝万缕的联系。总部均位于华盛顿特区的国际妇女研究中心（International Center for Research on Women）和Promundo-US研究机构共同组成了一个研究小组，2008年至2010年间，双方合作完成了一份遍及全球的问卷调查。在他们的报告中有多项研究结果表明，影响性暴力的因素包括对男性性权利

---

① 非自愿独身者（Incels），是"Involuntarily Celibate"的缩写，通常指无法与女性发生性关系的男性。将人们分为4种，一种是性感又有魅力、大受女性欢迎的男人（Chads）；一种是有吸引力的女性（Stacys），她们通常会选择Chads；第三种是没有太多吸引力但依然能拥有性伴侣的普通人（Nomies），最后一种是Incels，没有吸引力也无法与女性发生性关系。

的态度。爱荷华州立大学的莉娜·艾伦·布法德博士将其定义为是"一种男性的需求或欲望优先于女性的观点"。在他们开展的"男性行为框架"研究项目中,来自Promundo-US研究机构的研究人员发现,近一个月,有大约1/3的年轻男性曾对某个女性或女孩子实施过性骚扰。最有可能骚扰女性的男性是那些对"男子气概规范"中毒已久并坚信不疑的人,而且这样的人不仅不在少数,还大有泛滥之势。在对女性展开性骚扰方面,相比于那些对"男子气概规范"左耳进右耳出的男性,这群对"男子气概规范"中毒深重的男性,数量是他们的十倍不止。

当然,大多数网络色情都以这些想法为前提,目的就是为了迎合那些已经懂得自恋的十几岁的男孩。流行媒体试图引导大众遵循这样的剧本:男性有着强烈的、无法控制的性需求,而女性则必须满足这种需求。

肖恩的故事就说明了其中的某些问题。肖恩是一个生活在费城的非洲裔男孩,他很有天赋,和中学里其他的小伙伴相比,肖恩天生就是一个领袖人物。他不仅是一名优秀的学生,也是一名出色的橄榄球运动员。肖恩是父母的掌上明珠。他的父母都出身贫寒,因此他只能选择在城市的公立学校上学,学校人满为患、资源匮乏,甚至发生危险都是家常便饭。因此,尽管知道儿子可能会遇到种族偏见和经济问题,他们还是欣然接受了一所私立高

培养男孩

中橄榄球队主教练提供的奖学金。在学校里,肖恩很快就交上了朋友,老师、教练和同学们都很喜欢他。

但当他每天乘车去学校,一旦离开了他的邻居和朋友们,肖恩便发现自己处于了一种进退两难的境地——既无法完全融入学校里男孩的社会生活,回家后又和曾经的朋友们越来越疏远。他独处的时间开始变多,越来越愿意沉浸在社交媒体的虚拟世界里,更喜欢通过互联网和人沟通。他接触到了网络色情,发现自己既为之着迷又受到了不可思议的影响。在色拉布、脸书和照片墙①上,他在跟朋友们分享评论和图片时,有意过滤掉了自己对女孩们的看法和对性的想法。在学校里,橄榄球队的其他男孩经常谈论他们访问过的色情网站,以及他们在和女孩交往中得手过的那些事。

当肖恩在周末与女孩们见面时,就会想起他在视频中看到过的那些动作,还会在想象中让身边的女孩们做出同样的动作。他完全推翻了自己以往内心中保守的想法,坚信现实生活中女

---

① 色拉布(Snapchat)是由斯坦福大学两位学生开发的一款"阅后即焚"照片分享应用;脸书(Facebook)是美国的一个社交网络服务网站,于2004年2月4日上线,主要创始人为马克·扎克伯格,是世界排名第一的照片分享站点;照片墙(Instagram)是一款在移动端上运行的社交应用,以一种快速、美妙和有趣的方式将随时抓拍下的图片彼此分享。Snapchat、Facebook、Instagram,均为高人气网络虚拟社交平台,在西方颇为流行,尤其受青少年追捧。

爱、性与情感

孩们也和视频中一样。渐渐地，肖恩发现，无论是身体还是灵魂，自己都越来越麻木了。和女孩们一起出去约会不算什么困难，对他而言，比较困难的反而是转移自己的注意力：不要除了满足自己的性欲外，别的什么都思考不了。被一群时刻模仿他态度的男孩包围着，他几乎放弃了爱情，只一心满足于搭讪姑娘或看色情片取乐。对他来说，很难想象还有比这更令人动心、更有意义的事情。

直到某个时刻，肖恩猛然意识到自己陷入了一个恶性循环。他和橄榄球队的一个年轻教练关系很好，便跑去找他一吐胸中块垒。尽管非常尴尬，但肖恩知道自己不愿跟父母或老师说这件事，也知道自己的确需要帮助。教练的答复非常明智：他建议肖恩让自己的挣扎常态化；他让肖恩明白了色情作品令人上瘾的原因；同时，还建议他向学校的心理咨询顾问寻求帮助。幸运的是，他的家庭基础非常强大，来自家人的爱和来自教练的信任，让肖恩能够诚实地面对自己误入歧途的事实。

这名青少年希望重新获得理解，即性不应该仅仅是一种释放的感觉。像肖恩这样的男孩为我们提供了沟通不畅和以满足为导向的各种经验，它悲剧性地阻碍了他们理解这件事：性，是一条与爱相连的路。尽管研究证实，男孩和女孩一样都对浪漫的关系有所渴望，但还是有太多男孩会被和性相关的种种力量压倒，想恋爱却用力过猛。在朋辈群体规范和媒体表达之间，男孩几乎无法获得更为健康的观点。

"约炮"背后的反思

男孩的性发育，看上去仿佛是一场由多种力量汇合而成的完美风暴。在青少年时期到来之前，他们就被剥夺了身体上的亲密感。传统观念认为，男孩是受荷尔蒙驱使的性动物，第一次接触到性的方式往往是色情片，而后，受兄弟会的得分文化煽动，物化女孩，并把女孩视为征服的对象。这些观点纠缠在一起，必然让性与浪漫变得泾渭分明，物化了男孩及其伴侣的身体，践踏了温柔的情感，令性行为的亲密感仅停留在性兴奋和性满足两个方面。

美国始于20世纪60年代的性爱革命诱发了"约炮"文化，真是让人喜忧参半。性解放运动将避孕这件事推而广之，不仅结婚年龄普遍延后，妇女们和女孩们在探索性事方面也变得更为开放。与此同时，青春期到来的平均年龄开始下降。美国拉塞尔大学凯思琳·博格尔认为，这为已经具备生育能力但还不想安定下来的年轻人提供了一个时间差。这个时间差带来的结果之一就是

爱、性与情感

"约炮","既不是恋爱对象也不是约会对象,而是人与人之间直接且无须负责任的单纯性关系"。

在"约炮"文化中,为了对男性部分进行解释,社会科学家们提出了一种糅合了生物学和社会学的混合理论。进化,赋予了雄性动物"猎取"形形色色性伴侣并频繁发生性行为的能力。他们不会受到怀孕的影响,也较少遭受亲密暴力的威胁,因此与女性相比,更不"挑食"。

然而,这种反传统性关系的男性形象其实是一种夸张。印第安纳大学金赛研究所(Kinsey Institute)的贾斯汀·加西亚博士主持的一项研究表明,63%的男性(相比于83%的女性而言)更愿意接受"一种传统的恋爱关系,而不是那种无承诺性关系"。在另一项研究中,则有近一半的男性希望和他们"约炮"的性伴侣间能发展出一段恋爱关系,他们公开表明,他们"曾试图跟自己的'炮友'认真讨论过开启一段恋爱关系的可能性"。但与他们所表述的相反,年轻男性群体并没有他们所说的那么热衷于无条件性行为。一项研究发现,72%的男性,与之相对,78%的女性都认为,在和"炮友"一夜荒唐后会感到十分后悔。

尽管如此,就承诺恐惧症这件事而言,男性的文化偏执依然存在。什么类型的年轻男性更有可能乐于尝试无承诺性行为呢?为了一探究竟,研究人员詹妮弗·沙库斯基和T·乔尔·韦德开展了一项有趣的研究。他们对比了男孩和女孩们的恋爱关系,以及他们与自己父母间的亲子关系,以此来推测妈妈和爸爸在子女对待性事的态度方面起到了什么样的影响。研究人员假设,这个年轻人与他/她父辈中的异性一方关系非常一般,那这个年轻人"约炮"的可能性就会非常大。结果他们发现,这种关系对年轻男性有着更为特别的影响。那些和自己的母亲感情一般的人,在以后的人生中也往往会避免与女性建立密切的情感。事实上,正如沙库斯基和韦德总结的那样:"与异性父辈间的亲子关系质量能够为孩子们将来是否乐于接纳'约炮'文化提供最为有力的预测"。

一位母亲能够对他的儿子的约会态度施加强大的影响。尽管这个结论有理有据,但很多男孩都压根没有意识到这一点,更不用说他们的妈妈了。举个例子,高中生布雷特与女孩相处经验丰富,他高大、健硕,人也酷酷的,一头蓬松的金发梳成明星歌手贾斯汀·比伯的样式。布雷特完全符合女士对男性的想象。然而,在一个朋辈心理咨询小组中他坦言,自己和女友正处于一种两难的境地。他们俩的关系本质是彼此的"炮友",虽然他也知道自己应该投入更多的情感,但关系还是陷入了僵局。"约炮"的次数越多,他就越想继续,以至于他几乎无时无刻不在想着这件事。因为害怕失去自己的女友,布雷特也不敢向她谈论这件事,他不想结束他们的关系,不愿意再跟别人重新开始。

爱、性与情感

我也曾问他,为了尝试构建更具满足感、更有意义的一份情感关系,他是否愿意让母亲作为自己的导师。鉴于在此之前他俩一直无法沟通,所以一想到在帮助布雷特的过程中能够承担这么重要的角色,他的妈妈就感到非常兴奋。尽管他们两个人都有点尴尬,但对于妈妈展现出的理解和支持,布雷特还是感到非常惊讶。渐渐地,这个少年掌控住了自己对性的关注。他终于能够和女友说出他想要让这段关系更进一步,而她最终也答应了。

对于家庭成员、学校员工和其他人来说,想要强化一个年轻人拒绝压榨式的价值观,拒绝"不走心、只走肾"的性行为,有一个办法就是认真地对待他对恋爱的需求。父母应当引导男孩正视他们对自己的伴侣动了心,而不是视若无睹或小瞧他们之间的情感。他应当知道,自己的性吸引力是自然而健康的。他只是需要一个安全的空间,把这些感受说出来。

迷思与误导

不幸的是,许多男孩必须凭借一己之力,独自穿越大众媒体在传播过程中打造出的那令人费解的神话迷雾。正如任职于金赛研究所的贾斯丁·加西亚和他的团队所写的那样:"大众娱乐媒

培养男孩

体中与性相关的剧本,其实只是媒体为了博人眼球、激发核心兴趣而剑走偏锋的种种夸张案例。"迷思之一就是"每个人都在这么干"。但事实上,青少年性行为真的呈现出下降趋势:由心理学家吉恩·特温吉率领的一支研究团队,对美国范围内共计840万名13~19岁的青少年展开了大规模调查,研究发现,情况发生了戏剧性转变。在九年级学生中,表示自己对性事跃跃欲试的人数从1991年的54%下降到了2015年的41%。她写道:"18岁这群人干的事情,现在看上去就像他们在15岁时曾经干过的那样。"

尽管在文化层面出现了诸如此类的种种转变,但关于男性性欲亢进的神话仍然存在。老套刻板的男性形象让很多男孩都感到,自己只是按照传统在被迫表演,并不是自然流露。"性短信"现象,即"由未成年人打造并传播的性形象",它揭示了带有文学气息的种种神话与血肉之躯的真实男孩之间不可逾越的鸿沟。

根据新罕布什尔大学反儿童犯罪研究中心(Crimes Against Children Research Center)的研究,普遍认为的性短信激增态势具有误导性。研究设计有瑕疵、前后矛盾的学术用语,以及困难重重的对比研究,都让媒体大放厥词。关于究竟有多少男孩发送过自己的性图片,媒体是这么说的:根据美国预防青少年意外怀孕运动(National Campaign to Prevent Teen and Unplanned

Pregnancy）的一项调查指导显示，相对于女孩的20%占比而言，男孩占比达到了18%。皮尤互联网研究中心（Pew Internet）和美国生活计划（American Life Project）重视并发起了一项针对12~17岁青少年的研究，结果表明，仅有4%的青少年说他们曾发送过有性挑逗意味个人照片或视频，而只有15%的人表示他们收到过色情短信。近期，另一份针对39项研究课题的大规模分析报告指出性短信的流行有下降趋势，尽管性短信的流行呈现熔断趋势，但2009年到2016年间，有15%的青少年接触过色情短信，高年龄层比低年龄层的青少年收发色情短信的可能性更大。非常明显的事实是，没什么男孩收发色情图片，这和媒体夸张的说辞相悖。与之相对的，有53%的成年人承认自己接触过色情短信。

尽管只有1/7的青少年交换过这样的色情图片，但40%的学生表示，他们认识的朋友里面有人接触过性短信，同时，更有27%的青少年表示性短信"无时无刻"都会出现。来自新罕布什尔大学反儿童犯罪中心的一个研究团队写道："尽管收发色情短信这种事情看上去确实只在少数青少年中存在，但鲜有可靠证据表明这一问题会如同众多媒体报道所暗示的那样影响深远。"

这种媒体的夸大其词，只会对男孩的性发育造成损害。一旦这些年轻男性离开家庭，步入社会，他们便很容易屈从于周围人的想法，让自己发自内心、自觉自愿地被最糟糕、最老套的性形象所影响。近期，美国大学协会（American Association for Universities，AAU）发布了一份基于美国维思达特公司问卷调查的校园氛围报告。该报告指出，在顶尖大学中，有多达1/3的贫困阶层女性曾遭受过来自贫困阶层男性的性侵犯。佩吉·奥伦斯坦写过很多关于女孩的书，据她所言：性侵犯已经变得如此普遍，以至于"对我遇到的许多高中女生和大学女生来说，忍受一定程度的粗暴对待已经成了走进社会生活的入场券……随着时间的推移，所有人都被迫接受这个规则，并沿袭这个规则。就算遇到不愿相处的合作伙伴，也要在不得罪对方的前提下脱身——对女孩们来说，即使事实上不该如此，她们还是非常在意维护男孩的情感和尊严。"

很明显，有些男孩膨胀得连自己都看不见了，更不用说正视他们的伴侣了。在上述这些结论的背后，似乎潜藏着两种错觉。一是，男性"天生有权"进行性行为；二是，他们对女性的剥削是合理的。这些态度的根源不仅来源于朋辈文化，而且来源于童年经历。在某些家庭中，极度推崇大男子主义的态度，甚至是男性至上的态度，都会润物无声地交织进男孩的社会属性中。有些父母会对儿子更为严厉，对儿子的身体要求更为严格，并且对儿子试图与自己沟通时展现出的情感表达和情感需求嗤之以鼻。这样的父母，会让他们的儿子在不知不觉中抗拒，甚至是憎恶所有与女性相关的事物。轻视或控制男孩母亲的父亲会树立一种旧式

爱、性与情感

的男性谬论，受这种谬论的影响，他们的儿子在今后与女性相处时也会在思想中代入这种老派观念。在这样的家庭里，对女性充满敌意和冷嘲热讽是家常便饭。有太多的男孩成长于这样的家庭，这样的家庭氛围影响了他们的整个青少年时期和成年后的人际关系。

尽管这样的新闻上过头条，但事实上，只有少数男性会受到这种性剥削意识的感染。男孩并没有因为受到荷尔蒙、周围环境或文化作用的影响而产生莫名其妙的性侵倾向。在大学里，仅有6%的男性学生会沦落为性犯罪者。社会学家迈克尔·基梅尔指出，校园环境事实上激发了性侵的可能性，具体包括：动机（一种权利意识和对女性的蔑视）、机会（比如，兄弟会派对和校外住宿能够为性行为提供必需的私密空间），以及支持（在运动队队友和兄弟会兄弟之间通行的一种沉默准则，还有模棱两可的大学政策）。事实上，他的发现证实，大多数年轻人没有屈从于环境，人性也没有被颠覆，还都拥有着正直的品格。

为了缓和男子气概规范对男孩的负面影响，成年人就必须信守承诺，一定要帮助男孩找到爱、并获得亲密感。一个男孩的性发育是危险重重，还是一片坦途，完全取决于他所拥有的人际关系。在面对有辱人格的朋辈规范时，是否有勇气奋起反抗；在面对古板老套的男子气概时，是否有胆量表示反对，这些全都取决

培养男孩

于他与自己内心的连接,而这种连接能够在男孩与他人的人际关系交往中得到强化和实现。帮助一个年轻人表露他的浪漫情怀,这个出发点是基础中的基础。几年前,费城地区的一些男校和女校曾组织过一次被学生们称之为"性别意识研讨会"(Gender Awareness workshop)的活动。作为那次研讨会活动的主持人,我和我的一位同事一齐接到了邀请。某个周六的早晨,近百位高中青少年齐聚一堂,他们或是兴奋,或是恐惧,但都带着几分战战兢兢。当天一开始,我们就选中了一个男孩和一个女孩,邀请他们走上台前面对大家,主动谈谈"做一个男孩是什么样的感受?""做一个女孩是什么样的感觉?"。

我选择了一个很受欢迎的家伙作为第一个吃螃蟹的人,希望他能起个好的带头作用,以榜样的力量鼓励在场的其他成员。布拉德坐在其他男孩和女孩的对面。这些人里,有些是他的老熟人,有些则是和他初次相逢。而最吸引我的,却是会场中涌动起来的那份全神贯注的注意力。我提了一个很简单的问题作为开场白,我问他:"作为男孩,什么事让你感到开心?"但仅仅是这样一个开场,他就一副磕磕巴巴的样子。众目睽睽之下,他支支吾吾、满脸通红,还直冒冷汗。尽管他不知所措又万分尴尬,令在场的观众不忍直视,但从人们温暖的笑容中还是能够感受到对他的同情之意。当看到像布拉德这样受欢迎的男孩都表现得如此张口结舌时,原本一直躁动不安又喋喋不休的年轻人们吃惊得下巴都要掉下来了。

研讨会提供了许多非常重要的见解。尽管这样的经历对他来说很艰难，但事实上，布拉德的决心却十分坚定，他就是要在学习对他人敞开心扉方面做个好榜样。那天余下的时间里，不管是男孩还是女孩们都以他为榜样，对于有机会练习倾诉自己的心声这件事显得乐在其中。我们意识到，大家都还是很愿意聊聊自己的，只不过单凭他们一己之力创造不出当时那样可控的环境和条件。原因很简单：男孩和女孩都渴望了解彼此的生活，大家都不喜欢那种"扎扎实实走过场"的集会，也不乐意固守着社交媒体上的既有的刻板观念。学生们对研讨会兴趣浓厚，使得这样的交流形式持续进行了好多年。

新的模式

随着年龄的增长，周围环境限制了男孩保持亲密感的机会。因此，当他们试图缔结一份恋爱关系时，自身的不确定性和经验匮乏就会异常凸显。来自俄亥俄州鲍林格林州立大学的一组研究人员发现，与大众媒体所呈现出的自信、处于主导地位的男性形象相反，在他们的研究中，男孩身处恋爱关系中时的自信程度明

培养男孩

显处于低位,而"沟通尴尬程度"却明显较高。要知道,超过80%的美国青少年初恋都发生在18岁之前,再怎么鼓励男孩多谈恋爱,也不能操之过急。

接下来发生的故事则向我们展示了,对一个男孩来说,当一段浪漫情感经历进展顺利时,事态会朝着什么方向发展。威尔几乎和一个职业后卫一样高大而强壮。在中学时,他就具备了成为顶尖运动员的潜力,教练的挖掘和父亲的鼓励让他俨然成为大学运动员中一颗冉冉升起的新星。但自从威尔的父亲心脏病发逝世后,这个少年的世界便随之崩塌。他的母亲变得意志消沉,同时威尔发现,自己再也无法像以前一样全身心地投入到橄榄球运动中去了。父亲的猝然离世,母亲哀痛交加又心事重重,种种打击叠加发力,让他感到生活变得前所未有的空虚。他放任自己的生活滑到谷底,直到再也无以复加。他变得垂头丧气,连床都不肯下,更别提去学校上学了。威尔请了一年的病假,在另一所学校继续他的学业,并渐渐找到了自己继续向前的路。

在一次聚会上,威尔遇到了安妮,她的友善深深地吸引了他。威尔发现安妮也对自己感兴趣,这让他心旌荡漾。他们很享受彼此交谈的感觉,还会定期给对方发信息。她听说了威尔父亲的事情后,对他表示了关心,同时鼓励他把内心中的不安和痛苦勇敢地表达出来。他发现,自己在安妮面前无须遮遮掩掩,低落

爱、性与情感

就是低落,不用假装振作。安妮不仅关心他的情绪,还没有被他的忧伤和不堪重负的悲伤所影响。她不仅理解他,还接纳了他。一开始两人只是互发短信,而后就升级成了夜夜通话,他感到自己和安妮越来越难舍难分。每天做完作业后,他俩还要厮混在一起好几个钟头。

我见到威尔还是在他返校后,当时他加入了朋辈心理咨询小组,并分享了他与安妮三年恋情的故事。威尔毫不讳言她对他的影响:安妮是自己的救命恩人。她的支持和关心帮助他度过了人生中的至暗时刻。在他讲述的时候,最明显的感受是他对安妮有着深深的承诺,并对她的关心十分感激。他承认,他们已经成为彼此的性伴侣,但他也坚称这不是重点,这段关系的重点是他们彼此互相关心。他爱她,她也爱他,这让他感到飘飘然。他对她的尊敬是显而易见的。

威尔的故事引起了小组里每个人的共鸣。他所感受到的温情,他对他们之间关系的保护态度,以及他公开承认恋爱的举动,都触动了其他男孩的神经。有人嫉妒,有人感同身受。但所有人都意识到威尔是多么的幸运。他和安妮的关系使他从失落中重新振作起来,为他的生命赋予了全新的意义和目标。

威尔的故事之所以特别引人入胜,是因为他巧妙地塑造了尊重和脆弱。他是如此高大的一个男人,又是一个如此阳刚的典型

培养男孩

的男性原型,但当他谈到安妮时,却能够让人充分感受到他们在这段关系中彼此建立起来的情感平等。威尔几乎没有表现出骑士精神,也不认为他需要保护自己那所谓的"脆弱的"另一半。正如研究人员彼得·格利克和苏珊·T·菲斯克所描述的"善意的性别歧视",与一种更有敌意的表现形式密切相关,这种形式往往出现在女性不符合传统角色期望的情况下,似乎并没有扭曲威尔对他的伴侣的尊重。他的例子强调的是:当一个年轻男性能够平等地看待他的伴侣时,他才能够从中受益。

尽管对青少年依恋问题而言,这个故事只是一个特殊案例,但从威尔的同学们对这个故事的反应可以得出一个更为普适的观察结论:在托付真心的能力上,男孩和女孩是平等的。正如关于男孩和性的关系,普遍存在的刻板观念也与事实真相截然相反,他们被描绘出的样子和他们在恋爱中的实际行为之间存在着明显差距。尽管不是每个人都能像威尔一样将自己的愿望付诸实践,但他的经历还是代表了许多男孩的感受。

当一个男孩深深依赖于父母时,他寻找恋爱伴侣的过程更有可能是健康而直截了当的。比如由母亲单独抚养长大的格里高利,他和母亲关系特别好。他的父亲因为爱上别人而放弃了婚姻,不仅搬到了另一个州,也很少和他联系。虽然格里高利有时会思念他生命中父亲的角色,但同时也坦言,母亲在他心里才是

爱、性与情感

第一顺位。她是一名教区学校的教师,靠工资过着中产阶级的生活。格里高利很欣赏他们母子之间简单的给予和索取关系:他从小就心灵手巧,一直照料着妈妈;他也特别感谢妈妈为他所付出的一切努力;妈妈和格里高利一直亲亲热热,直到他步入青春期。格里高利和妈妈无话不谈,几乎囊括了生活中的一切大事小情,甚至包括他交的第一个女朋友。

随着他对这个女孩越来越钟情,他们的亲密关系逐渐演变为拥抱、亲吻、牵手,然后是更亲密的抚摸。格里高利似乎完全没有意识到这一切:他和女友躺在家里客厅的沙发上,和母亲一起看电视,母亲就坐在距离他们不远的椅子上。这对母子会在我的办公室进行常规会面。有一次,格里高利不在,只有他的妈妈和我单独会面,她对我说,虽然常常感到尴尬,但她意识到,儿子从不遮遮掩掩,意味着他对自己性取向的态度非常健康。格里高利既不掩饰自己对爱情的感受,也不掩饰自己对亲密情感的兴趣,这甚至让他的妈妈有点自豪。相反,他渴望把女朋友带进自己的家庭生活。他让妈妈感觉到,儿子找到真爱是一件非常自然的事情。她放心了,尽管自己的婚姻曾经亮起红灯,但儿子还是有能力顺利地把自己的心托付给另一个人。

对男孩的刻板观念简直耸人听闻,又甚嚣尘上,像格里高利这样展示男孩可爱真我的故事并不多见,更为罕见的是像格里

培养男孩

高利母亲这样的家长。但这是一个不断发展的领域,它对一个男孩的最终幸福至关重要。当一个年轻男性的恋爱经历根植于一个强大的、开放的、至少有一个成年人参与影响的人际关系中时,这个成年人的主要工作不是指导,而是见证、陪伴和验证,他遵循健康轨道运行的可能性就会更大。作为男孩的父母和导师,帮助他们抵制男子气概所带来的迷思是自身不可推卸的责任。

母亲与儿子相处时所面临的挑战则更为特殊一些。格里高利的母亲认同这样一种文化比喻:在性方面,女性不可能影响到正处于发育中的男性。最佳方案就是在一旁祈祷,别妨碍他的事,别唠唠叨叨,别过分关心,别影响到他提升自己的男子气概。让荷尔蒙的浪潮自己翻涌,鼓励男孩放手做个男孩!但这些刻板的信息似乎有些地方不对劲:她只是自以为了解自己的儿子。幸运的是,父亲的出走令他和妈妈之间建立起了特殊而强韧的纽带,这使得格里高利能够向她证明,她是对的。

想要在男孩生活的这一阶段与他们展开互动,父母或导师可以尝试率先打破僵局,但注意:一定要温和。对于那些对潜在的尴尬很敏感,或者对试图干涉、判断或控制他们选择的行为很抵触的男孩来说,父母必须意识到,自己担负的角色应当有所改变。父母和男孩沟通的重点不是获取信息,他们在意的重点应该

爱、性与情感

是孩子本身。关注孩子完整的一天，关注孩子的每一天，包括吃早饭的时候，上学的路上，晚上看电视的时候，或是在睡前来到他的房间跟他道晚安的时候，父母可以利用这些时机，在男孩性发育的过程中，搭建起一种可以强化他核心价值观的亲子关系。

如果家庭的亲子关系中已经出现了裂隙，做父母的就不能从这么敏感的一个话题着手，而是应当首先构建好关系资本。这个环节就非常有趣了：当一个男孩意识到他的父母真的对他感兴趣的东西感兴趣，意识到父母单纯就是想要了解他并取悦他时，你才会亲眼见证一个男孩如何敞开他的心扉。一位生了三个男孩的母亲告诉我，她找到了一个与儿子和平相处的简单窍门：在男孩经历了一整天激烈的体育运动，完成了繁重的家庭作业后，夜晚来临时，她就给他们抹后背。在这个轻松、温暖的时刻，她的儿子们会自然而然地对妈妈倾吐自己的想法。她也有自己的原则：她从不在事后提及儿子们跟自己分享的内容，她打定主意，除非孩子们主动聊起，否自她绝不会主动谈到那些话题。

一旦一个男孩发现或重新发现，与父母或导师分享他的生活是多么有价值，了解到只有拥有开放的心态才不会招致不必要的建议、批评或操控，那么这个家庭的亲子关系就能够提升到涉及更多关键问题的高度。虽然说"别没事找事"这个概念应该推而广之，但敏感的父母们可能已经注意到了一个问题：爸妈总是

培养男孩

想要聊更多。通常说来，十几岁的男孩对父母试图减轻自己焦虑这件事情非常敏感，但如果只是让他们谈谈他们对自己生活的想法，则会让这份关心看上去更多集中在他们自身而非事情上。

对性探索困惑迷茫或停滞不前的男孩，可以通过下面的有效途径帮助他们：擅于倾听他们，帮助他们自我修正，而不是一门心思只将关注放在纠正行为上。

- 作为父母，必须首先建立足够牢固的连接，让儿子能够对个人经历畅所欲言。父母分享自己的故事，评论时事或热门事件，提一些简单的问题，这些都是吸引男孩的第一步。试图帮助他们解决更棘手的问题，只会让男孩退避三舍，要么表示抗拒，要么阳奉阴违。

- 当男孩表示他觉得可以安全地谈论自己时，父母就来到了第二阶段。在这个环节，父母们应当小心翼翼地将话题引入特定领域，这个时候一定不要说教、不要批评。我们的目的不是告诉男孩该思考什么，而是要提高他独立思考的能力。诸如此类的问题可以帮助你们顺畅沟通："你找到让你在乎的人了吗？""当你和爱的人发生身体接触时，情绪有什么变化吗？""对于色情文学，你怎么看？"

- 许多父母担心他们可能会侵犯男孩的隐私。但他们这种

爱、性与情感

主动参与男孩生活的行为是有意为之。问题的关键是,他们的儿子的确需要他们,即使当父母的几乎不可能听到"谢谢你们如此关注我"这样的话。当然,提问千万不能带有批判、羞辱,或色情方面的好奇心。如果感到父母在强迫自己取悦他们,十几岁的男孩真的会心生怨恨。

• 提问的时间和地点可能会影响男孩能否接纳这些提问。父母应当明白,一个男孩一生中会经历很多事情。他们必须选择一个相对轻松的时刻,让儿子能够思考是否要接受邀请向父母分享自我、表达自我。还记得上文提到过的那位通过抹儿子后背来获得分享时刻的母亲吗?她发现,那些她安抚儿子们的时刻,慢慢变成了男孩向妈妈卸下担子的时刻。还有一些父母说,开车带儿子上下学的路上,陪儿子打球的时候,跟儿子一起打电子游戏的时候,这些自然而然的环境都提供了让男孩放松的场景,有助于他们敞开心扉。

• 当男孩的态度转为积极并愿意回答父母提出的问题时,就进入了最后一个阶段。如果他的回答听起来像是在为自己辩护,那就说明,父母在提问时语气已经出现了问题,或者提出的问题中已经隐含了情绪,才把男孩逼到无路可退、愤而反击的地步。父母可以提醒儿子他们对他有信心,并应当向男孩保证他们确实不是在鸡蛋里面挑骨头。这样做的目的是为了让男

培养男孩

孩了解自己的想法，明了自己与某个了解自己内心和价值观的人在一起时应当是什么样的感觉。面对儿子的挣扎和纠结，即使父母感到痛苦也无须插手解决问题，真的试图这样做，只会让男孩感到更加无助。作为父母，只需要为男孩提供支持，给他们发泄机会。只有这样，才会让大多数男孩在对抗朋辈压力和文化压力时变得更有力量。

只有当父母或导师明白他们自身的角色定位以及角色局限性时，才能打造出一个明白自己真正所求的男孩，打造出一个明确目标并为之努力拼搏的男孩。14岁的米什卡就是这样一个例子。他是那种准备浪荡一生，随波逐流的男孩。他是一个好学生，但并不真正用功。他是一名有天赋的运动员，但面对压力又总是轻易放弃。对他而言，可以没有真心朋友，受欢迎才最重要。和女孩在一起时，他也总是把吐露真情实感摆在一旁，反而更在意自己在其他男性心目中的地位。基于上述原因，虽然他曾交往过一长串女朋友，但却从来没有超越过最肤浅的那层关系。

在米什卡常去的教堂里，一位青年牧师终于注意到了这件事，决定找他谈谈。在一次周末礼拜散场时，他把米什卡拉到一旁说道："你是一个如此热情又有趣的男孩，但却从不给女孩真正了解你的机会。你是在害怕什么吗？"后来，在牧师向我转述

爱、性与情感

这个故事时,米什卡的回答仍然令这位导师感到非常动容。这个十几岁的少年眼含泪水,他最终承认:"我不知道究竟应该怎么做。"牧师把米什卡的回答看作是拉近彼此关系的好机会,他温和地询问男孩最初是如何开始自我怀疑的。米什卡分享道:他不确定自己的性与什么有关。他感到既羞愧难当又彷徨迷茫,他加班加点地工作以掩饰自己的情感,对外只展示自信和对地位的追求,感情方面更是肤浅而苍白。

后来,牧师开始辅导米什卡,历时多年,终于让他认识到自己的善良,相信自己的内心,也终于开始相信自己的父母,并以更开放的态度探索自己的性感受。米什卡发现,有一个姑娘既能让他刮目相看,又能让他坦诚相对。随着他们越走越近,他对她的感情也越来越深,他发现了更为深沉的情感,他对她动了心。他的恐惧害怕和经验不足险些伤到他了解自己内心的能力。

对色情的过度依赖是男孩需要帮助的一个预警信号,需要父母和导师特别注意。但是对父母来说,仅仅区分好奇心和强迫感就已经十分困难,再加上,性又是一个很少讨论的话题。

父母能做的就是找到一种有效方法,一旦孩子上瘾就立刻发出警报信号:在学校里和各项活动中表现下滑,甚至不再参加;大多数时间总是独自一人窝在房间,大门紧闭,房门紧锁;一旦有人越界,就暴躁易怒,甚至满怀敌意。在这种情况

培养男孩

下,关心的数量、频率不是关键,关心所能起到的效果才是解决问题的关键。

当妈妈们、爸爸们确实注意到问题时,他们应该相信自己的直觉并及时介入——而不是单纯地责备或一味声讨。在恋爱方面,认可他的孤独和渴望,认可他的沮丧和内向。作为父母,表达出愿意和他并肩作战,一起迎接困难重重的青春期的强烈愿望。只要男孩能感知到父母对自己的理解,接收到父母释放出的信心,他就能卸下重担,走出困境。在此之后,他就可以自由地迈出另一步了。

阿里和他母亲鲁思的故事就充分说明:当父母下定决心要让儿子的性行为朝着健康的方向发展时,会面对哪些机遇和挑战。鲁思来见我的时候非常着急,她遇到了一个棘手的问题。一直以来,她都在暗中监视着儿子的手机和电脑,她发现,儿子在和学校里的女孩交流时言语越来越露骨,和其他男孩吹嘘时越来越粗鲁,言谈间涉及了大量和性行为有关的色情内容。压垮骆驼的最后一根稻草,是这位妈妈看到了儿子与一名成年女性的聊天记录。这名女性在"母亲面包坊"工作,她自己的感情生活仿佛一团乱麻。阿里妈妈看到了儿子收到的短信,其中那名女性撩拨阿里和她做爱,并鼓励他把想象中的行为描述出来。

鲁思不知所措。她的问题是"这正常吗?"作为一个单亲

爱、性与情感

妈妈,她完全展示了一个母亲在抚养青春期儿子时产生的自我怀疑。我的第一条建议是向她保证,她可以相信自己。在养育一个好儿子这件事上,世上没有什么秘密是只有男人才知道的。就如同她需要面对自己的员工一样,在面对阿里表达自己的性需要时,她无论如何都应当为他设定严格的限制。她应当释放出的信息是,他的爱和他的身体是珍贵的。即使他人放弃自尊、放低身段,他自身的渴望也不应当被滥用。

除了在色情文字方面栽跟头,男孩还会陷入其他困境。其中一个常见的"坑"就是只追求得分。问题暴露出来的必要表征可不仅仅是随意"约炮"。基于天生的欲望和好奇心,不论男孩还是女孩,都希望能在探索性欲的同时无须承担责任的负累。但如果他累积的经验总是短期的、肤浅的,仅以满足性欲为目的,那父母就要留心了:他可能有什么特殊原因,刻意回避亲密情感。他可能既不愿承认,也无法承认这个事实:害怕自己的内心一片荒芜,没有可以和女朋友分享的精神家园。更深刻、更令人满意的性经历,有助于提升情感方面的语言表达,还能提升关爱他人的能力,上述种种都是男孩性发育的必要组成部分。

为了对身陷困境的年轻男性施以援手,需要从同情、理解和自信心多个方面进行干预。成年人应该时刻谨记男孩脸皮特别薄这个事实,他们要么不发一语,要么更加糟糕,干脆对自己强

培养男孩

迫症一般的行为强行抗辩。只要有个成年人能够关心他，创造条件让他坦诚地面对自己的行为，男孩就会非常感激这个人。有时候，我们需要做的真的就只是提个问题，或者静观其变，提出自己的看法。而有时候，如果成年人能够分享自己的经历，男孩的孤立感和羞愧感就会得到缓解，咱们成年人中大多数人都有很大的选择余地。

汤姆和汤米有着大量的父子相处时间，所以当汤米进入青春期时，他们的父子关系基础非常牢靠。儿子展现出崭新的成熟味道，话题涉猎也更为广泛，这令汤姆非常欣喜。汤姆和他的妻子间如同友谊般的夫妻关系也非常深厚。早在八年级，汤米就发生了转变。之前的他喜欢和哥们一起玩电子游戏，但很快他就陷入一段忠贞不渝的恋爱关系中。但他的女朋友发现，他对这段关系的依赖令人窒息。当她为了别的同学和他分手后，汤米表现出受到了深深的伤害，展现出令人意想不到的愤怒。

幸运的是，这对父子常常一起开车去看足球比赛，路上可以有很多时间交流。于是有一天，父亲问汤米，当初他是如何处理分手这件事的。汤米倾诉道，其实当时的自己非常需要一个亲密的伙伴，也坦言非常羡慕爸爸妈妈之间的关系，很可惜自己没有遇到这样的伴侣。于是，汤姆作为一名父亲，决定在儿子面前掀开这道神秘的面纱，告诉他拥有并维护这样一段稳定的关系应

爱、性与情感

当做些什么。他分享了自己一路走来所经历的种种挫折和失望。来来回回多次讨论后,汤姆向儿子保证,他迟早会明白:寻找伴侣不是一场比赛。眼下这个阶段,最重要的是让汤米多多了解自己,建立自己的价值观——当然包括如何从失望中振作起来。

不管这个出现在男孩人生中起到关键作用的成年人是父亲、母亲还是导师,上述这些例子都说明:扭曲的规范和压力只会阻止男孩获得并实现一段令人满意的关系,牢固而有力的沟通却可以增强男孩对扭曲的规范和压力的抵抗能力。压力来势汹汹倒也不完全是坏事,这令威尔清楚地认识到他需要有人关心,需要有人为自己提供真正的情感支持。肖恩也在压力中学会了信赖他人——一位教练,阻止自己陷入强迫性的、道德沦丧的性行为中而无法自拔。通过正向激励,布雷特也找到了利用沟通来扭转自己游戏人生的人生态度的方法。阿里的母亲和汤米的父亲都利用他们与儿子之间牢固的关系,帮助他们应对原本可能会把他们拖垮的艰难挑战。

寻找真爱、寻觅恋爱伴侣并确定恋爱关系是一个男孩所必须承担的、与他的人生成长齐头并进的任务。当他们登上这个乖张的舞台时,周身萦绕的都是被歪解的、刻板老套的男性形象,环伺着充满诱惑的陷阱,他们怎么可能不感到困惑迷茫呢,甚至完全迷失自我也不是不可能的。如果青少年想要独立思考,那些试

培养男孩

图帮助他们的人所能提供的最可靠的帮助就是爱他并了解他。沟通和倾听作为一笔保护性资产,可以强化男孩对爱和亲密感的承诺。知道有人会在他的大后方守护并支持着他,男孩才会变得自信,才能找到通往自己内心那条正确的路。

第七章
身体：运动与健康

关于"身为男性"，男孩所学到的知识会影响他们怎样认同自己的身体。自我保护是人类的最基本的本能，是一个人具有自我完整性的基础。但这个本能会让步于一些社会规则，这些规则鼓励男孩通过忍受痛苦，牺牲健康来实现超脱个人感情影响的目标，甚至表现出自己就像坚不可摧的机器。许多男孩听从召唤，盲目透支自己的身体，给自己带来损伤。

一个孩子的个性始于他的身体。在男孩学习做"男孩"的过程中，一些文化信息会对他们产生深远的影响，比如应该怎样着装、吃东西、运动、冒险、睡觉、照料自己等等。许多父母，甚至可能是大多数父母都认为，是男性的生理特征驱动了男子气概的行为。还有许多被观察到的男孩女孩之间的差异，尤其是身体方面的差异，都是这些生物学原因产生的。澳大利亚的社会学家瑞文·康奈尔研究了数十年的性别差异，这是心理学、社会学和政治学领域中"广泛研究的课题之一"。但据她说，那种起决定作用的性别差异还没有发现。威斯康星大学心理学家珍妮特·海德在对700万调查对象中的5 000多人做过分析后，得出论断说，研究中所报告的大多数性别差异都很小或者为零。基于海德的结论，康奈尔说："经过大约80年的研究，我们的主要发现是，两性之间存在着大量心理上的相似性。"

尽管两性之间存在着这么多的相似性，但是从孩子被认定为男性或者女性的那一刻起，他们的身体就成了区分他们的根基。事实上，从总体来看，性别系统的基础就是身体，人们认为不同的身体具有不同的含义。以这些含义为基础，各种意图、身份认知和培养孩子的方法逐渐固化成各种广泛流传的实践，并代代流传下来。其中，一种模式认为孩子的身体就像机器，完全靠生物学指令来驱动；另外一种模式认为，孩子的身体如画布，是社会为他们涂上了性别的色彩。

但是，儿童不是这些意图和实践的简单接受工具。更新的研究表明，塑造儿童的身份要采用互动的方式，而上述这两种模式都无法发挥其最大的作用。康奈尔举了个高跟鞋的例子。他说，高跟鞋虽然穿着很痛苦，但是却深受那些追求时尚、爱慕虚荣的

身体：运动与健康

年轻女子们喜爱。而青年男子们努力想要按照男性标准，把自己塑造成完美男子的举动，其实与此完全类似。

关爱男孩身体的父母和人们发现，这种观念和做法会削弱甚至抹杀孩子们对自己身体健康的关心。关爱男孩的人们，现在到了该关注甚至在必要时插手的时候了。

照料好自己

我要冒昧地指出，在导致死亡的所有15种原因中，男性的死亡率都要高于女性（不包括阿尔兹海默症）。我们有必要从这里开始研究。传统的男子气概怎么会对男性造成这么不健康的影响？我们怎么看待这种情况？

在男子气概标准和男孩的身体需求之间有着太多的错配。为了成为两性中理想的强势一方，结实、勇敢、独立，男孩们采用了对自己的健康会造成负面影响的态度和行为。心理学家威尔·科特尼以皮肤癌为例来说明这个问题。根据美国疾控中心的数据，男性因皮肤癌死亡的比率要比女性大2倍。合理的应对方法也许是：一定要让男孩用护肤霜。然而与女性相比，男性却很明显地不大愿意使用护肤霜。青年男子更愿意顺从主流的、更急迫的、更直接的需求来展示他们的强壮。正如科特尼所说，"男子汉不关心健康，男子汉是疾病攻不破的金刚，用护肤品是女人做派，男子汉才不会娇惯自己的身体或者大惊小怪。"

另外一个例子是安全带的使用问题。美国高速公路安监局在2018年夏季开展了一次针对男性的行动。根据他们的统计数据，在2016年，公路死亡乘客中有10 418位没有系安全带，在这其中，44%的人是15~34岁的男性。据安监局估计，在所有死亡人数中，其中的2 500位乘客如果系了安全带，他们本可以被救回来的。

男孩这种对身体的忽视并非与生俱来。再举个男性特有的癌症和预防疫苗的例子。男性在这方面的选择就反映出了他们的家人和医生的态度。据疾控中心估计，男性口腔癌和喉癌的70%源于人乳头瘤病毒，其年发病人数接近13 000例，与女性患宫颈癌的比率相当。对于性活跃的青年来说，和人乳头瘤病毒（human papilloma virus，HPV）的接触实际上无可避免。有80%的人在其一生中某些时刻会接触到这种病毒，20%~30%的青少年可能会随时受到感染。疫苗对此有明显的作用。2016年的一项研究发现，从疫苗开始接种后的十年时间里，在澳大利亚这样实施了强制免疫项目的国家，人乳头瘤病毒的感染率下降了多达90%。

然而，在美国，只有60%的青少年接种了疫苗，而在十年前，这个比率更是只有30%。男性疫苗接种率低于女性的原因很多。当

身体：运动与健康

药业巨头默克公司刚引进这种疫苗的时候，他们的市场目标是年轻女性，因为所有宫颈癌都可以归因于人乳头瘤病毒的感染。调查人员研究了父母选择不让儿子们接种这种疫苗的原因，他们发现，父母们提出的最常见原因是：他们的健康指导师没有给出这样的建议。事实上，虽然这种疫苗刚开始是推荐给女性的，然而在2011年，它也被推荐给了青年男子。但是人们普遍认为男孩没这个必要，此外，他们还担心，这会鼓励男孩的性滥交行为。结果，大家发现，根据2016公布的数据来看，虽然男性疫苗接种率从2011年的7.8%上升到了2016年的27%，但是它仍然落后于女性48%的比率。

从忽视防晒霜和逃避接种疫苗这两件事中，我们可以发现，在男子气概、父母和喜欢冒险及体育运动的青年男子之间存在着复杂的相互作用。没错，男孩自己肯定起了一定作用，但是，他们这种不明智的选择难道没有受到文化因素的影响吗？哥伦比亚大学医学中心的青少年医学专家大卫·贝尔在他的一篇文章中写到："与女性相比，青年男子的死亡率和需求未能得到满足的比率都要更高，而初级护理的参与度较低。"这篇文章证实了，青少年坚持男子汉标准的程度越高，他们就越有可能采用不健康的保健做法。在吸烟、喝酒、粗心驾驶、高危性行为和其他危险活动中，男孩的参与人数比女孩要更多。

培养男孩

在健康状况方面，差别最大的年龄组是15~24岁。在这个年龄组中，75%的死亡者是男性。与女性相比，男性更可能死于因摩托车、自行车、体育运动、摔伤和脊髓损伤及脑外伤带来的损害。此外，男性自杀的可能性是女性的4倍。在2014年，10~14岁男孩的自杀死亡率超过了交通事故的死亡率，比5年前的2009年高了1倍。在这个年龄组中，自杀者中有2/3是男孩。根据疾控中心的数据，这个上升部分要归因于新社交媒体文化，因为公众的羞辱造成的影响更为广泛而深刻。

但是男孩之所以防晒霜用得少，之所以作出不明智的健康选择，刚才所说的只不过是部分原因。即使在进入医保体系之后，医生对他们的治疗也会由于性别差异而有所不同。在治疗患有注意力缺陷和多动症的儿童时，医生对男孩使用兴奋剂药物的比率要比女孩大1倍，尤其是在这些孩子来自贫困家庭的时候。疾控中心的数据显示，患有注意缺陷障碍的男孩处于稳定增长状态，从2003年的7.8%到2007年的9.5%，再到2011年的11%，但是在过去三十年里，针对此症状的处方量增加了20倍。心理学家艾伦·索洛夫说，医生根据脑扫描的结果，判断男孩有天生缺陷，从而采用与女孩不同的治疗方法，这种做法是有瑕疵的。索洛夫认为："不论采用何种方式来测试大脑功能，所有研究都无法判断，这些观察到的异常是否属于先天性现象，同样也无法判断它们是来自于创伤、慢性应激还是其他幼儿时期的经历。"

身体：运动与健康

有些压力的原因来源于某些人的观念，他们鼓励男孩把自己的身体看作是工具，而不是血肉之躯。在粗野的活动、不受约束的比赛和常见的军事游戏中，男孩常会接受一种暗示：重要的不是他们的身体，也不是藏于其中的人，而是他们所担当的角色。从冒险的次数、对身体的关爱程度、事故和死亡的比率上，我们就能看出，男孩们是多么信奉这样的信条。世界卫生组织说，男性中发生的70%的夭亡要归因于他们青少年时期所形成的行为模式。

从我第一次做咨询师起，我就看到很多置自己于冒险境地的男孩。蒂米就是这样一个我们可以研究的范例。他生活在城市的一个社区里，也许本可以成为一个天真、可爱的男孩，但是最后却变得鲁莽而暴躁。我见他的时候，他11岁，和奶奶住在一处工人排房里，穿过狭窄的街道，就是他上的那所狭小的学校。他的校长因为担心他生活中缺少男性的榜样，也怕他混迹街头，所以建议他来向我咨询。那个时候，他天真、坦诚、可爱，喜欢看电视上的动物节目。

可是到了九年级并准备上商学院的前几年，他开始混迹于夜晚的公园、娱乐中心的篮球场和棒球场，而且还经常和其他球场的团伙打架，暴力的程度也越来越重。我问他是否害怕打架，他冷静地说不会。他说，他的绰号叫"铁头"，从这个名号中就可以看出，他对击打有多大的承受力。他说："我从不感觉害怕。"对于参加橄榄球和街头曲棍球的比赛，他说："我喜欢碰撞。"我问他这话是什么意思，他解释说，当他拦截或者控制了对方球员时，他有种"释放感"。蒂米为他的怒火找到了一个合法的发泄渠道。

为了培养男子气概，训练者会要求男孩们不要考虑自己的身体，要把身体看作是运动中、工作中，甚至是性活动中可以驱使的工具。重要的是，他们的说法得到了孩子们的认同。所以，为了实现目标，很多男孩对自己身体的痛苦竟然可以忽视到完全不管不顾的程度。

在运动中玩耍

运动历史学家研究了团体运动和体育训练，他们发现体育运动兴盛的根源在于19世纪末期人们对于男孩正变得"柔弱"的担心。随着家庭和工作的改变，性别差异正在模糊化，所以人们就更加重视男性身体的优越性，于是体育运动就开始爆红。迈克尔·基梅尔在他阐述文化历史的《美国的男子气概》（*Manhood in America*）一书中写道："大规模的、全国范围内的体育锻炼开始盛行，男人开始积极主动地去培养强壮的体格，想以此展示他

身体：运动与健康

们内在的男子气概。"

体育运动可以给人的神经带来深度的快乐，它使运动员更加强壮，使他们有能力去发展新的技巧，培养新的能力，从而获得教练和队友的欢呼喝彩。与此相比，男孩的游戏则只会带来快乐，而不会带来学习、工作和社会生活压力的释放。运动让人深藏的、本能的驱动力得以显露，给人带来深深的、发自内心的喜悦。正如运动社会学家大卫·惠特森所说："力量和技巧完美结合的那种体验，比如，高尔夫球中的完美一击，斜跨半场的回手一投，或者越野赛中跟随众多参赛者的奋力奔跑，不论它是多么短暂，都是让体育运动受人欢迎的重要原因。"

除了运动、力量和技巧带来的纯粹的快乐，团队中的那种合作关系也有同样的效果。在团队比赛中，运动员可以公开地与队友分享自己内心的情感，这也是青年男子对体育运动念念不忘的原因。事实上，许多人认为，运动的快乐比学术和工作上的挑战更加扣人心弦，引人入胜。有些青年男子把体育当作生活的全部，对成年人该承担的其他责任则是不情不愿。体育本是要培养男子气概，然而实际上它却延长了男性的幼稚心理。对有些明星高中和大学的运动员来说，情况更是如此。

但是尽管体育有如此迷人的魅力，它的初衷却是为了培养传统的男子气概。对社区和学校里的男孩来说，做某种体育运动可

培养男孩

以在其他孩子中建立并提高自己的男子汉地位。当成为"最厉害的"可以带来特殊的社会地位时,对运动成功的追求就会主宰男孩的生活。

即使在今天,在女子体育运动兴起的时候,运动仍然是传统的男子气概的培养领地。在比赛中"忍受痛苦""为了团队"作出牺牲,这已经是深深刻入男孩们脑海的训练信条。体育社会学家丹·萨博说,运动员的"疼痛法则"表明,他们愿意默默地把痛苦"咽下去",他们否认运动的真正代价和带伤训练的后果,他们认为,这是衡量其男子气概的一种手段。体育界潜移默化灌输传统男子气概标准的手段就是:教导男孩们要压抑脆弱的感情,把成功简单地等同于获胜,把对对手的伤害当作是比赛的合法组成部分,平静地忍受自己的痛苦,用绝对的力量去主宰赛场。是运动者本人、教练和队友共同创造了这样一种文化。

1972年,美国颁布了性别平等法律《教育法修正案第九条》(*Title IX*),旨在结束教育界的性别歧视。这项法案给女子体育运动带来了革命性的结果。在1972年,只有7%的高中运动员是女性,而到了2012年,这个数字就上升到了41%。在1972年,只有2%的大学体育预算被用于女子体育,而到了2010年,女子得到了48%的奖学金和体育预算。参加体育训练的青年女子会获得多种回报。她们的学业成绩包括理科成绩比非运动员的女性要更高。女

身体：运动与健康

性运动员从高中毕业的可能性更大，成绩更高，在标准化考试中的分数更好，82%商业女高管做体育运动。

但是，虽然有些方面出现了改变，可有些方面却仍旧止步不前。在大学里，男子团体运动队，尤其是篮球队和橄榄球队，获得了体育预算中的绝大部分。仅是橄榄球这一部分的开支就超过了所有女子队的总和。正如业内分析师乔安娜·格罗斯曼和黛博拉·布莱克所说："男子气概越多的地方，获得的资金投入就越多，粉丝的数量也越多，因此传统男子气概的标准就会被愈加强化。"

有些男子体育项目可以获得大额的预算，在这样的学校里，男性们优越感十足，可是同时，运动员也很可能会感觉迷茫和困惑。举例说，他们会遇到"中毒性运动综合征"（Toxic Jock Syndrome），说的是有些男孩会过度认可自己的运动员身份，以至于失去了本性。在更衣室文化中，常会出现欺负队友，性骚扰，高危行为等现象，某些运动员以为这是他们应有的权利。这些人很可能会做出多种高危犯罪行为。大卫·惠特森曾经说过："男子体育界仍然是个保守的地方，在这里传统的男子气概受到人们的推崇，而其他的男子气概则受到打压和排挤。"

有许多雄心勃勃的男性运动员来向我咨询，有些人想获得更大的成就，还有些人是因为自己在赛场外的行为出了问题。比尔

培养男孩

就是其中的一位,他的运动梦想已经成为他自己和父母生活的焦点,可是有一天,这个梦想忽然破灭了。

在小学的时候,他对足球产生了强烈的兴趣,于是开始全力为之奋斗。这孩子有运动才能,比同龄人长得更高大,他通过了一家地区校队的选拔,并在一场比赛中进了球。球队的训练频繁而剧烈,本可以与家人一起度过的周末都被用在了训练和各地的联赛上。随着球队在本年龄组排名的上升,教练对训练、专业技能和球员的投入程度都有了更高的要求。不论什么季节,也不论什么天气,男孩们都要在室外练习各种技能。

比尔之前也练习过棒球和长曲棍球,但是随着这个足球队的成功,他放弃了另外两个项目,全力去满足教练不断增加的要求,因为教练明确指出,球队里没有任何人不可替代。谁付出的最多,谁得到的上场时间就最多。比尔成功了,他的父母在场外付出的辛苦有了回报,他们期盼着孩子能拿到大学的奖学金和其他收获。不知不觉中,他们表达出了希望儿子专注于足球的想法。然而,这最初带来乐趣的足球,如今却成了压力的来源。比赛变得更加激烈,动作也更为粗野。球队经常练习头球,根本不考虑它带来的脑震荡的危害,受伤成了生活的常态。每个队员都受过伤,比如肌肉拉伤、脚踝扭伤、膝盖韧带拉伤,有时不得不中断训练。

身体：运动与健康

但是比尔仍然爱着这项运动，球场上的神来一脚，队友间的合作，辛苦训练带来的回报，这一切都让他无法止步。在高中，球队开始参加地区表演赛，赛场旁边就是寻找未来队员的大学教练。虽然按照全美大学生体育总会（National Collegiate Athletic Association，NCAA）的规定限制球队获得任何资金，但是每个球员都梦想着自己可能是少数几个能得到金指环的人之一。

在一场粗野的、激烈的、高危的州际联赛当中，裁判的判罚尺度偏弱，于是犯规的数量增加了。最后，当比尔防守的时候，一位进攻球员对着他伸出去铲球的腿用尽全力踩了下去，结果他的胫骨骨折了。他不仅无法参加剩余的赛季，而且由于腿部打进了钢钉，他以后永远也无法像以往那样快速和无畏了。

体育运动中的确会发生事故和伤害。但是随着性别平等观念对体育文化的影响越来越大，关于预防伤害和训练该遵循什么标准的问题，也引起了大家的关注。英国温彻斯特大学的艾瑞克·安德森曾经报道过，在运动员中出现了传统男子气概"弱化"的现象。2009年有一项研究追踪过像冰球和足球这样的危险团体运动，发现其参与人数呈现下降趋势。艾瑞克对此发表评论说："假如男性不再被要求去追寻传统的男子气概，那么他们就不大可能参与那些对健康有害的活动。"根据从2009—2014年的一份统计数据，在各种体育运动的参与方面，橄榄球和摔跤是最

培养男孩

大的输家。即使在橄榄球盛行的澳大利亚，研究表明，其参与人数也呈现稳定的下降趋势。

虽然受人喜爱的竞技体育活动也许可以暂时避开公众的批评和监督，然而，学校里的体育课最近却成了大家关注的话题。尽管儿童时期的锻炼被认为是成年期健康的重要前提，然而许多男孩拒绝参加体育课和体育运动，他们认为这是在为霸凌打基础。加拿大学者迈克尔·阿克金森和迈克尔·凯勒已经确认，由于更衣室文化、竞技体育和教练的问题，人们对学校里开设的锻炼课程的有效性产生了怀疑，因此出现了日益增多的"反对锻炼说"和"反运动员"活动。他们写道："因此，出现男孩们害怕和不愿意参加体育活动的事情就绝不奇怪。"

更衣室尤其是虐待同伴的热点处所。这里人员稀少，远离成年人的掌控，因此成了那些霸凌和控制他人的男孩们主宰的场所。在美国和世界其他地方，人们正在反思对体育、体育项目和更衣室的监管和设计，因为传统的"一刀切"式的方法不仅未能把很多男孩纳入考虑范围，而且对固化有害标准起到了推波助澜的作用。

除了这些大的趋势之外，还有些健康问题需要引起关心男孩的父母和人们的关注。

身体：运动与健康

运动产生的脑震荡

尽管男孩体育运动中的忍痛原则被广泛接受，然而越来越多的人开始担心，在某些运动中更为常见的脑震荡带来的危害已经达到危险的程度。现在人们已经知道，接触性体育活动会产生，而且一定会产生特别高的脑部伤害。据美国疾控部门的调查："脑震荡就是外伤性脑损伤，起因于脑部遭受的撞击、击打、颠簸，在身体遭受打击，导致头部和大脑快速前后晃动时，也会出现此症状。这种急剧的振荡可能导致颅内大脑的晃动和扭曲，在大脑内产生化学变化，有时会损伤脑细胞。"

15~18岁的高年级学生中，有脑震荡经历的占总数的46%。根据加利福尼亚大学的研究，加利福尼亚州有脑震荡经历者的比率在2007年到2014年间上升了60%，其中以青少年居多，而男性占到了55%。根据美国儿科学会（American Academy of Pediatrics）的统计，有两百万18岁以下的青年每年遭受一次脑震荡，1/5的高中运动员在赛季期间会遭受一次脑震荡，而1/3的运动员在一年内会遭受不止一次。

橄榄球导致的脑震荡占到一半以上，冰球、足球、摔跤、长曲棍球造成的脑震荡也相对较多。脑震荡出现的高峰期在每年的9月和10月，正是橄榄球和足球的赛季期间。密歇根州的运动医学

培养男孩

研究者约翰·W·鲍威尔说："在橄榄球比赛中，有些场上的球员每场比赛都会遭受头部撞击。"在一次研究中，他们在7~8岁的橄榄球球员头盔上安装了加速传感器。结果，他们得到一个令人恐怖的发现：每个球员遭受的头部撞击数平均达到107次。当加速度达到最大值的时候，研究表明，大脑内出现了白质损害，而这种损害持续的时间可能达一年之久。虽然现在防御技术进步了，然而仍然没有出现防止脑震荡的头盔。

事实上，最新证据表明，对脑组织的损害是累积性的，而且，即使是非震荡性的撞击也会产生影响。北卡罗莱纳州维克森林医学院的神经放射学家做过一项研究，在一个赛季里，他们给25位年龄在8~13岁的男孩戴上了可以记录撞击情况的特制头盔，在赛季开始和结束时，这些孩子分别接受核磁共振扫描，结果如下：头部遭受的撞击越多，负责大脑不同区域间交流的绝缘性神经元，也就是白质，遭受的损害就越大。慢性创伤性脑病是一种无法治愈的退行性脑部疾病，据说，这种病的起因就是脑部遭受了低于阈值的对脑部的反复撞击。

因此，有心想要孩子男孩们从事接触性运动的父母们感到很纠结。安德鲁就是这样一个男孩。他今年10岁，长得远比同龄人结实、健壮，由于有多年参加各种比赛的经历，他已经学会了如何最大程度减少身体的痛苦和危险。他的父母都是高中和大学里

身体：运动与健康

的运动员，有个哥哥是当地明星橄榄球队的队员，还有个叔叔在国家足球联盟的球队工作，运动是这个家族文化里最大的特色。安德鲁喜欢运动，而且更喜欢剧烈运动，甚至在后院里和弟弟玩耍时也是这样。对他来说，即使是玩雪或者搭建城堡这样的游戏都会变成一场冰和雪的战争。在院子里临时打会篮球也会出现很多肘击和鲁莽的犯规。本是与父亲打闹，结果最后却非要拳脚相向。安德鲁的好胜心简直是无与伦比。

安德鲁是个勇敢无畏的运动员，因此他的足球教练安排他打中后卫的位置。为了担当好这个球门前最后一道防卫手的角色，他愿意采用任何手段来截断和攻击对手。尽管他长得矮小，但是他速度快、截击凶猛，所以大家都认为他是球场上的重要力量。很自然，他渴盼着能去打橄榄球比赛，因为在他的朋友中，那才是最有男子气概的运动。于是他缠着他的父母，要求转到橄榄球队。安德鲁的父母曾经做过调查，他们担心橄榄球对孩子会有潜在的伤害，尤其是大脑正处于发育期的孩子。他们了解自己的孩子，知道他在橄榄球比赛中也会和在其他地方一样任性和好胜，于是对他说："等你12岁再说。"结果孩子又气又急，哭着说，他们这样不公平。安德鲁最好的朋友是个橄榄球队员，于是因为父母的疑虑而无法转队的他只好倾听朋友对赛季的描述。

当他们来找我的时候，安德鲁的懊恼和抱怨只是他们担忧的

培养男孩

一部分。我可以看得出来，他们对亲子关系的构建一定很成功，孩子相信父母会做出正确的判断，他也愿意接受他们的指导，甚至能够接受那些他不喜欢或者无法完全理解的限制。在我们私下里的讨论中，他们谈到了自己对橄榄球和其危险性的认识，因为，由于孩子的鲁莽，他们已经去过无数次的急诊。他们担心，橄榄球也许会加深孩子已有的粗心大意和对身体的漠视，因此，他们不允许孩子参加橄榄球队，安德鲁低声咕哝了几句，但是最终还是接受了。他明白，父母是为了他的健康着想。

还有很多孩子和安德鲁一样，也获得了男子气概带来的益处。他们被人推举出来作为勇敢和成功的例证，因此这些男孩对于自己的未来很难有个均衡的考虑，他们需要外力来使得自己走上正轨。面对着同龄人和成年人如潮水般的掌声，只有安德鲁靠着良好的亲子关系和对父母的尊重才没有忘乎所以。他向我们表明，冒险的心理很可能会超越对自己健康的关心。因此他的父母必须要介入。

男孩们的体育运动已经到了危急关头。加利福尼亚州、伊利诺伊州、马里兰州和纽约州正在立法限制或者禁止14岁以下的孩子从事橄榄球运动。传统主义者感到惊恐，认为这不仅威胁到了橄榄球，同时也威胁到了其他各项接触性体育运动。与此同时，规则出现了变化，接触性的做法受到了限制，为了解决人们关心的身体保护问题，新的阻拦和截停技巧正在实施。但是在脑震荡研究基金会的研究人员看来，"对于一个成长阶段的孩子来说，任何一种阻截方式都不够安全"。

在这方面，父母要对孩子的参与方式衡量再三，而学校和青年组织也要认真考虑。例如，头部受伤现象还未解决，而二次影响综合征又引起了严重的担忧。所谓的二次影响综合征就是，运动员在早期遭受头部伤害治愈后又重新返回赛场时所发生的症状。最新的研究发现，有此症状的孩子在认知能力上出现衰退，恢复时间延长，遭受继发性脑震荡的可能性增加。虽然技术进步了，然而运动员何时可以重返赛场，却依然要依据人的主观判断来决定。

身体的不安全感

饮食失调一直被认为是女孩和女人们才会遇到的麻烦事，尤其是在梦想的完美标准无法实现而内心又充满自责的时候。但是最新的研究表明，男孩们也会因错误的身体观念而备受烦恼。只不过，对女孩子来说，焦点是如何变瘦，而对男孩子来说，目标则正好相反。因此，有些女孩会得神经性厌食症，有些男孩会得

培养男孩

过度健身症（bigorexia），我们也称它为肌肉上瘾症。哈佛大学医学院的研究者、儿科医师艾莉森·菲尔德认为，男孩出现这种症状的概率大约在18%。对于那些出现这种症状的男子来说，既想要健壮，又想要瘦削，他们的目标实际上无法实现。甚至一些超重的男孩们也错误地认为，自己可以通过努力来达到拥有六块腹肌这样理想的完美男人的标准。那些焦灼不安、心存完美主义思想的男孩们既想要肌肉又想要体重，这样的想法更是危险。

如今，青年男性每天花在媒体上的时间平均超过7个小时，因此男孩们比以往任何时候都更容易受到那些酷炫的肌肉男和超级英雄的影响，同时，营销人员和游戏制造商们也在不断把这样的信息灌输给他们。根据心理学家雷蒙德·乐博格的统计，在过去的一二十年间，视频游戏中的各种角色脂肪减少而肌肉增加，这为男性树立了一个无法实现的目标。他说，"实际上，只有1%~2%的人拥有那种体型，因此对男性身体的这种表现方式是不真实的。"

为了达到这种理想的标准，很多男孩求助于维生素和各种营养添加物，而更多的男孩开始了更频繁、更剧烈的锻炼。研究人员说，由于传统的构建男子气概的方式已经衰落，在文化方面展现男子气概就表现得更加重要。根据2012年的一项调查，超过1/3的中学生和高中生使用蛋白粉来增强肌肉，3%~12%的学生承认使

身体：运动与健康

用过类固醇，整天琢磨着该穿什么衣服的青年人是最容易受人鼓惑去追求"完美"男性体格的人。

曾经，三位儿科医生共同提出"阿朵尼斯情结"（Adonis complex）这个术语，用来描述男性的身体形象问题。它起源于古希腊神话，里面讲述了一个半人半神的拥有世界上最完美男性气概的人。这个词本身暗含着男性新标准无法实现的意思，同时还表达了男孩们对自己无法达到这个标准而产生的复杂情感，另外其中还有一些可参考的细节，包括为了追求完美需要强制性锻炼、补充食物和使用类固醇。

影响男孩的问题不只是想要增加肌肉，同时还想要减少脂肪，看色情片也使得"阴茎羞愧"（penis shame）达到了新高度。伦敦国王学院研究人员做过一项调查，他们设计了一份有10个问题的问卷，测试的内容包括：男性是否害怕孤独，是否害怕由于阴茎短小而被人拒绝，是否害怕别人嘲笑自己，是否对自己在男性和女性面前裸体而感到担心。研究发现，30%的受访者对自己的生殖器感到不满，被认定为同性恋或者双性恋的男性要比异性恋者更可能担心自己阴茎的大小。

吸毒和饮酒

根据一项有关吸毒和健康问题的全国调查，男性青少年吸毒的概率要高于女性。男孩饮酒的概率要高于任何群体。2013年的一个报告说，40%的高中男生承认上个月喝过酒，其中25%喝过5次以上。此外，25%的男孩在上个月吸食过大麻，10%的男孩还吸食过致幻剂，许多男孩在13岁前就开始喝酒或者吸毒，近25%的男孩喝酒和10%的男孩吸食大麻的年龄早于13岁。

很多理论可以解释两性在饮酒和吸毒方面的差异，其中包括男性受荷尔蒙的影响更愿意冒险，男性前脑中负责行为的区域发育比女性更为缓慢，体育明星、娱乐偶像和其他重要的男性人物对男孩所产生的引导作用，但是酒类公司的广告肯定起了某种作用。酒类公司还创造了这样一种男性形象：轻松、悠闲、浪漫、有性魅力，这些都影响了男孩的观念和理想。美国儿科学会研究了七年级到十年级的4000名学生，他们发现，男孩的饮酒量明显多于女孩，受酒类的负面影响也更大，各种迹象表明，他们之所以饮酒是受到了酒类公司公告的影响。那些承认自己喜欢饮酒的少年以后更可能喝酒，并产生更多由饮酒引起的严重问题。

2009年和2016年，有人发表了两篇评论文章说，他们发现了明确的证据，表明长期观看这些广告对青少年的饮酒行为产生了

身体：运动与健康

影响。最近还有更多的文章说："研究表明，那些从小就长期观看广告，了解广告，参与广告制作并接受广告营销的孩子，在调查前的30天里有过饮酒的行为，并且以后也很可能出现饮酒、纵酒行为。"

美国对酒类广告的投放和内容有各种合法的限制，但是在此情况下，有些学校仍然开设了教育课程，引导青年人如何去洞察媒体的招数，实践证明，这些课程对于青少年解读酒类广告的信息很有帮助。他们会问："这个广告实际在鼓励什么？""它的受益者是谁？""广告中有偏见吗？"这些问题有助于青少年去保护自己，使得那些想要操纵他们态度和行为的企图无法得逞。但是很多从事青少年工作的人们担心，这场战斗恐怕无法获胜。在全国减少和预防未成年人饮酒委员会的一份报告中，结尾处有这样一句引人深思的话："本委员会认为，只关注青少年本身，无法成功解决未成年人饮酒问题。如今，饮酒成了社会的一种标准化行为，在这样的环境影响下，青少年饮酒出现了扩大化的趋势。"

大麻合法化运动也对男孩吸毒产生了影响。研究表明，在成年人休闲用大麻合法化的华盛顿州，自大麻合法化后，随着人们对毒品危害性的认识降低，八到十年级学生吸食大麻的人数出现增加。与此相反，在同一时期，在休闲大麻不合法的几个州，

培养男孩

吸食大麻人数出现了下降。科罗拉多州的一家主张加强监管的组织——智慧科罗拉多（SMART Colorado）组织过一项全国性的调查，对12~17岁的青少年吸食大麻的现象做过评估，结果科罗拉多州排名第一。在这里，只有48%的受访学生认为吸食大麻有害。

我以前曾在一家青少年药品依赖治疗中心工作过，还曾经在几家学校开设过有效的预防课程，这些经历使得我和其他一些人一致认为，如果社会在这方面传达出的信息混乱，那么控制吸毒的努力就无法成功。这个结论意味着，那些关心男孩的成年人担子更重了，他们更需要帮助男孩们做出健康的决定。

我曾经在一家医院里，担任过治疗青少年吸毒和情感问题的项目部领导。男孩和女孩入住的原因各种各样。有些是由于他们的父母对他们不受控制的、不诚实的或者各种挑衅性行为再也无法忍受；有些是由于违反了纪律，学校把他们送到这里进行治疗；有些是少年法庭介绍过来的。让我印象最深的是某些少年们进来前后的巨大变化。刚进来时，个个桀骜不驯，不受管控，对成年人的权威完全不放在眼里，离开的时候，他们已经又一次有了年轻人的样子了。甚至他们的脸色都变了，变得更轻松、明亮、坦诚。在他们认识到自己无法改变和破坏规则，也无法打擦边球，并且发现了自己可以信赖成年人之后，事情就顺利多了。

本就是其中一个突出的孩子。本是个学生，家庭条件优越，

身体：运动与健康

有运动员的天赋，是学校摔跤队队长和高年级学生会主席。他存在严重的饮酒问题，花在饮酒狂欢上的时间越来越多。他的行为逐渐恶化，这引起了学校和社区的注意。虽然他的父母一开始把儿子的问题归因于小孩子的淘气，但是他的问题越来越严重，无奈之下父母和学校开始插手。经过专业的测试后发现，他的父母本身智力有缺陷，他们一家子整日就因为母亲的精神病和父亲的功能性酒精中毒而麻烦不断。本要照料自己的生活，他实际上陷入了深深的孤独，而他对此毫无感知。学校最终干预了，将他送进了我负责管理的治疗中心。

在治疗中心看来，饮酒上瘾就是一种病。所以，治疗人员首先测试了本对酒精的依赖度，接下来又教他摆脱酒瘾的方法。在个人和团体治疗中，他逐渐认识到自己逃避责任的严重性，而且，这种认知更多地来自他的自我努力。在小组教育活动中，我们给他讲述了一些令人毛骨悚然的故事，谈到了有些少年的人生就是由于酒瘾而被毁灭。他也给大家说了他家庭的不幸，并且说他在这个大家庭里找到了肯定会关心自己的人。在回家之前，他承诺会继续和赞助者保持联系，以后也不会再欺骗自己。

和很多男孩一样，本脑子里也有不断增强的权力感，他也力争自己参加聚会的权利。他以自己的父母、朋友为例，为自己行为的正当性辩解。但是他最后不得不承认，没有人关心自己，

培养男孩

生活会很可怕,而且也无法持续。当我把这件事说给父母、学校和其他青年服务机构的时候,我的观点是,在不受管控的情况下,酒瘾是男孩迷失自己的一种方式。与关心自己的人保持联系,就像是救命的指南针,可以在通往成年的艰难道路上为我们指明方向。

自我伤害

科罗拉多大学社会学教授帕特丽夏·阿德勒和丹佛大学的彼得·阿德勒合作出版的《温柔的伤口:自我伤害不为人知的世界背后》(The Tender Cut: Inside the Hidden World of Self-Injury)一书中,这对夫妻描述了"割伤、烧伤、烙伤和骨折"。他们的调查从性别的角度检视了自我伤害现象。在人们的传统认识中,自我伤害在女性中更为多见,然而由于很多自我伤害的男性不会去急诊,因此对自我伤害男性的计算存在遗漏。许多人认为男孩的自我伤害率在上升,按照阿德勒的观察,部分原因是"这种行为尤其具有传染性"。根据2016年英国国家卫生署(British National Health Service)提供的一份调查,按照急诊数据测算,男孩和青年男子的自我伤害行为目前处于4年来的最高值。

身体：运动与健康

一位青年倡导者说，"男孩们的确会自我伤害，但是数量不一定比女孩多。他们的做法是和别人打架、把自己置于危险的境地，或者让自己挨打。"在割伤和烧伤自己时，男性可能切得更深、烧得更重，而且不大会像女性那样遮遮掩掩。兄弟会的仪式中就包括烙伤和"歃血为盟"，这从侧面说明了，忍受疼痛就是身为男性的一个组成部分。

我见过很多青年男性，他们陷入了不安、愤怒和自我轻视的不良情绪中，但是又缺乏其他的宣泄方式，于是他们形成了自我伤害行为模式。安德烈斯就是其中之一。他是一个高中生，在他脱掉运动服的时候，他的教练注意到他胳膊上有一道伤口，因此教练把他叫到一边，问他伤口是怎么回事，安德烈斯承认是自我伤害，于是教练建议他来找我。当教练通知他的父母后，他无法说出自己这样做的原因，但是表示愿意接受他们的帮助。

我想办法让安德烈斯同意和我一起探究，是什么样的情感使他出现了自我伤害冲动，我认为，如果他不能明白这一点，他就不可能控制自己的自我伤害行为。为了控制这种自我伤害冲动，在他人帮他的同时，他自己也需要小心注意，这样才能使他重新体验并明白那种导致冲动的不良情绪从何而来。在取得他的同意并向他保证保守秘密的情况下，我要求他给我讲述一下他最近自我伤害时的情况，并要求他一定要把事前、事中和事后的感受讲清楚。结果发现，几年前的一场事故中，他失去了自己最好的朋友，自此之后，愤怒和内疚就萦绕在他的内心，而在自我伤害后，他有了一种放松感。当安德烈斯割伤自己的时候，他感到自己和朋友更近了，而且那种幸存者的内疚感也减轻了。当他明白了这其中的关联，并能够以更直接的方式表达出内心深处的悲伤时，这位少年体验到了彻底的放松，但是这一次，没有自我伤害。

自我伤害的极端形式就是自杀，是导致青少年死亡的三大主因之一。在美国，男孩自杀的可能性比女孩高4倍。在2017年，10~24岁的青少年中出现了4 600例自杀事件，平均每天12例。这其中81%是男性。在男孩向青年跨越的过程中，自杀的趋势越来越强。在10~14岁之间，男孩的自杀人数是女孩的2倍；在15~19岁之间，这个概率跃升到了4倍。除了自杀死亡之外，还有575 000例自杀未遂事件。根据美国儿科学会的数据，在同性恋者和双性恋者中，这个比率要更高，达到了30%。

不幸的是，我见过的很多男孩都以有自杀想法为乐，有些人甚至自杀未遂。丹尼斯就是这样一个男孩。他来我这里的原因是，他告诉自己的辅导员他有不可控制的自杀想法，他曾经周密设计过该怎么去做，但是最后他害怕了。在他紧张和无望的背后有许多不堪的往事：父母之间丑陋的、仍在进行中的离婚之战；

身体：运动与健康

母亲的崩溃；双方都想让他不受牵连，却又无能为力；中学时期由于肥胖遭受同学的欺辱；接近自己喜欢的女孩时的那种无力感。他今年马上要高中毕业，即将面对生活的挑战，但是他看不到有什么值得高兴的事情。

我当时的想法是，要帮助丹尼斯找到他的奋斗精神，在他的心里重新树立向上的信心。我以自己的经历为例，让他相信，即使他的父母矛盾不断，他也可以拥有属于自己的美好生活。我对他说，我会向他的父母提出建议，并要求他们无论发生什么事情，都会爱他，支持他。我向他保证，他值得我去帮助，并帮助他回想，自己也曾经是个优秀的孩子。

慢慢地，随着他对家庭生活的心结逐渐解开，与同龄人相处时的那种不安全感也渐渐消失，丹尼斯重新找回了自信。他很聪明，收到了好几所大学的录取通知。他选择了离家最远的一所，迫不及待地想要开始新的生活，但是他知道，无论父母的关系怎么样，他们都会站在他的身边。

关爱身体

在牺牲身体的健康受人称赞的情况下，我们该如何帮助男

培养男孩

孩们照料好自己呢？对男性来说，在拳击比赛中想要顾及自己身体的感受，在最大限度挖掘自己潜能的时候不要让自己太过疲惫或者受伤，这都是一些违背我们的文化观念的想法。这样的方法使得男孩们的父母担心，是否孩子会因此变得软弱呢？研究人员在研究了培养技能、耐受力和勇敢品质的过程后，得出了完全相反的结论。教练乔·埃尔曼说，了解自己感受的男孩们能更好地融入圈子里，并达到自己的最佳状态。"一帮兄弟们"在一起可以让他们明白每个成员都是整体的一个组成部分，大家要互相关心，谁也不要掉队。

如果青年男性能区分体育运动带来的负面影响和正面影响，那么他们就可以解开自己心头有关男子气概的心结。根据研究人员的调查，那些对身体疼痛置之不理、追求更高极限，或者带伤比赛的男孩，很可能内心认为，大家就希望他们这样做。在很多人看来，勇气就是不明智的自我牺牲。

而合理正确的观念应该是，人之所以为人，核心就在于身体。关心它的感受，为它的能力而兴奋，这样的方式会为我们的生活奠定坚实的基础。很多时候，男孩们会在运动中遭遇到自己技能和耐力方面的极限，这会帮他们建立一种关于成长的思维定式。他们学会了如何去适应自己的身体，然后再慢慢地扩展自己的极限。他们逐渐明白了，生活不是要通过抑制自己的缺点来掌

身体：运动与健康

控自己的身体，而是要发掘新的技能。

前橄榄球运动员、运动社会学家丹·萨博倡议大家要关心男孩的身体健康，他建议父母和其他人要给男孩传达反文化的观念："要做自己身体的伙伴。"他敦促教练和父母帮助男孩关心自己身体的疼痛，而不是以此为荣。在男孩们受伤的时候，赛场边上的他们有很多机会去施以援手。然而，很多时候，他们听到的是"忍住！""不要哭！"。

在学校里，旧的观念认为，优秀的男子汉就是要在训练时控制身体的疼痛和极限。然而，教练乔·埃尔曼和运动社会学家萨博却把品格培养放在了训练工作的核心。埃尔曼一开始就提醒男孩们要珍惜自己的队伍，要关爱队友。他的话提醒孩子们，在自己的身体达到极限的时候，要相信自己的本能。在他们关心自己的身体时，要奖励他们，而不是通过更严格的训练来压榨他们，或者要求他们去自我克制。

在男孩们身体疼痛时该怎么做呢？我向那些坚持传统男子气概的父母提个简单直接的建议：千万不要对他的抱怨置之不理，也不要让他自己去减少痛苦。相反，无论疼痛是否明显，父母们一定要表达关切。如果男孩们感觉不舒服，父母一定不要惊讶。男孩自己会因为需要他人的关心而感到羞愧，因为他们会认为自己软弱，自己的坚强受到了质疑。但是妈妈和爸爸要表达自己的

培养男孩

同情和支持,因为他受伤了,并要求他说出自己的感受,而且无论他说什么,父母都要有耐心。这样,男孩才会相信父母是真的关心自己的感受。同时父母的做法也向他表明,他不需要去独自默默忍受。

很多人认为,男孩的身体就是可以培养的获胜"工具",这种观念是对完整性的一种破坏。如果男孩们学会了视自己的身体为机器,那他们就不会努力去保持自己身体的完整。他们会认为,身体所承受的伤害都是可以忽略和轻视的现象,是合理的行为。一旦他们习惯了这种工具化和物化的方式,他们就不大可能对他人的痛苦感到同情,因此就可能对别人施加痛苦。

第八章
暴力、霸凌与脆弱

我14岁的时候,进了一个很大的城市男子高级中学,成了一名九年级的学生。很快我就发现自己力不从心了。经历了中学时光,和朋友在一起的生活变得越来越复杂。我们会花更多时间和朋友在一起,而远离自己的父母。舞会和聚会更加频繁,和很多同龄人在一起。我的一些朋友开始去当地的保龄球馆玩,那里有台球桌。年龄大一些的男孩开始吸烟,而且更加有街头经验。随着我们社会生活的扩展,我的有些朋友走路时开始大摇大摆,还表现出广播里的硬汉姿势,就仿佛空气中有什么东西一样。

上了高中以后,这些变化被放大了。突然有了帮派,放学后打架,在厕所里抽烟,吸毒,酗酒,还有一个等级明确的组织,由那些年龄大又刻薄的家伙管理。还新出现了一种乌合之众

培养男孩

现象,成群的男孩不约而同地围着两个男孩打闹,嘲笑,刺激他们。高中第一年,每当对代数课感到厌烦时,我和另一个同学就开始玩游戏。我们设计了一种"小鸡",在这个游戏中,我们穿着硬皮底的鞋子轮流踢对方的小腿,看对方敢不敢停下来或冒险前进一步。那一年,我们腿上都带着青一块紫一块的擦伤和结痂。星期一吃午饭时,我们餐桌上的人讲述了周末的一场群架,叫"院子"的一帮(这个帮派是以学校的院子命名的,因为他们通常在那里集合)对抗叫"第一州"的另一帮(这是我的家乡的一个保龄球馆的名字,在特拉华州的威尔明顿),其中一帮被坑了。

那年春天,因为每月一次的学校舞蹈活动,我们有机会出去了,大家都迫不及待地奔向汽车,开启了各自的短途旅行。这个时候,战斗的气息也随之激增,一群人冲向一个健身房的出口处。我从聚集的人群中瞥过去,能认出几个和我同桌吃过午饭的人。其中有个大一点的男孩,大家都说他疯了,他正在踢另一个倒在地上的男孩。结果,没想到躺在地上的那个男孩是我们班的,我只知道他的名字,他是个非常文静的人。那天晚上他在打架中死于头部外伤。

虽然那并不是我最后一次看到可怕的男性暴力,但那天晚上我对自己以及自己的脆弱有了一点了解。我其实并没有真正理解自己当时的感受,我让父母第二年把我转到另一所学校去。像其

暴力、霸凌与脆弱

他男孩一样,我开始想象,如果我发现自己身处暴力环境中时,比如像发生在我周围的那些事情一样时,我能做什么。我很确定我要减少可能处于那种境地的概率。

此后的岁月模糊了我对那段狗咬狗的青春时光的记忆。在新学校,直接的威胁减少了,但是年轻人惹是生非的余音并没有消除。我有可能会目睹更多的争斗,并且自己也时不时遇到烦扰。进入成年期后,这一切都隐退在了我模糊的记忆中,而且我发现与童年时期的暴力保持距离也不难。但是,就像不安全的冒险和糟糕的健康选择决定了男孩和他们身体之间的关系一样,使用暴力和遭受暴力对男孩的朋辈关系来说,同样是不可或缺的。

男孩作为暴力受害者和施暴者所受的影响是不成正比的。2011年,美国新罕布什尔大学的一个研究小组做了一项调查,叫作"美国儿童受暴力影响调查"。在17岁的年纪,10个年轻人中有7个经历过霸凌,大多是被其他同龄人给欺负的。60%以上的被调查者在前一年曾受过伤害。超过半数的人表示经历过多次暴力,15%的人表示经历过6次或6次以上。总体来说,男孩受到攻击的概率更高(男孩受攻击的比例为45%,相比之下女孩子为37%),报告还指出,因暴力而遭受伤害的比例更高。男孩受身体恐吓的比率(17岁之前为1/4)和相关的攻击比率(过去一年受攻击的比例为1/3,17岁时受攻击的比例为1/2)表明暴力在他们的

培养男孩

生活中是无处不在的。

在过去的一年中，男孩比女孩更容易发生肢体冲突。马里兰州贝塞斯达的非营利研究中心——儿童动向（Child Trends）在2017年的一项研究中发现，在14~18岁的男孩中，有28%的人承认在过去的一年中，至少有过一次打架的经历。这个数字在不同范围内浮动，白人和西班牙裔青少年占27%，黑人青少年占39%。在家里，男孩成为暴力受害者的可能性也更大。

2014年，在10~24岁的凶杀案受害者中，86%是男性。蓄意杀害已成为非洲裔美国青年死亡的主要原因。在全球范围内，每年有40万人被杀，80%的受害者是男性，而且杀害他们的凶手97%是男性。加里·巴克是研究儿童和青少年发展的心理学博士，同时也是Promundo-US研究机构的负责人，他对这种巨大的性别差异做了这样的解释："把男孩或男人变成杀人凶手需要经历巨大的变故，比如，极度的创伤、羞辱、社交孤立、高强度的说教等，它们在一定程度上几乎总会把一个人变成杀人凶手。"

加拿大活动家兼学者迈克尔·考夫曼认为，三种类型的男性暴力是相辅相成的：对女性的暴力，对其他男性的暴力，对自己的暴力。这三位一体反映了一种男性社会化模式，这种模式以高度主导和控制为特点，内化为男性与世界、与他人、与自己建立联系的模板。男孩在内化这个模式的过程中，努力去支配和控制

暴力、霸凌与脆弱

他人。考夫曼认为，当这些规则，一系列相互作用的模式，成为男孩自身的一部分时，男孩对其了解并没有多少。当男孩屈服于这一现实后，他们的真实情感会受到压抑，要想试图摆脱，不断升级的压力就会通过暴力找到宣泄口。

2018年，Promundo-US研究机构发布了一个报告，报告主题是男子气概和暴力之间的关系。作者指出，尽管投入了大量的努力和资源来阻止暴力，但是"在这些暴力预防的不同领域中，关于男子气概的讨论相对有限"。为了扩展对话，他们确定了更有可能引起男性暴力的一般文化过程，比如限制男孩的情感范围，规范他们如何互相监督，并期待他们证明自身的男子气概。然后对8种暴力形式进行了审查，首先展示了在这些暴力形式中男女比例失衡的情况，男性占多数，然后找到童年主导性准则和这些暴力形式之间的显性联系。这8种暴力形式是：

- 对亲密伴侣使用暴力；
- 对孩子家暴体罚；
- 对孩子性虐待；
- 霸凌；
- 谋杀和暴力犯罪；

培养男孩

- 非伴侣型性暴力；
- 自杀；
- 打架冲突。

几年前，作家米里亚姆·米兹安采访了130多位来自心理学、社会学、人类学、政治理论、生物学、法律、公共行政和传播学等不同领域的专家，对暴力的根源进行了全面探究。她的研究也指向了传统的男子气概社会化问题："许多关于男性神秘感的观点，比如坚韧、支配欲、压抑同理心、极端的竞争欲，都对犯罪和家庭暴力有重要影响。"

1994年，美国心理学会成立了暴力与青少年委员会，"尝试运用心理学的专业知识来解决不断出现的暴力问题，因为越来越多的年轻人成为人际暴力的受害者、目击者，或实施者。"其中最发人深省的一个发现是，暴力模式一旦在童年时期建立起来，就会一直延续到成年。报告的作者写道："一个人相对于同龄人，他的攻击性随着时间的推移会表现出显著的连续性和可预见性。"事实上，研究人员得出的结论是，攻击性模式随着年龄的增长会变得越来越固定。

除了对儿童时期习得的暴力模式感到担忧外，研究还表明，在男孩中很普遍的类似"玩打仗"的游戏可能会助长男孩的暴力

暴力、霸凌与脆弱

行为。波士顿惠洛克学院的儿童早期教育工作者黛安·莱文对正在经历较多男性暴力的学校做了研究，给出这样的结论，打架行为的增加和1984年联邦通信委员会（FCC）放宽了对广告的限制有关。随着这一政策的变化，围绕特殊产品展开的广告如洪水般涌来，将男孩定为目标消费群体，还配有一些促销的暴力图片，比如《特种部队》（G.I. Joe）[①]。

研究人员试图找出20世纪最后十几年暴力流行的原因，斯坦福大学的心理学家阿尔伯特·班杜拉对一些流行观点，比如"超级捕食者"，或者"坏蛋"，采取了强硬的反对态度，认为"人并不是生来就有攻击性的。这些行为都是后天习得的"。根据他的社会习得模型，男孩会变得有暴力倾向可能是因为看到了他人的暴力行为，自己经历了暴力，或者在家里、社区里或学校里找不到健康的自我约束的榜样。研究人员找出了导致暴力的三种典型途径：（1）外显的途径，这种途径可以追踪到8~12岁之间连续的一系列攻击，从12岁开始打架到14岁，最终会导致严重的暴力行为；（2）早期权威冲突路径，这种路径以公开对抗和固执为主；（3）隐蔽途径，这种途径包含了更多的违法犯罪行为。

随后的研究表明，哪怕只是目睹暴力行为也会对年轻人的心

---

① G.I. Joe是一种人偶玩具，也叫《特种部队》，有不同的尺寸，出过很多国家兵种的玩具。

培养男孩

理产生影响。据2016年《儿童动向》（*Child Trends*）报告，"接触暴力的儿童"更有可能遭遇依恋问题，行为退化、焦虑、抑郁，并具有攻击性和品行问题。研究还发现，甚至连儿童无法直接看到的社区暴力也会对他们的大脑发育产生负面影响。

不幸的是，大规模枪击事件已经成为晚间新闻的常态。在1982年到2017年的这些暴力事件记录中，一个团队从《琼斯母亲》（*Mother Jones*）杂志上统计出了88例此类事件——除了3例，其余全是由男性犯下的。芝加哥洛约拉大学的心理学家詹姆斯·加巴里诺指出，尽管大多数父母有一个没有暴力倾向的儿子，但是他们的儿子"有自己的同龄人，这些同龄人易怒、悲伤，而且会有致命的暴力行为"。每个去上学的孩子身边都存在随时准备实施暴力行为的男孩。对少数族裔的男性来说尤其如此，凶杀是导致他们死亡的主要原因。

纽约大学精神病学家詹姆斯·吉利根的职业是与被监禁的男性打交道。他相信男性暴力源于一种潜在的感觉，即生活是无法忍受的。他认为，有暴力倾向的男人不是怪物，而是由于很难察觉出来的"自我死亡"以及他们失去共情连接，损害了他们的人性所导致的。当他第一次开展工作的时候，人们对暴力行为所持的典型解释让他感到震惊："因为他轻视我。"被尊重的需要驱使他们进行猛烈攻击。吉利根解释说："暴力行为的基本心理动

暴力、霸凌与脆弱

机或原因是想要逃避或消除羞耻感和羞辱感——这是一种痛苦的、甚至是无法忍受的、令人难以承受的感觉,并且用羞耻感的反面来代替它,即自豪感。"

社会学家以利亚·安德森对城市生活进行了研究,他的研究很有启发性,他发现,尊重是街头行为准则的核心。他写道:"人们普遍的感觉是,几乎不存在多少尊重,因此每个人都争抢着从可以利用的东西中获得他所能得到的肯定。"心理学家丹·金德伦和迈克尔·汤普森认为,男孩情感生活的不断缩小更有可能导致他们对人际关系问题做出暴力反应。在朋辈的影响下,男孩变得强硬,他们只允许表现"愤怒、侵略和情感回避",而被迫压抑柔软的一面。

我最近在聆听一个年轻人的愤怒和感受,他叫彼得。因为他发现他的一个好朋友在他和前女友分手后就和她勾搭上了,所以感到很受伤,感觉被背叛,被愚弄。当他跟我讲述这件事情时,他的脸涨得通红,肌肉紧绷,恶狠狠的话脱口而出。因为他希望那天晚上能在学校聚会上看到他那个好朋友,我问他想做什么,他说想揍那个人一顿。在吉利根看来,暴力是一种为了从伤害中恢复过来所作的努力,尽管这有点反常,但是是可以理解的,这是一种通过羞辱伤害他们的人而从伤害中恢复过来的方式。他写道:"羞辱他人的最有力方式就是暴力。"这种对伤害和羞辱的反应在男性和女性身上普遍存在，所不同的是，男性由于自身经历的缘故，他们所能想象出来的暴力程度是不同于女性的，比如彼得。

街头生活

20世纪后半叶，美国大城市的人民生活明显恶化。对于这些城市的孩子，尤其是生活在资源相对匮乏的社区的孩子来说，这种情况尤为严重，这意味着他们接触社区暴力的概率增大了。正如以利亚·安德森写道："在所有困扰贫民区黑人社区的问题当中，没有比人际关系和侵略更加紧迫的了。这种现象每天都在对社区居民的生活造成严重的破坏……仅是生活在这样的环境中，年轻人就特别容易成为攻击行为的受害者。"正是由于担心孩子们接触暴力可能产生的影响，医生社会责任组织费城分会（Philadelphia chapter of the organization Physicians for Social Responsibility）为青少年男孩制定了一项计划。他们对目标社区进行了需求评估研究，发现74%的青少年目睹过暴力行为，48%的人直接受到过某种形式的暴力伤害；81%的人知道某个人曾被枪支暴力伤害；75%的人知道有人被其他形式的暴力伤害过。

暴力、霸凌与脆弱

我们团队特别关注这些压力对成长中的男孩的自我意识产生的影响。我们从较新的创伤压力研究领域了解到，固有的、原始的情绪状态——战斗、逃跑、僵住会被这样的压力唤醒。当强烈的恐惧危及认知时，就会损害个体处理经历的能力，个体可能会面对自己无法应对的反应。

我们设计的干预是为了给年轻的男孩提供机会来恢复他们对自己和对世界的信心。课程强调为连接、关系、情感表达——特别是对暴力经历的表达——提供积极的机会，并用新的朋辈群体规范来代替旧有的街头规则。团队对一个男孩个人表达的支持是该项目治疗工作的核心，因为从创伤经历中恢复过来不仅需要说出故事，还需要自我肯定。

在我们为这个项目所做的研究中，打架和威胁是突出的主题。正如14岁的德鲁所说的那样，他可能会"尽量远离那些喜欢打架的人"，但事实是"你绝不会逃避，比如，你可以试着避免一场打架，但其实在生活中你会参与打架，你必须为自己而战，这样你才知道如何去维护自己"。我们采访的每个男孩都能讲出很多故事来支持这个观点。

以洛伦佐为例：

> 一天，我们从学校步行回家；两个男孩在打架。我们都嘲

培养男孩

笑那个被打了一顿的孩子。他指着我说:"如果你有话要说,就当着我的面说。"我说:"从我面前消失,因为我不想和你打架。"他挥拳头过来,但是没打中,于是我们就打起来了。

暴力预防项目认为减少打架是一个衡量成功的标准。但现实情况更复杂。男孩解释说,有时他们打架只是为了维护一点点安全感和个人尊严。打架的动机和目的多种多样,从单纯的兴奋、争夺支配地位、为了确保安全而采取的预防性强硬措施,到纯粹的卑鄙和伤害。史密斯学院的副教授安·阿奈特·弗格森在对一所城市学校的观察中总结道:"打架是男性权力的象征。参与这个仪式的男孩或男人并不是离经叛道,他们的行为也不是反社会,而是一种深刻的规范,一种彻底社会化的表现。"

然而,尽管存在打架的压力,但我们发现很多男孩还是会竭力避免打架。比如雅各布,他的家庭生活的中心是他那做牧师的父亲在社区中的地位,似乎下决心要以他父亲为榜样:"比如,有些人很坏,我就不跟他们玩。"然而,同辈暴力几乎是不可避免的。他描述了他在往返学校的途中会遇到的一群男孩:

雅各布:他们经常骂人,还朝人扔石头人。

迈克尔:曾有人向你扔过石头吗?

暴力、霸凌与脆弱

> 雅各布：有。他们没打到我；他们瞄得不准……我尽量远离他们；比如，当我看到他们在巷子里时，我就会走另一个方向。

雅各布试图"走另一个方向"，加尔文"只有在必要的时候才会打架"，米格尔似乎奇迹般地"避免打架"，也许这些都是出于一个特别明确的动机："当我长大了的时候，我讨厌受伤。不知道为什么，就是随着年龄的增长……有很多事情我害怕去做，因为我想要安全，我不想要受伤之类的东西。这差不多就是我现在的状态了。"

我们从男孩身上学到的是，打架是情境性的充满矛盾的需求和压力。胡安试图把自己定位为"一个不喜欢打架的人"。但实际上并不完全如此：

> 基本上，我不会去惹麻烦，除非你把我逼急了。如果你把我逼到一个除了针对你，没有其他选择的田地，那我就会去做的。向我走来的是五年级一直欺负我的一个同学……我一拳把他打倒在地，然后我继续打，老师们试图把我拉开，我把老师从身边推开，再次扑向那个男孩……他在流血，他的眉毛破了，鼻子在流血，嘴也在流血。

培养男孩

在男孩身上可以发现更严重的暴力反应,因为他们没有更多的选择,并且反应灵活性也不够。比如像特伦斯这样的男孩,他说自己12岁的时候就打过大概75次架了,而且他说的这个故事还涉及一件武器:

> 一个男孩向我走来……我不喜欢那个男孩,但我在意我自己的事。然后他边走边说,"你知道你在说什么吗?"我说,"从我面前消失。"于是他推了我一把……他拿刀对着我,然后我说,"我们没完。"我当时想,"我知道他有一把刀,所以我也要去拿一把菜刀……"如果他把刀拔出来刺在我身上,我也会挥刀……砍他。

布莱恩是我们采访过的最喜欢街头打架的年轻人。他讲了他为了女孩子而打架的故事,还有他参与帮派斗争、夜间贩毒、校园骚乱的事。我们问他是否有人向他开过枪,他回答说:"没有,但有个人拿枪指着我。"当被问及他自己是否用过枪时,他说没有,但他解释说,他"总是会随身携带一把刀"。

> 迈克尔:你现在为什么要带刀?
>
> 布莱恩:只是以防我被吓到,或发生其他事。
>
> 迈克尔:你用刀做过什么?

暴力、霸凌与脆弱

> 布莱恩：嗯，我拿它对着别人。比如……我不喜欢打架，哥们儿，因为当我打架的时候，我就会迷上打架，我知道如果我失败了，我就会继续打……这就是我为什么不喜欢打架的原因……所以哥们，我其实，不想打架，但是如果他们逼近，我就会把刀拔出来，他们就不会再纠缠我。

从这些话中，我们可以知道，虽然生活在暴力环境中的男孩通常害怕战斗，但是他们确实学会了在必要时通过暴力来避开威胁。所有的男孩，不管是温和还是强硬，不管是那些承认自己"软弱"的还是拿刀吓退攻击者的人，都从他们可以得到的资源中获取赖以生存的东西。来自宾夕法尼亚大学的研究团队研究了暴力对城市青年成长的影响，发现暴力"不仅仅是生活在高危环境中的年轻人身份形成过程中正常的一部分，而且是心理生存的必要条件。"心理学家霍华德·史蒂文森也来自宾夕法尼亚大学，他说，在公众面前摆出一副虚张声势的样子是当人感觉"极度脆弱"时的自然反应。

我们的项目让我们对男孩面对长期性暴力时的反应有了更细致、更具体、更敏锐的理解。特别是，我们理解了他们如何依附那些爱他们和接受他们的人。正是这些连接帮助他们找到了目标，超越了街头法则。

最大的和最坏的问题

霸凌在男孩的生活中占有特殊的地位。霸凌被定义为故意的骚扰、虐待和暴力，霸凌的形式可能包括电子、书面、口头或肢体接触。总的来说，2~17岁的儿童中有13%经历过霸凌。在2013—2014学年，有36%的人受到过嘲笑或情感上的欺负。男孩被欺负的次数通常是女孩子的2倍，而且男孩所受的霸凌有一个更明显的特点就是针对身体。

学校是霸凌发生的主要场所。根据一个领先的健康政策组织——凯撒家庭基金会（Kaiser Family Foundation）的一项研究，在12~18岁被霸凌的人当中，有80%的人说他们是在学校里被人欺负的。据报道，近1/10的学生上一年在校园里打架斗殴，适者生存的风气会影响校园文化。体型更壮大、性格更刻薄、更好斗的男孩在打架斗殴事件中占主导地位。

有关被欺负的影响的研究发现，有6%的学生们有一天或几天不上学的经历，因为他们觉得不安全。学生们学会了在学校避开一些没有监督的地方，比如更衣室，或者避开某些活动，比如换教室。被欺负的男孩自尊心会受挫，朋友也少了，并被看作是软弱或不合群的。外界对男孩的羞辱通常带有反同性恋诽谤。被欺负最常见的回应就是打架。除了霸凌可能造成的伤害及其后续的

暴力、霸凌与脆弱

影响之外,被霸凌者更容易出现心身疾病、抑郁、焦虑、睡眠障碍,以及越来越多的学业上的问题。

两位英国教师乔纳森·索尔兹伯里和大卫·杰克逊,在他们的书《挑战男子气概:和青春期男孩相处的实用方法》(*Challenging Macho Values: Practical Ways of Working with Adolescent Boys*)中描述了高中学校文化:许多学生在学校、俱乐部和大学的日常生活中都在经历暴力。课间休息时的走廊、教室、厕所、自行车车棚后面,所有这些地方都可能是潜藏着威胁和恐吓的地方。在他们看来,校园霸凌代表了"男孩想要更有男子气概而做的折腾和努力"。索尔兹伯里和杰克逊补充道:"在男孩的生活中,力量和脆弱之间是有联系的,关系到他们如何努力用自己的方式来抵抗他们对焦虑、依赖和自身弱点的恐惧。"

不幸的是,霸凌会导致长期问题,比如违法犯罪、人际关系问题和就业问题,以及滥用毒品问题。从受害者的角度来说,受到威胁时如果不反击通常会让男孩面临更大的风险。研究人员还发现,哪里存在恃强凌弱的文化,达尔文规则就适用于哪里:如果一个男孩看起来很弱,那么别的男孩就会试图欺负他。如果一个男孩表现得很强壮,他就可能是安全的。

培养男孩

如何应对男孩的暴力行为

男孩在少年时代是浸入在暴力环境中的。不管是以打架和霸凌这样明显的形式,还是更隐蔽的幕后霸凌,威胁和武力是一直存在的。几乎每一次男孩之间的互动背后都隐藏着一种真实的可能性,那就是他可能会被认为不在"男性行为框架"之内,或者不属于某个团体或俱乐部;或者被认为违反了公认的男性行为准则;并且成为霸凌目标的风险也会增大。最终,潜在的羞耻、威胁、监控和暴力会不知不觉间成为男孩生活的一部分。他们是如何看待自己的,什么是可以接受并有价值的,什么是不能接受的,这些都来自他们童年的经历。一个害怕因为脱离男性群体而被羞辱的男孩很快就会因为同样的原因去监督其他的男孩。

面对持续不断的男性暴力和恐吓,公开的敌意、侵略和伤害等行为代表着怒气的突然爆发,是在持续的小火慢炖中沸腾的。纽约城市大学的社会科学家布莱特·斯托特对一所高中的男生进行了深入研究。他发现,面对长期羞辱的大多数年轻人不得不屈从于被人评判,并发现自己总是有所欠缺,最后逆来顺受,屈从于社会等级的存在,而不受限制的竞争和公开的威胁又强化了社会等级。他总结道:"学校里每天都会发生正常形式的男性暴力,这成了一种连续统一体,而暴力可以被认为是这个连续统一体最明显和不常见的终结。"

反暴力项目的目标通常是帮助特定的高危人群。但是，只要童年时期每天都有关于谁"进"谁"出"的监督管制，暴力就不可避免地会在某个地方爆发，以某种方式感染几乎所有人。比如研究人员斯托特发现，任何一个中学生的父母都能切身了解：更极端的暴力行为爆发的背后潜伏的是每个男孩在童年时承受的无数伤口。正如Promundo-US研究机构的报告所指出的那样，"男性规范导致了男生或男人有可能遭受暴力或实施暴力"。

好消息是，大多数男孩长大后不再有暴力倾向或反社会倾向。尽管男孩的侵略行为很普遍，但是一项积极的研究发现，只有35%的男孩一年前曾参与侵略攻击，对大多数男孩来说，参与侵略攻击的频率则越来越小。但坏消息是，对一些人来说，侵略行为并不会减少。有一小部分人，大约5%几乎都是男性，他们和一半的严重暴力行为有关。

社区和政府要应对男性暴力激增，有帮助的做法是把这种情形看成一种公共卫生流行病。情形是如此严重，以至于有人要提出一种医疗模式。这一模式包含三个级别：一级、二级和三级。

社区、学校和家庭：一级预防

2016年，美国疾病预防和控制中心发布了一份《预防青少年暴力行为和相关危险行为的全面技术方案》（*A Comprehensive Technical Package for the Prevention of Youth Violence and Associated Risk Behaviors*）。这个方案认为暴力行为和长期处于压力状态有关系。简报推荐了一种解决这一问题的方法，既有危险因素，也有保护因素。有许多项目想把男孩从街上拉下来，尤其是在放学后社区暴力多发的关键时间。在教堂、社区非营利组织以及全国性的组织中都有这样的项目，比如童子军和美国男孩女孩俱乐部（Boy Scouts and Boys & Girls Clubs of America）。虽然他们提供活动、指导、技能训练、教育提升和参与，但它们的要旨是健康的关系。正如疾控中心所报道的："除父母和看护人之外的成年人的关爱关系会影响年轻人的行为选择，减少他们参与犯罪和暴力的风险。"

社会情感技能学习计划因其在一级暴力预防中的价值而在学校大受欢迎。培养自我管理和人际关系管理技能、培养自尊、社会问题解决能力、自信、情感素养等都能减少反社会行为。人们相信，培养人际交往能力，可以防止男孩在沮丧或者陷入冲突时采取激进的举动。有一个这样的项目"尊重的养成"，报告说该

暴力、霸凌与脆弱

项目实施的第二年受欺负和受害的人数减少了30%。

通常健康的课堂规范不太可能使男孩觉得他能不受约束地摆脱另一个男孩。学校范围内的朋辈调解项目和冲突解决项目也引导男孩将紧张和侵略行为转化成日常的语言交流，帮助男孩建立更好的朋辈关系。还有一些年轻人，他们动用恐吓和暴力已成为习惯，已经超出了这些技能培养项目的范围。因为他们深深陷入了朋辈群体的另一种奖励体系中，所以他们受到社会行为规范的影响很小。对这些男孩来说，设定严格的行为界限，并清楚地传达违规的期望和后果是很重要的：这是一剂现实的强心针。强有力的反暴力和霸凌政策与技能养成项目相结合会更有助于促进积极的规范，防止随机的自发暴力行为。

我曾经工作过的一所学校有很久远的朋辈霸凌传统。这是学校文化的一部分，年轻一代的学生一直忍受着。学校的"老鼠"制度被视为是大男孩的一种额外待遇，也是"新进男孩"通行的一项必要仪式。这个体系赋予男孩权力，让他们能互相传授有关男子气概的重要经验，包括尊重这个体系的等级制度以及忍受严酷的待遇。然而，学校最后意识到这种朋辈虐待的传统有损学校声誉。父母们开始投反对票，而且录取率和保留率都下降了。学校想要更好地了解问题的严重程度并找到解决办法。最终，行政人员禁止了所有的霸凌行为，并且设置了更严重的后果强化了这

培养男孩

一政策。他们在意的是业务,然而,要结束男孩对男孩的骚扰需要多年不断的强化。新来的学生希望有支配小男孩的权利,这是他们珍视的"传统"。

反霸凌项目也在学校展开,因为学校是霸凌发生的主要场所。但是针对这一问题,有些解决方法明显比其他方法更好用。在2013年的研究总结中,研究组织儿童动向提供了三种应对霸凌的方法。首先,有针对父母的项目,指导父母们如何以最好的方式与他们的孩子讨论霸凌。这些项目都获得了广泛的成功。第二,整个学校层面的做法,包括培训员工如何将该计划的核心信息融入全年的课堂和课程,这些也都进展得很顺利。将父母和学校项目相结合起到了彼此强化的作用。第三,社会情感技能学习计划,包括针对特定技能的计划,比如如何培养同理心和如何做决策,这一方面显示出的结果不那么明确。除非将男性行为规范内置于学校文化并且给予重视,否则,赋予男孩更好的社会与情绪技能不太可能产生大范围改变。

当学校工作人员向霸凌行为发起挑战时,哪怕霸凌行为会持续,也会向男孩传递一个关于道德安全的重要信息。当老师或学校管理人员以实际的执行力支持某个政策时,男孩会觉得他们是被关注着的。最有效的反霸凌干预措施开始的起点是对混杂信息和对朋辈霸凌粗心大意的容忍进行全面的文化审查。当学校能够

暴力、霸凌与脆弱

有效地控制校园霸凌时，就会成为道德责任恶化的社区中的一片绿洲。

另一个霸凌行为频发的场所是夏令营。儿童治疗师鲍勃·迪特在美国宿营协会（American Camp Association）的一本在线期刊——《营地》（Camps）中为宿营管理者和顾问提出了一个三管齐下的方法。对于受害者来说，他推荐通过有积极朋辈经历的社交项目，帮男孩更有效地维护自己，并帮助他们更好地理解和回应社交暗示。对于实施霸凌的人来说，这个策略是对进一步的言语或身体虐待的一种严格限制，因为它引导霸凌者把负面情绪转移到更有建设性的方向去。最后，从社区层面来说，旁观者主动接触受害者，并欢迎他们从与周围人失去连接的状态中走出来，这是非常重要的。

然而，无论社区、团体和学校做什么，他们都不太可能完全克服男孩在家里习得的模式，特别是如果他们继续受到家庭暴力、受到忽视或者夸张的男子气概的影响。据疾病防控中心的研究人员介绍，"不稳定，压力大，缺少规矩和监督，人际关系差，家庭成员之间沟通不畅，用严厉的纪律约束孩子或者约束不够，都是导致青少年暴力行为的原因。"帮助父母满足自己儿子的连接需求，是一个重要的暴力预防策略，特别是当父母引导和管教孩子时。

培养男孩

我从父母那里听到的一个普遍担忧是,他们的儿子对弟弟或妹妹很不友善。鉴于一个男孩的自我概念是会受他对别人的虐待的影响的,所以当父母看到一个男孩对弟弟妹妹不友善时,就应该干预。孩子之间的霸凌和不友善行为可能代表着他们在争夺稀缺资源、关心和照料。当一个男孩超越了"大哥哥"的文化规范,即对弟弟妹妹有所提防时,其实是在告诉我们,有事情让他难以承受了。

在一次朋辈咨询领导会议上,德肖恩谈到他和弟弟的关系。他说弟弟是他生命中最重要的人,他对照料和引导弟弟有独特的兴趣。他说话的时候眼睛湿润了,我可以看到他眼里的承诺很深,并意识到德肖恩从他们的关系中所收获的和他弟弟一样多。他每天都能感觉到自己改变了很多。

但在另一个家庭,大卫和他母亲不融洽的关系让他感觉到被排斥、愤怒、绝望和慌乱。大卫说服自己,妹妹是"愚蠢的""烦人的",以此来合理化他把憋在心里的怨恨发泄在妹妹身上的行为。他妹妹只是单纯地爱他,渴望哥哥回报她的爱,但大卫却时而感觉像个受害者,时而又像个强大的压迫者。但刻薄地对待妹妹并没有使他对自己的感觉好转一些。更重要的是,这并没有解决他和母亲之间的关系问题,还危及了妹妹在家中的安全。当我说我了解他对自己的没耐心和残忍有多么失望的时候,他承认也为自己感到羞耻。

给处于危险中的男孩的建议：二级干预

二级干预是针对表现出侵略性、行为不当和暴力的早期症状的男孩。这些年轻人大多数都有遭受长期侵略的危险，除非采取针对性的行动来打断并改变他们的成长轨迹。二级干预的优势在于它们是有效的，是针对需要帮助的群体量身定制的，而且往往有效果。例如，青少年注意力转移计划，在青少年司法系统中识别早期青少年罪犯，并把他们分配到辅导小组和咨询项目中去。在学校，更多的教育项目聚焦于道德推理、冲突和愤怒管理等技能。在第二阶段，项目可以根据需要针对个人和团体展开。一个以学校为研究对象的案例针对一组七年级学生进行了细致的行为监控，强调对恰当的行为给予正面反馈，学生的表现根据以前的纪律记录来确定。接受治疗组表现出了积极且持久的变化，即使是在五年以后。

但多年来，一些干预模式最后被证明是无效的。例如，在青少年注意力转移领域，许多项目设计都无法引导男孩离开他们已经踏上的犯罪道路。据研究人员介绍，这类项目的失败更多是

培养男孩

由于设计草率以及目标和方法含混不清,而不是由于理论上尖锐的、有针对性的干预措施所导致的。一项有趣的研究将接受研究的男孩分成了6个不同的治疗组,其中包括2个没有实际干预的小组。在接受治疗的组里,男孩的反应明显好于那些没有得到任何帮助的组里的男孩,而且每一种不同的治疗模式在参与者的态度和行为上都产生了积极的影响。对走上错误道路的男孩给予特别的关注和支持,特别是通过加强他们的自我调节和人际交往能力,会产生不同的效果。

对被诊断为问题孩子的男孩采取以家庭为基础的干预措施,是很流行的一种做法。协助父母采取有效的管理,提供适当的情感支持,并创造有安全保障的日常生活方式,这从根源上触及了导致男孩犯错误的不良人际关系模式。一些青少年的侵略性和伤害性行为在很早以前就形成了,是在他们上学之前,与父母不健康的互动导致的。尽管每代人都发誓不要再重复他们父母的错误,但在家庭文化中,养育孩子和管教孩子的做法依然存在,可能需要外界的干预。关于男孩需要什么以及他们应该怎么做的观念一直一代代传承着,而不管它们是否有道理。

美国心理学会暴力与青少年委员关于二级干预做出这样的总结:"因为暴力行为背后的认知模式似乎是在童年早期习得的,是习惯性的,然而,直接干预和改变这些认知模式的治疗方案是可以对暴力行为产生相对持久的影响的。"

治疗有攻击性的暴力男孩：三级干预

三级干预是指治疗，通常是一对一的。当时我在特拉华州家事法庭的判决前调查部工作，替那些已经被发现有违法行为的男孩向法官提出建议，我们评估男孩是否会改变他们的人生方向。和孩子们讨论他们是如何走到目前这一步的，以及他们对前进方向有什么感想，给予他们足够的倾听，对他们的解释给予温和的反馈。如果男孩表现出愿意改变的迹象，法官可以对其行驶量刑自由裁定，这取决于这些男孩是否全心全意地参与开庭。

针对男孩不良行为的早期干预项目和针对深陷困境的人的方法并没有清晰的区别。通常评价者的判断决定了男孩被分到哪一类，但这很大程度上取决于对错误行为的看法。例如，在我职业生涯的早期，费城一所天主教学校的一位五年级老师要求见我一面，讨论她班上的一个男孩。放学后我去了她的教室，坐在她的课桌旁，她开始向我描述那个男孩。

我意识到，要想理解为什么老师的注意力会指向某个特定的孩子，我需要了解是什么行为扰乱了老师，并从其他孩子的行为

培养男孩

中脱颖而出。正如这位老师所描述的那样，显然她很喜欢皮特，她开始哭了起来。我问她有什么烦心事，她回答说，她看到这个充满活力、有领导能力的男孩开始朝着危险的方向迈进。最后她说："我不想让他成为一个醉生梦死的人"。她提到她成长的中产阶级社区，她在那里长大，看到街坊邻里很多家庭以及朋友在酗酒、暴力和大男子主义中迷失。

她对皮特的看法是对的，他就是被街坊邻里的规范推到街头，加入了大男孩的帮派。接受了这位老师的说法后，我觉得自己的角色就是努力去建立一种平衡，以抵挡街头的诱惑——在这种平衡中，我可以证实皮特对自己身份的感觉，并影响他在多大程度上诚实面对自己目前选择的缺点。皮特被来自同龄人的奖励所吸引：受欢迎、兴奋、归属感、乐趣、冒险。然而，随着我们工作的开展，我能够帮助他思考这一切的走向，以及这是不是与他的个人抱负相符。我的计划是强化他的人生梦想，这样他就可以正确看待当下的诱惑。

芝加哥洛约拉大学的心理学家詹姆斯·加巴里诺在研究了有过暴力行为的年轻男性后，将他们描述为"迷失的男孩"，他们已经脱离了自己的同理心连接。为了恢复他们的情感，加巴里诺建议在他们的生活找到"锚"："这些价值观和关系……保护他们不受社会的毒害，不受消极朋辈群体的影响，不受大众媒体

暴力、霸凌与脆弱

暴力和我们文化的极端物质主义的影响。"其他的"锚"还包括"无条件地致力于满足孩子成长需求的成年人"。

一个表现出暴力的男孩已经从正念状态转为反应性状态。他的内心充满了感情，这使他易勃然大怒。男孩用一连串的合理解释来为愤怒的行为辩护，他觉得自己与他人的人性脱离是正当的。但一个男孩的"锚"越坚定，他与那些不认同他理性的人的观点联系得就越紧密，他就越不愿意猛烈抨击。当男孩将伤害他人或以自我为中心的行为合理化时，男孩的父母以及和男孩有关的教育工作者可以对他进行批评。

在更广泛的层面上，成年人需要挑战家庭、学校和社区文化，这些都来自对男性气概的赞美。他们这样做的最强有力的驱动力是榜样。如果一个父亲把自己受伤的感受戏剧化，以一种愤怒、自私、以他人为代价的方式发泄出来，就强化了这样一个信息：有了权力，就有了把难过的情绪发泄到别人身上的特权。男孩可以看到，发泄和"隐忍"——把消极情绪发泄到别人身上或自己身上——都不如直接、充分地表达它们有效。只有当找不到机会表现诚实和脆弱的时候，男孩才会默许在自己受到伤害的时候，可以伤害别人。

即使是在感情受到伤害的时候，男孩也应该学会控制自己的本能反应。一个男人，特别是受男孩尊敬的男人，如果以勇敢的、脆弱的方式处理伤害，就会展示出一个真正的男人是如何承认自己的感受的，包括害怕、失望或受伤的感受。这种形象可以保存一辈子。对于老师和教练来说，如果他们在课堂上或在课堂外发了脾气，但又回来向男孩道歉，他们就树立起了情商的重要典范。对于那些试图抵制鼓励男性暴力的文化规范的男孩来说，这种形象就像是存在银行里的钱。

第九章
男孩与电子游戏

一天晚饭时，朋友告诉我，他23岁的儿子亚历克斯想在洛杉矶编剧圈取得成功。为了实现这个重大突破，亚历克斯每天都在写作，工作起来尽可能地保持自律。他的每一天都由几个高质量的专注时间段组成，中间有短暂的娱乐时间。在这20~30分钟的休息时间里，他会登录自己最喜欢的电脑游戏，疯狂地玩，时间一到立马退出游戏，并回到工作中。从亚历克斯十二三岁起，电子游戏就一直是他生活中重要的一部分。他和哥哥生活在同一个州的不同地方，两个人都是游戏战队的成员，甚至还会参加一年一度的周末锦标赛。

我朋友描述他儿子的生活时，最引人注意的是，游戏是他儿子日常生活的中心。亚里克斯的父亲解释说，亚历克斯通常会限

培养男孩

制自己现实中的社交生活。他会放空自己，和哥哥以及其他"朋友"在虚拟世界里玩游戏。他已经学会了调整自己的时间，而且通过进入网络世界他学会了一些类似于社交生活的东西。亚历克斯和他的哥哥作为男生，在网上有共同爱好，过着一种圈子很广泛且效率很高的生活，这并不是偶然。过去几十年的技术革命给男性的发展带来了"老风气"，同时也增添了"新皱纹"。

在最近的一次父母研讨会上，我分享了一些养育子女既典型又具挑战性的情景：一个男孩受了欺负；另一个离家出走，尝试冒险行为；还有几个其他的。其中一个场景与男孩使用社交媒体有关。最后的结果证明，这是当天最热门的话题。男孩沉迷于手机、电脑和视频游戏，男孩只在网上社交，男孩使用照片墙、脸书、推特这些社交软件的方式让父母吃惊。这些话题引起了父母们热烈又充满焦虑的讨论。几位父母给所在小组讲了孩子无限制使用电子产品的危害。其他人分享了一些他们的"家规"，比如，用餐期间没收手机。显然，男孩在社交媒体上的表现引起了父母们的担忧。

皮尤研究中心2015年的一项调查显示，近一半的父母表示担忧孩子花太多时间上网。而家有男孩的父母的担忧更甚。2004年一项关于游戏的研究表明："电子游戏玩家不太可能是女性，并且女性玩游戏的时间较少，也不太会像男性玩家那样寻找游戏情境，以进行社交活动。"另一项研究发现，男性玩游戏的时间比女性多3倍。2014年关于游戏的一项研究表明，男性比女性平均每周多玩13个小时的游戏（男性43个小时，女性30个小时）。这种性别差异导致了游戏玩家都是男性的这种刻板的观念，尽管女性玩游戏的时间也在迅速增加。

游戏玩家都是男性这一刻板观念，以一种循环反馈回路的形式影响着支持游戏的人，也影响着游戏的设计方式。一位研究人员将游戏分为"硬核"和"休闲"。在这种游戏中，黑暗或暴力情节吸引着更多男性用户，而《糖果传奇》（*Candy Crush Saga*，又名《糖果大爆险》）等游戏吸引更多的则是女性用户。在硬核游戏中不仅普遍缺乏女性角色，而且就算有这些角色，也都是过度性感且刻板的。对游戏中性别歧视的批评引发了"玩家门"之争。在这场辩论中，年轻男性在播客网（YouTube）上咆哮道："视频游戏是男性为男性创造的。"

尽管有证据表明，游戏空间变得越来越公平，但上面所说的观念一直存在。2015年皮尤研究中心的一项调查显示，玩电子游戏的男性和女性人数一样多。调查还发现，男性自称"游戏玩家"的可能性是女性的2倍，60%的人相信玩电子游戏的人大多为男性。

有迹象表明，年轻一代的游戏玩家可能会有不同的看法：

培养男孩

2014年以来的几项调查发现，青少年男性并不认同游戏玩家是男性的刻板观念。罗莎琳德·怀斯曼是游戏研发者，2014年她调查研究了1 400名初高中生，探讨了这些已有的行业观念会不会促进传统性别特征的延续。她的团队发现了三个惊喜。首先，在她的研究中，男孩拒绝将女生刻画为性对象。第二，游戏主角的性别并没有影响男孩选择扮演哪个角色。最后，女孩会玩各种各样的游戏，包括第一人称射击游戏和运动类游戏。

尽管如此，包括玩具设计、市场营销和消费者需求在内的"反馈回路"强化了传统的观念。2016年，主题为"打破性别刻板观念，让孩子无限探索、学习和遐想"的会议在白宫召开。会议请柬上说，召开这次会议是因为："我们知道，孩子早期使用的媒体和玩具会塑造他们的兴趣、抱负和技能，而且这不仅影响他们的发展，也影响我们国家未来几十年的经济实力。"在会议开场的一个小组讨论中，我提出，男孩成长中经历的孩童时期不是他们自己创造的，而是玩具公司和媒体公司帮忙建造起来的。

不幸的是，玩具和媒体正在以空前的方式进入更多家庭。即使在男女愈加平等的今天，那些成为规则和标杆的市场营销赖以存在的基础仍然是：男女存在根本上的不同。研究人员比较了迪斯尼的网站和西尔斯的产品目录，发现以颜色标记作为标准规范的现象比五十年前有过之而无不及。实验中，给男孩的是动作类玩具和英雄服装，而给女孩玩的则是公主装和安静的玩具。2012年，肯塔基州大学的心理学家克里斯蒂娅·斯皮尔斯·布朗指出，生产儿童积木的公司决定扩大产品对女孩的吸引力，推出了女孩版积木，包括粉色和紫色套件与厨房、发廊和购物中心模板。

在白宫举行的会议上，玩具行业的代表们认为，他们根据市场调研的引导，将精力投入这些方面，他们指出了一些重要的调查。这些调查表明，从20世纪70年代起，关于性别根本差异的观念就开始增长。但是从这些发现就得出，父母们更喜欢有性别区分的产品是值得商榷的。圣何塞州立大学的社会学家伊丽莎白·斯威特强调："对性别分类的依赖来自顶层。我发现，并没有证据表明过去四十年的趋势是消费者的需求导致的。"

产品设计和市场营销强化了传统性别刻板观念的影响，即使它们实际上并不符合目标受众的想法，也会加强宣传这些刻板观念的声音。布朗认为，早在孩子出生前，父母就想知道孩子的性别。孩子一出生，他们就更加"痴迷于性别"。婴儿的第一套衣服通常是有颜色标记的，他或她的连体衣上印着巧妙的性别广告语。布朗写道："从一开始，我们每一次购买行为都受到性别意识的驱动。即使是男孩和女孩都喜欢的中性玩具，比如自行车，也会有两种设计：一种是柔和的，通常是粉色或紫色；另一种是明亮的,通常是红色或蓝色。"

孩子总是能注意到,他们生命中重要的成年人似乎很在乎性别。他们以游戏的方式练习自己在规定的性别脚本中的角色。在游戏中,女孩跨越性别界限的可能性更大。对于男孩来说,超越性别界限去玩耍,后果会更严重。了解男孩的玩具至关重要,包括它们的设计、市场营销及其产生的影响,但这是个非常复杂的问题。

技术与男孩的成长

20世纪60年代,加拿大文化理论家马歇尔·麦克卢汉将"镜中自我概念"[①]的含义扩展到"镜中自我"领域媒体研究。他有个著名的观点:"媒介即信息",描述了思考和亲密关系不仅受到书籍、电视,以及现在社交媒体内容的影响,也受到交流本身形式的影响。想想成长在数字时代的当代人,就更容易理解我在参加讲习班的父母中观察到明显担忧,因为成长在数字时代的这一

---

① 镜中自我概念(looking glass self-concept),是由美国社会学家查尔斯·霍顿·库利提出。他认为人的行为很大程度上取决于对自我的认识,而这种认识主要通过与他人的社会互动形成,他人的评价、态度等等,是反映自我的一面"镜子",个人通过这面镜子认识和把握自己。

男孩与电子游戏

代人玩电子游戏和社交媒体,这极大地改变了孩子们感知现实的方式。92%的青少年每天都上网,24%的人"几乎经常"上网,如今的年轻人基本上生活在网络空间里。

特别是皮尤研究中心的李·瑞妮和詹娜·安德森认为,数字一代跟前几代人的不同之处正是他们与移动设备密不可分。如今,当我走进等候室跟下一位来访者打招呼时,他通常都在玩游戏,或者疯狂地发短信,或者两者都有。如果一个男孩告诉我他在和某人"聊天",他的意思其实是他们在互发短信;当他们说到"朋友"时,通常指的是只知道网名的人。皮尤研究中心最近的一份报告显示,57%的青少年有网友。

并不是只有父母渴望了解科技如何影响他们儿子的成长,最近出版的很多书都在讨论这个主题。不幸的是,这些书提出了完全不同的观点。史蒂文·约翰逊著写了《一切坏事都有好处:今天的流行文化让我们更聪明》(*Everything Bad Is Good for You: How Today's Popular Culture Is Actually Making Us Smarter*)一书。他是一位科技作家,对科技的影响持乐观态度,他认为数字媒体是为了"训练大脑的认知肌肉"而设计的。当玩游戏的人在游戏中练习寻找、决策、优先排序、合作、多任务处理等高级技能时,他会长时间地专注,这是通过吸引大脑的奖励机制来实现的。由新技术所创造出来的世界的复杂性,在新技术不能促进深

培养男孩

入理解的地方，可以培养人们认识世界的不同方式，并帮助人们找到事物之间的联系。

但其他人得出了更悲观的结论。斯坦福大学的心理学家菲利普·津巴多公开谴责了当前"男性的没落"[①]的现象。造成这个现象的主要原因是容易上瘾的游戏和色情活动对男性的控制。至于越来越严重的内向孤僻和社交孤独现象，他指出，过多地接触强刺激内容对神经产生不良后果，因而导致男性沉迷网络，他将其称之为"刺激"上瘾。他指出教育问题、肥胖症、社会焦虑加剧、过度依赖兴奋剂和街头毒品都与过度接触色情和游戏有关。相比花在学校的时间，孩子花在网上的时间更多，他也引用这个事实证明了上述观点。

哈佛大学的心理学家霍华德·加德纳对"App一代"持较温和的观点。从2008年到2012年，加德纳和联合调查员凯蒂·戴维斯进行了一项研究，他们就技术应用这一话题采访了美国和百慕大群岛的教育工作者与青少年。他们得出的结论是，技术已经改变了自数字媒体时代以来的成年人，并重新配置了他们的"思维过程、个性、想象力和行为"。加德纳和戴维斯仔细考察了身份、亲密行为和想象力这三方面的成长，描述了这些改变。"App一

[①] 斯坦福大学的心理学家菲利普·津巴多发现，男生比女生辍学率高出30%；从小学到研究生各阶段，女生表现都比男生优秀；男生取得学士学位的比率低于女生，等等。基于这些发现，他提出了"男性的没落"。

代"如何看待他们自己呢？关于这个问题，研究者发现，比如，这一代人更外向，会创造新的机会，同时他们也带来了新的问题。

从积极的方面来看，加德纳和戴维斯认为，接触面更广使得数字一代更加国际化，更能包容差异，并且这也为他们提供了大量表达自我的机会。但是如今年轻人所面对的观众比以往任何时候都广，也更会倾注注意力。所以，当年轻人塑造自我的时候所面临的压力也相应地更大，他们要稳妥行事，要提前隔离身份选择。面对观众，创造个人身份会助长自我包装，而不是个人探索，还会导致自恋者沉浸于自我。关于数字媒体对人际关系、创造力和想象力的影响，加德纳和戴维斯总结说，我们应该警惕应用程序意识："应用程序意识是一种应用程序世界观，认为不管我们想要实现什么目标，都有确定的方法去实现。"

男性生活的方方面面都受到他们栖身其中的网络世界的影响。即时性就是一个很好的例子：网络沟通的本质是随时连接，麻省理工学院"科技与自我项目"（Initiative on Technology and Self）的负责人雪莉·特克教授认为，这"特别适合工作量超大且日程安排非常紧的生活，网络沟通让这样的生活成为可能"。她补充道，人际关系"过于简化"，而且关于分离和儿童个体化发展的传统概念也遭到颠覆。例如，我有个年轻来访者，他一个人

培养男孩

待着会感到焦虑又害怕，他有女朋友，他们通过一款叫FaceTime的视频通话软件联系。有时晚上睡觉时，他们的视频摄像头会持续几个小时开着。

技术对个人成长的巨大影响不容忽视。特克研究了"技术产品的内在历史"，并将20世纪80年代到90年代的技术进步追溯为一种现象：自我的束缚。技术产品成为青少年自我的延伸，这种表达方式与他们的想法更加完美地融合在一起，而这是他们的父母无法透彻理解的。由于年轻人要让他们的沟通风格与短信、照片墙、快照、推特，以及脸书上的帖子相符合，所以他们的思维方式也受到这些媒体的影响和约束。从这个意义上来说，年轻人的成长方式或者说他们的自我发展受到了数字环境的影响。这种数字环境有自身的规范、压力和激励诱因。特克证实，与这些新力量抗争的父母们会担忧："如果你每天花三四个甚至五个小时待在电子游戏或虚拟世界里，而且这样的时间投入非常普遍，那你花在其他地方的时间必然就会减少，而那些地方往往是你的家人和朋友。"

后代已经适应了时代的改变，先辈们却还在为熟悉的、令人心安的东西的逝去而哀叹。和所有男孩的父亲一样，当我试图在玩电子游戏方面追上我儿子时，我自己很清楚地意识到了这一点。我很沮丧，但对孩子们来说这完全不是问题，他们很乐意在这方面碾压我。很少有什么事情能像玩电子游戏这样让我感到困惑和沮丧，我想了很多理由请求放过。我儿子转而上网去找朋友陪他玩了。

从研究中得到的主要发现是，儿童的心智会在与人际环境和物理环境进行亲密、高度敏感的对话过程中得到发展。除了作为交流工具，智能手机变成了使用者的化身，在线档案变成了使用者的身份，发信息成了最受青睐的一个聊天方式。经典发育理论学家认为分离和个体化是人走向成熟的必经之路。后来，根据女性主义心理学的见解，理论家们修正了这个范式并表明实际上个体是在人际关系中成长的，是通过融入人际关系而成长的，而不是通过与人际关系隔离而成长的。今天，我们考虑对正常成长的理解做一些改进：为了和他人交流，年轻人能在多大程度上调整自己顺利地适应所处的环境或媒体。

毫无疑问，更多重大改变正在进行中。但是，和男孩成长的其他领域一样，父母们练就警惕的双眼，想要看清自己并不熟悉的这方数字天地，总是会存在很多迷思、恐惧和夸张。

刺激上瘾

游戏和社交媒体公司已经赚得盆满钵满。到2020年，视频游戏预计全球销售额将达到1 300亿美元。到2017年底，排名前六的社交媒体公司总市值约为6 000亿美元，脸书的市场份额占总市值的2/3。这些社交媒体公司招募顶尖的神经科学家、游戏设计师，以及行为经济学家和市场营销方面的专家，显然它们极其擅长通过奖励来挖掘欲望，让游戏者克服负面情绪。这些产品内置的指示越来越复杂且精确，能够成功地强化更多用户的行为，以至于网络成瘾一度成为一个热点话题。以《堡垒之夜》[①]为例，它是目前动作类电子游戏的热潮，心理学家丽莎·达莫说："它整合了游戏设计师所知的很多能确保吸引玩家的方法。"

2013年，美国精神病学会（American Psychiatric Association）发布了《精神疾病诊断和统计手册更新版（第五版）》（Diagnostic and Statistical Manual of Mental Disorders, fifth edition, or DSM-5）。其中将电子游戏障碍认定为一种精神疾病，并建议做进一步研究。2017年的一项研究表明，在美国、英国、加拿大和德国，患有新提出的这种病的人当中有86%近期都有在网上玩游戏的经历。这项研究还列出了一系列与游戏有关的

---

① 《堡垒之夜》（Fortnite Battle Royale）：是一款百人竞技射击游戏。

男孩与电子游戏

问题：

- 过于投入；

- 不能玩游戏时感到孤单；

- 忍受度（强迫自己在游戏上投入更多的时间）；

- 难以控制自己投入在游戏上的时间；

- 为玩游戏放弃其他事情，不在意玩游戏带来的问题，还是继续玩；

- 变得虚伪并且神秘；

- 依赖游戏来缓解消极情绪。

纽约大学的教授亚当·奥尔特著有《极度诱人：上瘾科技和让人着迷的商业崛起》（*Irresistible: The Rise of Addictive Technology and the Business of Keeping Us Hooked*）一书，并于2017年出版。这本书讲述了一个关于脸书的故事，为十几岁男孩的父母面临的困境提供了一些线索。2012年，脸书拥有2亿用户，脸书的开发人员将心理学家研究发现的强化计划纳入其中，这种强化被称为"间歇性强化"。心理学家发现间歇性强化是激发人们坚持和参与最有效的方法。他们在产品界面推出了一个"点赞"的按钮。因为这个简单的创新，脸书的互动性变得更强，为社会认同提供了不可预测的诱人回报。在接下来的三年，脸书社区的人数增加了2倍。到2017年2月，脸书用户接近20亿。

就像很多出售烟草、酒精，或提供性服务的公司一样，帮助人们调节和管理情绪也是一笔大生意。哪里有需求，哪里就有供应。我的一生见证了大麻开始被视作非法到后来变成合法，从被广泛怀疑会削弱一代人的意志，到应用于医疗和休养中的过程。二十年前，我在一家青少年双重诊断治疗机构工作期间，好像任何时候都有多达一半的人住院是由于长期使用酒精和大麻所导致的。而如今，我再也猜不出哪个青少年可能会使用大麻和酒精，从趋势来看，男孩现在寻求刺激就像他们以前习惯喝啤酒一样。

不过，根据我的经验来看，很多男孩依赖大麻。伴随大麻合法化，我开始为十几岁的孩子可以通过如此广泛的方式接触毒品感到不安。我在负责朋辈心理辅导项目的时候，每当谈起滥用酒精和毒品的问题，我都努力做到不去说教。十几岁的男孩会对成年人的道德评判极其敏感。但我并不气馁，每年我都会再次尝试传达这样的信息：上瘾非常不利于自我调节情绪。很多男孩总是沉醉于酒精或毒品带来的快感，借此排解他们的情绪。他们根本就不会了解，不依赖毒品和酒精就能将不愉快的事情从心中排解出来，是一种怎样轻松的感觉。

男孩与电子游戏

　　另外让我担心的是，科技公司已经找到了更有效的办法，让青少年消费者无法抗拒他们的产品。许多家庭已经在为自己的儿子寻求帮助了，因为他们沉迷电子游戏的程度已经达到了《精神障碍诊断与统计手册（第五版）》列出的标准。这让我想起了温斯顿，他是个性情古怪的高中生，过度沉迷于电子游戏的世界，他母亲几乎放弃了他。温斯顿显然是很有天赋的，他从电器连锁公司买来零部件，自己组装了电脑。而驱动他这么做的正是他对一款高级定制游戏程序的渴望。他学习成绩很差，上课成了乏味的打扰。他投入在电子游戏上的时间精力越来越多，他的朋友圈子也渐渐缩小。他花了很多时间玩游戏，所以玩得很成功，他把自己玩游戏的过程录了下来，把最精彩的瞬间发布在游戏网站上，并与他最喜欢的游戏提供商签订协议，成了一名在线游戏礼仪裁判。

　　布伦特·康拉德是一位心理学家，著有《拯救沉迷电子游戏的孩子：给父母的指南》（*How to Help Children Addicted to Video Games: A Guide for Parents*）。温斯顿完全符合康拉德所描述的情况：男生；学习成绩下降；沉迷于动作和格斗类游戏；在高中社交环境中感到焦虑不安；强迫自己将电子游戏玩到更高级别；为了花更多时间玩游戏，不惜牺牲其他事情。尽管有不满的声音将这样的孩子称为"网瘾者"，甚至韩国资助了几百个网瘾治疗中心，并引入了电击疗法之类的项目，但这样的做法依然存

培养男孩

在两个令人担心的问题。

第一个问题是：只要个人管理以及解决情绪压力的能力处在新手水平，就存在依赖外物的风险，比如化学药品、其他活动或者经历。这些都能暂时改变一个人的感觉。佛罗里达州斯泰森大学的心理学家克里斯托弗·弗格森和宾夕法尼亚州维拉诺瓦大学的帕特里克·马基共同撰写了一本书：《致命的战斗：为什么对电子游戏开战是错误的》（Mortal Combat: Why the War on Video Games Is Wrong）。这本书指出"游戏并不是问题的真正根源，问题的根源是别的东西"。

对温斯顿的问题来说，这所谓别的东西就是他和父母的关系。他顽固地沉溺于电子游戏，这已经侵蚀了他们的亲子关系，父母被他推开，他自己退回到虚拟的网络世界去。男孩为什么想把父母推开的原因有很多，其中不乏想要独立自主这种比较健康的渴望，在带着儿子来求助的家庭中，这是我经常看到的。但逐步成熟和被迫割裂是有区别的。男孩要培养独立自主的品质，并不需要通过否定甚至减少依赖父母的理解和支持来实现。但是，孩子与父母断绝联系这样的事却经常发生。父母由于焦虑、孤独，或下定决心不让自己的童年遭到遗弃的经历重演，所以不知不觉中会变得控制欲很强，甚至令人窒息，而与父母断绝联系是孩子对父母的行为作出的反应。在这样的环境中，一个男孩要想让自己成为有能力且与众不同的人,唯一的办法就是逃离。

我见过一个15岁的孩子艾伦,他仍然很依赖他的母亲,但他也开始担心自己对母亲的依赖让他变得"柔弱"。对他来说,划定更清晰的界限,和母亲分开,需要以新的眼光看自己,这些很重要。这也正是产生无意识恐慌的根源,这种恐慌又使他母亲开始对他不满。艾伦对母亲打击自己自信心的行为感到愤怒,因为母亲总是能找出他哪里做得不够。而母亲又怨恨艾伦对她的付出忘恩负义,于是这种关系逐渐发展成为危机。让问题更加复杂的是,这段关系中的每个人都变得孤独,没有一个可以交流的人,无法寻得共同的理解,也找不到前进的道路。

在温斯顿和艾伦的案例中,我帮助他们的父母解开了他们关系中的结。给他们提供指导和机会来克服他们的相互依赖。这种依赖感的根源往往是过去痛苦的经历所导致的僵化、失败的相处模式。最简单的做法是,父母陪儿子闲逛,让他对新事物产生兴趣;用孩子喜欢的其他事情来"贿赂"他;和孩子一起为一些事情设定合理的期限,比如在线玩游戏。他们成功的关键在于,他们认识到自己的需求对他们彼此的关系是有作用的。父母要潜移默化地和孩子连成一根纽带,回应孩子的方式不要让孩子觉得父母是在努力地培养他的能力。要想巧妙地恢复关系,父母需要放下忧虑,放下曾经为了支持孩子,为了让孩子在他们的帮助下成

培养男孩

长为一个有责任心的人而对孩子所抱的期望。

但是,要想解开父母的心结,还要面对对电子产品上瘾的神经化学的恐惧。游戏和媒体确实很擅长刺激大脑的愉悦中枢。但是能刺激多巴胺分泌的事情有很多(比如读一本好书,或看一个吸引人的电视节目),而这些事情很少被认为能让人上瘾。根据弗格森和马基的研究,玩电子游戏时分泌的多巴胺和吃一片比萨分泌的多巴胺一样多。2016年,《美国精神病学杂志》(American Journal of Psychiatry)上发表了一项研究,分析了4项调查的调查结果,涵盖总计1.8万名受访者。据作者说,玩视频游戏的人中只有不到1%表现出了上瘾症状,远远少于赌博的人。更重要的是,即使那些符合上瘾标准的人,他们所呈现的负面后果也达不到患病的水平。弗格森和马基对该报道作出了这样的评论:"研究表明,上瘾的人和没有上瘾的人之间的最大区别,是上瘾的人玩电子游戏的次数更多。"

作为监护人,往往对青少年使用技术产品有一种警觉。当父母四处寻求帮助,想了解他们儿子生活中这股全新的、无处不在的强大力量时,专家的意见很容易让他们受伤,因为专家了解这个话题的方方面面。2017年《卫报》美国版(Guardian)的报道中有一个作者这样问道:"为什么这么多人,从父母到研究人员再到91岁的演员,都相信电子游戏能让人上瘾,或电子游戏会带来其他负面影响呢？证据并不是这样的。"这个作者认为，上瘾现象与人们想要支配和控制年轻人有关，这是一种由来已久且充满焦虑的控制欲望。在这篇文章中，弗格森补充道："那些习惯性对电子游戏持极端负面态度的人，往往也会对儿童和青少年抱有负面看法。"

与网络空间里的男孩同行

2015年，皮尤研究中心第一次开始研究社交媒体。18岁以上访问社交网站的人只有7%。到2015年，这一比例增长了10倍。增长人数最多、速度最快的是年轻人，他们"无处不在"地使用社交媒体。在18~29岁的人群中，88%的人拥有脸书账户。移动设备的使用情况变化更加迅速。2011年，35%的人有智能手机；在皮尤研究中心2017年的一份报告中，这个数字已变成了77%，在18~29岁的人群中则是92%。

数字设备在男孩的生活中几乎无处不在，这一点是这一代年轻人和他们父辈那一代人之间一个惊人的区别。这种区别增大了年轻人与那些试图亲近他们的人之间的距离，使他们不容易理解彼此。由于男孩的行为已经超出了父母的控制范围，所以父母们

培养男孩

感到焦虑了，他们都把手机和电子游戏看成妖怪，认为它们是问题的原因所在，而不是症状表现。在我看来，游戏上瘾和关系疏离哪一个先出现还不清楚。在对此一无所知的情况下，男孩以男性独立的假象为由离父母越来越远。这种情况其实展现了一场风暴。在这场风暴中，虚假的故事以营销信息吸引男孩沉迷于越来越诱人的技术，加速了男孩与家庭的分离。游戏和应用程序只不过是驱使男孩感情的两种方式而已。

伴随着数字技术的崛起，迈克尔·基梅尔所说的"男人国"[1]也发生了巨大变化。虽然1960年的时候，几乎70%的美国年轻成年男性都会离开家，完成学业，找到人生伴侣，然后加入劳动力市场。但是现在，能通过努力在30岁的时候到达这些人生里程碑的男性只有不到1/3。在研究中，基梅尔发现这1/3的年轻人喜欢兄弟之间的情谊、聚会和游戏，胜过喜欢严肃认真的远大抱负和人际关系。他总结说："讽刺的是，女性获得新的自由反而推迟了男性成年时期的到来。因为不需要养家，除了自己之外无须对其他任何人负责，而且年轻女性在性方面表现得非常主动且儿戏，就像他们曾经幻想过的那样，所以男性几乎愿意无限期地推迟成年期。"

---

[1] 《男人国：男孩变成男人的危险国度》是著名的社会学和性别研究教授迈克尔·基梅尔的著作，他在这本书里提到当年被普遍接受的"学校—工作—家庭—退休"的模式。

男孩与电子游戏

美国国家经济研究局（National Bureau of Economic Research），是一个非营利性研究机构，最近发表了一篇文章，将千禧一代男性工作时间下降归咎于玩电子游戏。研究人员发现，20~30岁之间的人2015年的工作时间比2000年同期减少了203小时，而且这些休闲时间大部分都是在网上度过的，这与他们的女性同龄人形成了鲜明的对比，因为女性更可能把休闲时间花在睡觉和个人护理上。

要想跟上那些生活在网络空间并时刻都在使用高科技工具的男孩，成年人面临着巨大的挑战，这些挑战和先辈所遇到的挑战既有相似之处，又要复杂得多。我们来看看男孩生活中受技术影响的两个方面，就能对这种挑战有所认识。2015年皮尤研究中心的另一份报告显示，在13~17岁的青少年中，有人承认自己曾有过一段恋爱，数字媒体在他们最初建立浪漫关系的过程中扮演了核心角色。在脸书上交友，喜欢或追随某人，以及发送信息，都是青少年主动与他人接触的方式。计算机辅助交流创造了调情和交往的新方式。一旦投入浪漫关系中，青少年就会发现网络连接带来了新的期望：11%的人期待每小时都能与他们的情侣交流；85%的人希望每天至少交流一次。而对于这一代之前的父母来说，他们很难理解像这样的关系期待。

还有一方面就是十几岁的男孩在网上展示自己的方式。创建

培养男孩

个人档案时他们要选择一种形象，这种形象要能广泛地流传，而且是自然而然地、不受控制地流传。自然，他们会照着同龄人的标准来填档案空白页。当男孩尝试着掌控别人怎样看待自己时，他们更倾向于采用男性的惯例，他们张贴的照片以及描述自己的语言都很男性化。男孩更可能上传一些关于饮酒、性偏好和体育运动的照片。他们使用的语言往往也更有攻击性，他们通常会把自己描述得比实际情况更有男子气概。所以，一般来说，十几岁的男孩比女孩更倾向于夸大和捏造他们的个人资料。

父母知道他们的儿子将来申请大学和找工作时会面对什么，父母能够想象招生人员和人力资源管理人员浏览到这些不讨人喜欢的网上资料时会是什么反应。2013年的一项调查指出，10%的年轻求职者被拒绝，是由于他们社交媒体上的简介让他们错失了可能雇佣他们的机会。父母面临的挑战是，如何在不疏远孩子的情况下，向孩子解释社交媒体形象的长期影响，又不让孩子觉得父母是另一代人，觉得父母"不懂"。更重要的是，父母在传达这个观点时不能像是在向孩子暗示"我知道的比你多"，这样会使孩子逃避父母，因为父母是能为孩子提供主要参考的人。

加州大学洛杉矶分校的心理学家亚尔达·乌尔斯讲过如何在数字时代培养负责任的孩子的话题，也写过这方面的文章。她在接受《计算机》杂志在线采访时，为父母们普及了数字化革命的历史背景。她让父母们回忆一下，18世纪末的父母是多么恐惧书籍，他们甚至禁止孩子看书，还焚烧书籍。"道理是一样的，都是控制欲和威权主义在作祟"。她给了父母们另一个选择，即"积极主动的网络调解"，在此过程中，父母与孩子共同参与制定一个"积极主动"的方法，来平衡玩电子产品的时间和用于其他重要活动的时间，可以就一些基本问题定个标准，比如，睡眠、隐私，以及哪些内容适宜观看，等等。

在这样的方法中，玩电子产品远没有亲子关系重要。我们的目标是建立一个协作的、解决问题的框架，甚至可以用它来应对未来遇到的更有威胁性的问题，比如开车、滥用药物，等等。朝着这样一个双赢的方向，父母对健康和负责任的合理关注与孩子对友谊、休闲和乐趣的合理关注会实现对等，这将加强父母与孩子之间的联系。

所有父母都意识到了保护孩子和培养他们的信心、判断力之间的紧张关系。皮尤研究中心对13~17岁孩子的父母做了一项调查，美国大部分父母都会进行数字监管：61%的父母会监控孩子的网络活动，60%的父母会关注孩子的社交媒体资料。将近50%的父母都会查看孩子的手机和短信，在电脑和手机上安装父母控制系统则没么普遍，但近一半的父母会要求孩子把电脑和手机密码告诉他们。电子产品管制惩罚是一种常见的管教形式，55%的家庭都会限制每天玩电子产品的时间。

尽管对父母来说数字世界很陌生，很危险，但是在孩子向更广阔的世界迈进的过程中，父母想要为孩子提供支持，那么男孩的数字生活的确是一个重要的机会。父母想方设法地帮助孩子应对电子产品对家庭生活带来的影响。这种做法忽略了这样一个事实——真正重要的是他们的亲子关系质量，而不单单是提高孩子的警觉性。

例如，父母是否应该对儿子的电脑和手机采用搜索过滤器，或进行其他管控？父母知道十几岁的男孩在青春期早期就会接触到色情内容，他们会面临各种压力，从而过多投入视频游戏中，那么他们该如何发挥稳定的影响呢？我想起了一位母亲，有时候他的儿子陷得太深，现在她监控了儿子的短信和电子邮件，有儿子手机和电脑的密码，并随机检查他的上网记录。但她和儿子设定了目标，如果儿子表现出更好的判断力，她就放松对他的这些监控。儿子以前还小，也更冲动，在经历了一系列问题之后，她没有惩罚儿子，而是和他一起制订了计划。这个计划是用来培养儿子自我调控的能力，会一直持续到他能独自处理更多事情为止。

2016年，美国儿科学会发布了新的网络使用指南，从限制孩子看屏幕的时间，转向确保孩子在发信息或看电视时不是独自

男孩与电子游戏

一个人。指南中说:"与孩子一起看电视,帮孩子理解所看的内容,帮他们将所学的东西应用到周围的世界中。"这个新的基本规则与一个建议不谋而合,那就是陪男孩共度特别时光:孩子在哪里,父母和其他看护人也必须在哪里。

但作为儿子童年时代的关键缔造者,父母绝对不能拿网络社交媒体和电子游戏本身说事,也不应袖手旁观,让色情内容或消遣性毒品损害儿子的成长发育。"无商业童年"是一场在科技的影响下应运而生的运动,帮助孩子们远离无意识、无限制的娱乐、人际关系和本性。2000年,哈佛大学医学院的心理学家苏珊·琳指出,"无商业童年"这场运动的使命在于"协助父母为了健康家庭作出努力,限制孩子接触商业活动渠道,终结以儿童为目标对象的剥削性市场营销行为。这场运动提供了一套资源,并且鼓励"无屏幕周"和"读书周"同步。为了在家里建立健康的整体平衡,"无商业童年运动"(CCFC)推荐了七种经过测试的策略,来减少儿童看屏幕的时间,包括制定用餐时间,规定早上家里不能看电子屏幕的区域,鼓励户外活动和能激发想象力的游戏,并要求成年人模拟如何平衡地使用自己的电子设备。

针对男孩活在网络中的这个时代,有人开发出了数字时代公民指南,而且不断扩充其内容。鲁本·洛伊威老师和其他教育工作者共同开发了一门课叫"活在网上",因为他们认为活在网络

培养男孩

世界的人不一定无所不知。这门课由30个模块组成，涵盖的主题包括互联网的历史、数字伦理、网络心理学和线上人际关系等。音乐电视网（MTV）已经创建了自己的数字权利清单，上面写的是："在网上和我的手机上，我有权……"之后跟了一个清单，其中包括"摆脱压力，不受谩骂或虐待地生活""介入并提供帮助，如果我看到有人被骚扰""结束不健康的关系"，以及"只要我想，随时切断联系"。传媒公司开展了一项教育活动，让青少年问自己三个问题：（1）为什么我的男/女朋友每天每时每刻都想知道我在哪里，在做什么？（2）一天到晚每五分钟发送或收到一条消息看起来正常吗？（3）我收到的信息有时会让我难过吗？

至于父母想知道他们的儿子是否正逐渐迷上网络，医生兼作家詹姆斯·汉布林提出了一个有趣的应对方法。他反对长期禁欲的戒瘾治疗方法，他说："因为我不确定这种方法是否必要，或者它们会不会带来长期后果。"用暴饮暴食和不断的禁食做个类比，这种方法通过让人们"重新认识自己的意图"，来帮助他们调节使用电子产品的频度。汉布林博士在宣扬戒除网瘾的好处时说："想要有目的地使用社交媒体，关键在于打破应用程序和设备想要让你陷入的习惯——机械性地查看并滑动社交软件，对任何

男孩与电子游戏

铃声、嗡嗡声或消息提醒形成巴普洛夫式反应[1]。"

鉴于禁欲戒瘾这个方法太过激烈,美国公共广播电台的数字化教育记者安雅·卡门尼茨推荐了一条直截了当的指导方针:"享受屏幕,不要太多,尽量和家人一起。"

对于想为孩子使用数字产品制定合理家庭政策的父母来说,这些问题可能有助于引导父母列出自己的清单。其目的是为了避免父母的反应,使他们的政策更有效。

- 如果你的儿子在逃避和你的关系,他逃避的到底是什么?紧密的人际关系有一种磁铁一样的吸引力,会让男孩想要留在父母身边,哪怕有朋辈或者其他东西的吸引。当男孩需要理解、安慰、支持或其他帮助时,他们会回来依恋父母。所以,是不是有什么障碍让儿子无法和父母联系呢?

- 特别是当儿子表现出更强的独立迹象时,你是不是和他有过太多争吵呢?你的眼睛是不是只盯着他的缺点,而欣赏不到他的优点呢?你是不是因为想要成功激发儿子而产生了焦虑,而批评已经变成了下意识表达这种焦虑的一种方式?

---

[1] 又称条件反射(conditioned reflex),是指在一定的条件下,外界的刺激和有机体的反应之间会建立起的暂时神经联系。

培养男孩

- 关于公平使用电子设备，你是如何和儿子协商的呢？什么坦诚交流方式是健康的、适当的，以及上网应该在多大程度上体现自己的核心价值观，用这样的谈话帮男孩理解公民身份。如果你们之间还没有这样的谈话（而不是说教），那又是什么阻止了你呢？

- 在学校，你儿子因为在网上展示出来的公民身份而享受过好处吗？他在网上展现出来的身份是不是最新的状态，是不是足够展现他自己，你在这方面发挥作用了吗？还有，它是不是代表了你们家的家庭观念呢？

- 如果你对孩子上网时间和观看内容的担心真的发生了，那你的儿子是不是需要更有力的帮助和指导来应对网络生活的压力和诱惑呢？你能和孩子一起制定父母管控办法，并为实现孩子真正的独立而设定目标和时间期限吗？

第十章
时代与未来

在一次父母工作坊中，我展示了我们对男孩学习关系进行的研究，并告诉与会父母，在这项研究中，极少有男孩报告说他们在某个时间修复了与教练或老师之间业已破裂的关系，实际上根本没有人报告。我解释说，我们的结论是，老师和教练必须假设他们自己是"客户关系经理"。说到这儿，一位父亲有些恼怒地举起手。"对不起，打断一下，"他抱怨着说，"那么他们的勇气去了哪里？按您研究中描述的那种方式宠溺男孩，我们岂不是会让他们变得更消极，更依赖别人？"我和他有着同样的担心，于是补充说，我也很害怕这项研究会在男孩中间滋生更多权利。我说，我告诉老师们要从我们的研究中学会两点。

首先，男孩无力承担关系学习的责任，这个问题是现在的基准线，而不是最终目的。它反映出目前男孩的处境如何。老师们

培养男孩

不应屏息静气地等待男孩发表意见、寻求帮助,或为他犯下的错误道歉。在关系变得紧张时,自然而然地会由成人和专业人员来解决这个问题。

其次,在处理比较困难的关系时,男孩往往缺乏积极性,这种现象代表了他们社会化过程的逻辑结果。如果教育工作者们不对此采取行动,就不能指望这种情况会有所改观。当男孩感觉自己与那些帮助他们学习的人失联时,他们并非因生理的原因无法承担修复的责任,而是大多数人不打算这么做,不想给自己惹更多麻烦。

同样是社会化进程导致很多男孩在学校里在人际关系上受挫,从而造成其整体教育表现欠佳。性别成绩差异可以一言以概之:很多男孩不"买账"。因为学习是一种伙伴关系,需要学习者的积极认可。只要老师愿意,他们可以劝诱、鼓励、威胁,但最终男孩有权利说:"我不想跟你学"。通过研究,我们发现,只有相互尊重的关系才会让男孩同意尝试。

一旦我们承认,老师们的情绪劳动[①]如果得到适当的支持,他们是可以帮助任何一种类型的男孩走向成功的,那么限制因素就从某个男孩或老师,变成了教育体系的问题。很多男孩在学校表

[①] 情绪劳动(emotional labor),是指要求员工在工作时展现某种特定情绪以达到其所在职位工作目标的劳动形式。

时代与未来

现不好，这透露出的并不是男孩的问题，而是我们自身的问题。父母、老师、教练、导师——所有与男孩有关系的人，都需要提升自己的水平。只有对男孩作出正确的假设，即他们是关系的学习者，并以此为基础进行操作，才能有望找出教育他们的正确方式。教育男孩的真谛，同时也是关怀他们，引导他们发展的真谛。

怎样才能把这件事情做好呢？首先，人们对男孩存在一些旧观念：这些观念从来没起过什么好作用，但却得到了文化神话的庇护。其次是文化引导的不足，教授和教育工作者要以理论依据，而不是以空想和伪科学为基础开展研究和实践，社会需要向男孩宣扬更好的理念。我们对男孩的看法受到了"神话传说"和错误观念的影响。

我们对男孩的看法会影响他们对自己生活和世界的看法。争取更大平等的运动让一代代传承下来的期望变得过时，在这种情况下，年轻人就会发现他们正处于人生的十字路口，茫然不知所措。但男孩很难理解这些显而易见的危险，部分原因是他们所接收到的关于"游戏规则"的信息并不统一。芝加哥伊利诺伊大学的社会学家芭芭拉·理兹曼认为"性别眩晕"普遍存在于千禧一代中，并指出了人们四种不同的回应方式，即完全相信者、摇摆不定者、突破创新者和反抗权威者。最大的群体是摇摆不定者，即"对自己不十分确定"，这反映出了这个时代的"中间精神"。

培养男孩

完全相信者和一些摇摆不定者在经历起伏时会坚持传统角色。这种盲然的反应会因为一些思想领袖的影响而得到强化,比如心理学家、作家和演说家乔丹·彼得森推崇"男子气概正在遭受攻击"的观点,并提供解决方案,以便回归"永恒价值"。在他写的《十二条人生法则》中,他将陈腐的男子气概修辞转换了说法,而这些建议无助于年轻人以开创性的方式应对他们在学习、工作、约会和家庭中遇到的切实挑战。

从20世纪80年代开始,拥有大学学历的好处开始飙升。随着制造业工作的逐渐消失,一些经济学家发现,作为合伙人,那些知识储备不足的人不怎么受欢迎。未婚生育率创历史新高,在所有出生人口中占到了40%以上,而结婚与生育比例则整体下降。按照麻省理工学院的经济学家大卫·奥托尔所说的那样:"你不会想嫁给一个经济条件不太好的男人,因为婚姻不是免费的午餐。"通过连篇累牍地大力宣传,人们越来越清楚,在学校偷懒、沉迷于电子游戏、在大学里酗酒,或接近拥有性权利的女性最终会导致什么。

但有些年轻人对此还是不信服。社会学家乔安娜·佩平和大卫·科特发现,对于"男性社会地位"的恐慌促使很多人退回到了"男子气概的象征"。他们写道:"在人人平等的观念持续了将近二十年之后,高中生们对于丈夫的权威和家里劳务分配的想法又开始变得趋于传统"。在男女收入大体平衡的家庭里，政治学者丹·卡西诺博士发现："男性可能会通过强调传统女性角色的重要性来进行补偿。"

青年男子性格脆弱，身上充满了不确定性，他们会以更严重的方式被误导。我第一次听说"非自愿独身现象"这个词是因为一个21岁的问题青年埃利奥特·罗杰。他把自己称为"处女杀手"，2014年在加利福尼亚犯下6死14伤的严重罪行。在实施暴行之前，他曾在YouTube视频网站上抱怨说自己孤身一人，是个处男："女孩们都不要我，生活太不公平了。"他的这种观点在非自愿独身的网络群体中十分流行。2018年4月，另一个年轻人在多伦多市区人行道上开货车故意撞击行人。阿莱克·米纳茜安也对女人和女权主义进行了谴责，在脸书发表的帖子中，他险恶地发出警告："非自愿独身者的反叛已经开始了！"

只要非自愿独身者声称自己有权与女性发生亲密关系，就会有与此相关的团体倡导完全不同的观点。选择生活在"男人空间"（Manosphere）网络社区的男性组成了一项名为"男人自行之路"①的运动。

---

① 男人自行之路（简称米格道）（The Men Going Their Own Way，MGTOW），是一个以网站、论坛和社交媒体为平台的以匿名用户为主体的虚拟社区，致力于告诫男人杜绝与女人发生严肃认真的恋爱关系，特别是婚姻关系。其中比较激进性禁欲的成员则被称为"米格道僧侣"（MGTOW monk，类似于食草男/佛系男的概念）。

培养男孩

不管这些男人对女性平等进行如何猛烈的抨击,从男孩那里传来的却是好消息。在某些人极力美化男权至上时,很多青年男子也正在重塑男子气概。例如,加州大学洛杉矶分校健康访谈调查结果显示,2015~2016年,有超过1/4的加州青少年自称"性别不适",即男孩觉得自己更加女性化,而女孩觉得自己更加男性化。《大西洋》月刊(the Atlantic)的一位作者萨拉·里奇对此做了一个有趣的解释:"对于'真正的男人'该是什么样子,极少有正面的变化,以至最年轻的一代人表现出重塑男子气概的迹象时,他们唯一能使用的词就是'性别不适'。使用这个词表明,没人知道该怎么称呼这些在男子气概方面产生的变化。"

尽管男孩竭尽全力地想重塑自己的男性形象,但在重塑形象的过程当中,还是会利用一些自己认为很有男子气概的鲜活案例作为参照。不久之前,又有一篇文章引起了我的注意,文中将陷在消极形象中不能自拔的男人与坚持保持正面形象的男人作了比对。

2017年5月,在俄勒冈州的波特兰市发生了一起悲剧。一个和命运进行长期抗争的三十多岁的男人,一个漂泊无依,因多种重罪被判刑入狱,自称"虚无主义者"和"白人至上主义者"的男人,在当地的通勤列车上对两个有色人种的年轻女性发表种族主义言论,其中一位女性戴着穆斯林头巾。三位年轻的乘客过去支援那两位女性,那个男人用刀刺伤了他们,造成两死一伤的悲剧。其中一位受害者是职业军人，刚刚退休，他有4个孩子，都是十多岁。另一位受害者只有23岁，是个应届大学毕业生。死前，他神志清醒地躺着，等待着救护车的到来，他对帮助他的一位女性说："我想让列车上的所有人都知道，我爱他们。"

第三位受害者是位诗人，时年21岁，险些被刺中颈动脉。他接受了紧急手术。出院后，他发表了自己的诗作：

> 我还活着。
>
> 我在仇恨的眼光中活了下来。
>
> 这是我们必须为对方做的。
>
> 我们要为对方活着。

表面上，这三位男性——一位诗人，一位大学毕业生，一位职业军人，个体之间存在着很大的差异，但对于怎样做一个男人，他们有着相同的看法。他们将勇气、同情和服务他人的美德牢记于心。另一方面，对女性散布种族和仇外言论的那个男人，表现出了极端的男性特权主义，极端的自我和暴力，尤其是在那些因为流离失所而恼羞成怒的"愤怒的白人"当中。

这些极端案例代表了在这个变化无常的时代，男孩和他们

培养男孩

的家庭能够获取到的可能性范围是如此广泛。面对如此多的剧变和矛盾的信息，很多男孩始终如一地坚守自己的内心，却很少有人迷失方向，这一点十分引人注目。每个年轻人在少年时代时都会经历一些"眩晕"。而让一个男孩保持稳定并帮助其坚守内心的，是直击心灵的那些声音。那些末日预言家们，用青少年时代的损失作为回归古老传统的依据，与此不同，男孩则已经为了迎接这个新世界做好了充分的准备，这一点令我印象深刻。很多人从这种不确定性中找到了属于自己的机会，并因此爱上了冒险。

事情可以朝不同的方向发展。可以重新塑造男孩的童年，培养他们茁壮成长所需要的品质——重视学习、培养情感能力和关系处理能力，活出自己的价值来，也可以继续逼迫男孩，让他们越来越远离成功。正如澳大利亚社会学家瑞文·康奈尔所说，男孩会如何设想自己在当代世界的生活往往拥有"天马行空的创造力"。

新少年时代的案例

几年前，某所学校的一名行政人员给我发来一封电子邮件，说他读了我最新出版的那本书，想请我在新学年开始前，为他的教职员工做一次演讲。他希望这次讲话能够做到"性别中立"。

时代与未来

让我甚感惊讶的是,他竟然想让我介绍一下自己的研究,即如何减弱男子气概的刻板观念和迷思,并用这样的方式接近和教育男孩。通过从男孩和女孩那里分别收集到的信息,我们揭示出一个经典的社会学论断的不当之处。而我对男孩的研究会作为一个案例说明性别与教育过程息息相关,不可回避。

反对性别平等的文化反弹呈现增长态势,引发男性发起了"我也是"的强烈抗议。总统巴拉克·奥巴马在2009年设立了妇女和女孩委员会(Commission on Women and Girls),紧接着,2011年就有人号召成立白宫男孩和男性委员会(White House Commission on Boys to Men)。号召成立这个委员会的联盟,由心理学家沃伦·法雷尔牵头,他是《男孩危机》(*The Boy Crisis*)一书的合著者,支持性别歧视主义对男性和女性的影响相同的观点。在提案中他们写道:"不管是男孩还是女孩,境遇都是相同的。因此,如果只有一种性别获胜,那两种性别都会失败。我们的委员会调查的越仔细,对于目前男孩、父亲和其他男人们面对的危机就越担心。"

女权领袖们提供的是不同的观点。2014年秋和2015年春,成千上万的积极分子和学者们参加了在印度新德里和美国纽约召开的研讨会,主题是"让男人和男孩参与到性别平等活动中"。在美国研讨会的开场活动中,联合国促进两性平等和妇女权力机

培养男孩

构的普姆齐莱·姆兰博·恩格库卡做了演说。该机构成立于2011年，旨在促进两性平等，拓展机会，处理性别歧视。她说道："我们作为女性领导者要做的，就是好男人和好男孩要做的。"长期为女权运动斗争的活动家、作家格洛里亚·斯泰纳姆以简明扼要的方式将男性从两性平等中的收获概括为："我们每一个人，从女权运动中获得的只有一点：全面的人性。"

男孩强烈坚持说父母应该认同他们的本性，学校应该承认他们的潜力，社会应该赞美他们的多样性。值得庆幸的是，不管"男性行为框架"怎样抑制变化的发生，都不能完全压制人类的本能。人类的发展是一种革命力量。即使传统的男子气概阻止其发展进程，年轻一代也会创造性地适应更平等的关系。社会学家迈克尔·基梅尔认为："这些数据足以证明，大多数美国男人，与他们的前辈相比，在没有过多的意识形态宣传的情况下，已经默默地适应了更多的两性平等，不管是在私人关系方面，还是在工作关系方面。"

正如恩格库卡所说，其重点在于"好男人和好男孩"。关于拥有美德的男人是什么样子以及怎样培养这些品德的讨论沸沸扬扬。在波特兰市，男人们的所作所为证实了宾夕法尼亚大学积极心理学中心针对美德和品格优势开展的大型调查得出的结果。该中心通过调查发现，男性占据了所有极端案例，有的性格极好，有的性格极坏。很多男性在陷入困境时，会灰心丧气，孤注一掷，变得极其危险。共情关系一旦被切断，自我意识一旦受到限制，男性似乎就会变得无所不能。

但有些男性，就像前面提到的那几个勇敢地面对侵犯年轻女性的恶棍的男性，不管其社会化过程如何，都会坚守美德。他们的所作所为有力地肯定了人性的善良。英雄能够帮助我们看到这种潜力。在日常生活中，我们能指望男人和男孩做些什么呢？他们的善良足够战胜因为童年时的经历造成的绝望吗？

现在孩子的童年充满了各种各样的机会。他们的成长过程多种多样，取决于出生的偶然性、享有的资源质量和可以利用的关系。毫无疑问，在学校、体育项目、社区和家庭中所构建的童年，承担着巨大的发展代价。有些孩子勉强能够保持他们的善良，有些则完全丧失了良知。家庭、学校或社区都不应臆测每个男孩将来会变成哪个样子。

为了我们身边的男孩，为了造福整个社会，所有为孩子们的童年负责的人，都应该为这种伤害性担起责任。个体的解决方案不足以解决这个历史性的社会问题，更不必说这种方案本身就是不公正的。

目前，男孩获得了前所未有的支持，足以拒绝或抵抗"男性行为框架"。但这种支持如果想变成一场运动，对于少年时代异常的损失和伤亡所带来的实际成本,我们必须诚实面对。

有两种特别的男性损伤,可以提醒我们在让童年时代恢复正轨的过程中所需克服的重重障碍。

极度渴望的男孩

在为学校行政人员举办的工作坊上,我通常会将男孩带入一个房间,展示我与某些参与此项研究的男孩所进行的面谈,当然,前提是这些孩子同意被录像。布兰登在多伦多市一个政府支持的学校上学,他比较有特点。在第一次面谈中,这个十几岁的少年说,当他觉得自己能与老师沟通,并且觉到自己在被理解被尊重时,做作业和参与课堂讨论时就会感到容易很多。而在沟通不足的情况下,他呈现的问题就很多。他承认:"这可能是我的性格缺陷,能沟通的时候,我会做出积极响应,不能沟通时,我觉得自己有点飘忽不定。"我问他在"飘忽不定"时会发生什么,布兰登补充说:"这可能会毁坏我们的关系,因为他们可能会认为我是一个不想待在教室里的小孩。但我还算是个聪明的孩子。我喜欢学习,喜欢一切。只有当老师不尊重我时,我才觉得很难静下心来学习。"

时代与未来

我问他在接受检验的时候是什么样子，布兰登说自己倾向于"讲很多话，却不注意听老师讲的"。如果老师试图纠正他不专心，他"可能闭上嘴，做功课，熬到学期结束"。他补充说："如果他们跟我说话，试图与我进行更多的沟通，我就会认为，自己能更加投入。如果他们用一种良好的、积极的方法跟我谈话，我会开始改善自己的行为。"

"如果老师们的反应比较消极，而且用不太善解人意的方式跟你谈话，会怎么样呢？""我会有意避开他们，变得比以前更愤怒，对他们试图告诉我的事情无动于衷。"我问："那你会捣乱吗？"他毫不犹豫地回答"肯定会"，还讲起了一件事，说是有一个法语老师因为他行为不当而将其从教室里赶出来，并带到了主任办公室。那个老师"没有试图沟通"。当他被允许返回教室时，他们之间的冲突陡然加剧，布兰登甚至想通过各种各样的方式"篡权"，教室变成了他们的战场。

教育哲学家内尔·诺丁思曾问，从道义上讲，那些被别人关怀的人，是否必须对那些关怀他们的人回报以尊重和体贴呢？如果没能履行这种责任，会怎样呢？在视频中，少年布兰登衣冠不整，但他诚实、讨人喜欢、善于表达。他对于老师的那种反应，任何一个与男孩共度时光的人都能辨认的出。他只从自己的权利和老师的过失方面思考问题，尤其不承认在这种关系中自己表现出的脆弱。尽管他承认这是"我的性格缺陷",但他并不觉得给法语老师带来那么多的麻烦有多糟糕。实际上,他好像对此很满意。

遗憾的是,在布兰登对事情的认知中,缺少职业道德。在某些人让他感到失望时,职业道德可以指导他的行为。如果没有这个限制,他就会按男性规范行事,加剧与老师之间的冲突,掩盖真正的关系问题。布兰登只在让他失望的框架内看待与老师发生的冲突。他无法或不愿意考虑老师为何如此,无法识别或回应其他人的感受,而这些原本是一种非常重要的关系处理技能。陷入自恋中不能自拔,不只是年龄问题,而能考虑到别人感受的能力是来源于实践的。

佐治亚大学的心理学家基思·坎贝尔以及圣地亚哥州立大学的简·腾格认为,总体来看,在30岁以下的人群中,自恋处于上升态势。他们回顾了一百多项针对大学生自恋方面的研究,发现在2008年这一年出现了"激增"。另一组研究人员发现,二十几岁的年轻人在自恋病态人格方面比上一辈人增加了差不多3倍。在另一项元研究[1]中,纽约州立大学布法罗分校的艾米丽·格里哈尔瓦领导的小组研读了355份文献,涉及自恋的三个层面:领导力、好大喜功爱出风头,以及优越感。他们发现男人在优越感方面尤

---

[1] 元研究(meta-study),是关于研究的研究。

为突出,他们更有可能剥削别人,并相信自己拥有特权。

杰弗里·克鲁格是《隔壁的自恋者》(*The Narcissist Next Door*)一书的作者。在书中,他对男性在自恋方面占绝对优势这一发现进行了总结。他写道:"如果你想找一个沾沾自喜、趾高气扬、只顾自己、傲慢自大、表现欲十足、充满自负、对他人漠不关心、自我感觉良好的人,看看男孩参与的游戏,那里边有很多这样的人。"

积极的自我欣赏是健康的,它是塑造自信、构筑生命的必要基础。古代犹太学者希勒尔提出了一个很有名的问题:"如果我不为自己,谁会为我?"当然,父母都希望儿子对自己很满意,很快乐,实际上,抚养子女的主要目的就是为了让孩子确立他们终会有所作为的信仰。但正如斯坦福大学的心理学家卡罗尔·德韦克进行的思维模式研究中所表明的那样,积极的自信,其实并非是通往成功的钥匙。

从20世纪60年代末期开始,有人就相信孩子的自尊与其成就直接相关。那些会削弱自尊的教育实践活动都已被叫停。教练们开始向每个孩子分发奖杯。老师们也都已接受了培训,用表扬代替批评。2003年,心理学家罗伊·鲍迈斯特对过去三十年中有关自尊的科学文献进行了回顾,发现其方法和结论都存在严重的问题。有两百项满足基本研究标准的研究都表明,高度的自尊与成绩或职业成就不相关。

德韦克的研究表明，只有蕴藏在努力中的信念才能产生动力，促成更大的成就。当孩子们抵御他们与生俱来的能力，停留在假想中的桂冠上时，就削弱了成功的可能性。布兰登视自己为"聪明的孩子，喜欢学习"。但他把法语课堂上发生的事情理解为一种防御性的自我辩护——那件事情对于一个愿意学习的聪明孩子来说是一个悲剧，因为在与老师进行的无聊竞争中，他迷失了自我。他疏远了并不欣赏他的老师，从而牺牲了自己在学校订立的目标。

很多男孩退回到了目光短浅的自恋状态当中，自我保护以抵御负面的反馈。他们采取一种"不是我的错"的姿态，导致在前进的道路上无法取得成就；当这一策略不能获得较好的结果时，他们会变得越来越抗拒。

"自恋"是一个临床术语，其实来源于一个古希腊传说，说的是一个名叫纳西索斯的年轻人，他痴迷于自己的形象，无法自拔。早期的精神分析思想家们将自我吸引描述为一种奠定与他人的关系基础的状态。然而发展心理学家们意识到，有些个体，尤其是男性，无法步入需要相互性的关系中。精神分析学家海因茨·科胡特对于自恋和移情的观点改变了20世纪90年代的发展心理学领域。他认为，这些孩子接收到的"镜像"不足，不能肯定自己，因此深受不安全感的困扰。他们极度需要得到肯定，回避与他人的真正关系，更倾向于僵化和控制。正如奥地利精神分析奠基人西格蒙德·弗洛伊德所说："对于他们所爱的女性，他们没有欲望；对于他们有欲望的女性，他们没法去爱。"

少年时代的高度竞争性，让那些还没有完成的发展事项变得更加糟糕。由于没有安全感且极度渴望得到别人的认可，很多男孩深受地位和奖励的吸引，尽管这些东西根本不能回答他们关于自己是谁的问题。在希勒尔所提出的质疑的下一部分中，他补充说："如果我只为自己而活，那我是什么人呢？"童年会产生各种各样的偶然性，但如果一个男孩在冒险驶入充满不确定因素的关系的海洋时，永远不携带任何压舱物，那他会觉得非常伤心。有些人在童年时没有得到足够的肯定，其结果就是终其一生都在试图勉强支撑空虚的感觉。

坏男孩

一门心思想着自己还有哪些需求没满足的年轻人，通常不能理解那些做出反社会行为的人。自恋者和反社会者都爱摆布甚至剥削他人，除了怎么能让自己得到更多的利益之外，别的任何事

培养男孩

情都动摇不了他们。除非他人是他们达到这一目的的手段，否则他们绝不会对此感兴趣。这两种人可能都很有魅力，令人信服，尤其是当他们将全部注意力集中到一个重要目标上时，而且很有可能都是男性。

反社会型人格障碍的特点是"普遍无视他人的权利"。精神病学家唐纳德·布莱克在其著作《坏男孩，坏男人》（*Bad Boys, Bad Men*）中总结说："反社会型人格障碍最显著的流行病学特征，几乎完全是男性障碍"但在男性的条件反射中，对他人漠不关心的反社会态度不足为奇。童年时处于激烈竞争的大环境下，很多男孩在行为上表现为对他人漠不关心。其特点是欺骗、好斗、易冲动和无所顾忌的行为模式，不受社会规范或法律的约束。

幸运的是，行为不当的男孩在逐渐成熟的过程中，其自我管理和移情抑制会慢慢增长。在男青年中，大多数的不良行为都与朋辈的负面影响有关，并随着逐渐成熟和年龄增长有所减弱。实际上，60%的男孩在青春期有某种形式的违纪行为，这一现象证实了男性压力对其造成的影响。

我遇到过很多行为不当的男孩，他们被忧心忡忡的父母带到这儿来，或被这样那样的权威机构提起。德里克就是这样一个男孩，在被抓到故意损坏公物之后，学校强制他进行心理咨询。我和他共同探讨了当他做出如此具有破坏性的行为时是怎么想的，以此试图发现他行为背后的动机。我看得出来,他与身边一小撮同龄人厮混在一起,并陷入那些令人激动的反权威煽动力量中不能自拔。除了深深的愤怒或扭曲的思想外,没有任何东西表明,除了缺乏自我判断和自我控制,还有其他因素导致这一问题的出现。威斯康星大学的心理学家特里·莫菲特估计,只有5%的男性确为反社会型人格障碍。

但在我从事住院部工作期间,遇到过一些成年男子,这些人对我们高度结构化的治疗方案中所涉及的奖惩措施反应迟钝。病房层级制建立在严格定义的目标和有意义的特权基础之上,旨在培养积极的朋辈压力和关系影响力,而对于这些成年男子而言,却收效甚微。不管他们是赢得了与第4级相关的奖励(即外出或参观游艺厅的自由,饭后在餐厅里溜达,等等),还是1级的惩罚(即被控制在上了锁的病房内),对他们而言似乎只是一个是否方便的问题。他们能够忍受消极制裁。尽管他们有时候也会建立真正的关系,但最后我们意识到这种关系仅仅是一种工具……"我们能从这种关系中得到什么呢?"事实是,我们都被耍了。只有在帮助或阻碍他们得到自己想要的东西时,别人的看法才变得有意义。

有些男孩超然物外和操控他人的程度之深令人胆寒。在青少年入院治疗病房内,病人们的问题多种多样。有些人因为抑郁和

培养男孩

自杀倾向而被收治住院；有些是因为在家、学校、附近等各种场所，因某些原因行为失控。有些人因犯下了诸如偷盗、故意损毁他人财物、入室盗窃、毒品交易、攻击他人等罪行而被少年司法体系强制接受治疗。每当我因为入院评估接触到一个新病人，我的第一印象都会为他的身份提供数据支持。当我听到一个年轻人变得那么超然而冷漠时，我的头发都会直立起来，因为我知道，除非是害怕被人抓住，否则没有任何东西可以管束住他。没有任何关系之锚可以将其锁定在道德范畴之内。

有个年轻人叫乔，英俊潇洒，笑容颇具感染力，看起来很朴实，但事实证明，他是我所遇到的最大的麻烦。他明目张胆地阻挠各项规章制度的实施，对负面结果无动于衷。影响他的那些常规方法都不起作用。有一次，他用一把从餐厅偷出的刀子在他房间的石膏板上挖了一个洞，可以直通隔壁房间，而那个房间正好住着一位女性，她因长年受到性侵犯而入院治疗。不知他用了什么方法，说服了这位女性，让她通过墙上的洞为他口交。当他的团队指责他缺乏对这位女性的尊重时，他只是耸了耸肩，没有任何感受。

在我职业生涯的最初几年，曾试图找到像乔那样的男孩受到伤害的关键点，是什么让他们最终放弃了对别人的希望。我希望自己可以帮助他们面对极度的失望，正是这种失望让他们远离了

时代与未来

真实的关系，希望能支持他们改变自我挫败的格局，因为这种格局让他们远离生命中真正的满足。我对康复的力量非常乐观。很多年之后，人类克服各种创伤的精神令我更加感动。同时，有些男孩遭受的重创程度之深也让我更加冷静，并有感于创伤痊愈所需要的一切，比如勇气、极富耐心的深入沟通，以及自信。

在针对男孩如何发展成为反社会的一项研究中，学者们将目光转向了生物学。但反社会人格模式形成的原因似乎很多。遗传变异、器质性损伤、童年时期遭受的虐待和忽视，所有这些都会导致布莱克博士所说的"在多种环境中萌芽和繁荣的状态"。但关于反社会型人格障碍也有好消息，即反社会模式是可以被攻克的，尽管一个男孩通往反社会行为的道路有可能根植于其早期所经历的权利剥夺和伤害。布莱克写道："我们知道，变化是有可能发生的。不管什么原因，有些反社会者出现了好转迹象。"

在考虑种族、阶级以及男子气概如何结合在一起，从而产生反社会行为这个问题上，上述这一令人欢欣鼓舞的预言尤为重要。在推动犯罪和违法行为的诸多因素中，必定包括受社会压迫的经历。黑人男子被判入狱的可能性几乎是白人男子的5倍；在五个州中，种族差距的比率超过10∶1。"审判项目"是华盛顿哥伦比亚特区一个倡导刑事司法改革的研究中心，根据其所提供的一份报告，这些种族差异性会使毒品判决获得更严厉结果，在司法

培养男孩

态度中呈现种族偏见,给少数族裔家庭带来系统性的不利影响。换句话说,有色青年男子遭遇了一种内在偏见,这种偏见更倾向于对其进行惩罚,而不是提升和康复。

对这些男性而言,监狱只是以学校为起点的人生道路上的一站。不管是有意还是无意,这些男孩都知道,无论他们去往何方,种族偏见都会阻碍他们的生活。斯坦福、哈佛和美国人口普查局(US Census Bureau)共同进行的一项研究表明,来自同一社会经济环境的男性,黑人男孩一贯比白人男孩的情况更糟糕。实际上,有些最广泛的黑白人种差异存在于高收入水平人群中。据《纽约时报》报道,"这一研究更清楚地表明,黑人男子面临的障碍中有很独特的东西。"

马萨诸塞州史密斯学院的安·阿内特·弗格森教授针对市区一家小学开展了一项为期三年的研究,描述了一群被学校工作人员认定"必定会坐牢"的年轻人如何通过种族偏见的哈哈镜看到自己的扭曲形象,并将其内化。宾夕法尼亚大学的心理学家霍华德·史蒂文森提到了那些不被看作男孩而只被视为社会威胁的孩子所具有的"超级脆弱"(hyper vulnerability),夸大了反抗和补偿这样的刻板印象。

奈尔斯是我在家庭法庭日遇到的男孩,我对他的感觉,就是"大男子主义"和"超级脆弱"之间的矛盾统一体。庭审中,我看到的是一个敏感而且有艺术倾向的年轻人。他顶住了以街头形象示人的压力,对自己的选择作了权衡。当我们等着他的听证会时,新的指控纷至沓来——持有毒品、盗窃车辆、入室盗窃,我意识到,我和他共同制定的备选方案,需要与更多的迫在眉睫的压力相抗衡,这些压力来自他的家庭、学校和邻里。在我的眼皮底下,他正在逐渐变为每个人都能预料到的坏孩子:在被制伏之后,即使站在牢房内,他还是对斗争充满激情,勇敢面对威胁和暴力,这种激情甚至连他自己都意识不到。

男孩的未来之路

在这个位于时代夹层中的高风险时期,父母们在养育男孩的问题上被各种相互矛盾的观点所包围。有些人标榜传统的男性价值观和方法,比如埃里克·戴维斯和德纳·圣雷利,即《培养男人》(*Raising Men*)一书的作者。他们毫不犹豫地认为,把男孩的双手绑在背后,捆住他们的双脚,然后将其丢入池中,这样的做法可以培养他们的勇气。而有些人标榜男性生物学至上的观点,与那些试图通过恐吓来软化男孩的建议进行较量,后者好像认为男孩与女孩完全没区别的。这些如何养育男孩的讨论,让我想起在我事业伊始时听到的关于男孩教育方面的讨论:即在精力水平和对学校、老师及学历态度方面，激素水平会产生差异。这些观点的问题在于，几乎没有任何一种观点是建立在合理的研究基础之上的，或者它们无法起到任何作用。

我在学校开展"代表男孩"项目时，引起了很多有诗意的争论，但为父母们提供的科学内容却少之甚少。我们勉强拼凑出了一些以事实为依据的观点，用来开发我们称之为"男孩养成计划101"的研讨班。通过这个研讨班，我们努力帮助男孩的父母树立养育儿子的全局观，回答他们迫切想知道的问题。

男孩养成计划101

"男孩养成计划101"围绕一系列的发展主题展开，通过五节课的内容，提供相关信息、技巧和注意事项。

第一课：做你儿子的支持者

支持男孩包括以下内容，首先是理解社会压力带给他们的威胁。父母们如果能更多地理解男孩的发展发育，就能为了孩子的幸福安康而站在他们的立场上。例如，当父母发现孩子正面临着来自朋辈压力或有可能做出狭隘选择的其他影响的时候，他们可以进行干预,使他更加坚定不移地走自己的道路。

对大多数男孩来说,这些压力基本上从生命之初就开始了。婴儿哭的时候会有人发出嘘声,让他做个"大孩子"。再长大一点,如果男孩玩洋娃娃或其他被认为是女孩子应该玩的玩具,就可能被重新定向,甚至遭到羞辱。邀请女孩子参加他的聚会,或和女孩子成为朋友,会引发同样的性别监管(gender policing)。再然后,在赛场上或学校操场上,男孩为了满足别人对自己的刻板期望,也要承担巨大的压力:比如热爱竞争、轻伤不下火线、寻求支配地位等。几乎在成长的每一天,父母们都会发现大量机会,提醒他们的孩子,尽可以做他自己,仍然有人了解他、爱他,在如何表达和发展男子气概方面,他可以自己考虑。

在这样一个时代,父母可以通过多种方式提供帮助:比如进行干预;以平常心看待男孩的抗争;确保他们之间的关系是一个避风港。例如,如果顺从他人的压力变得势在必行时,父母可以问问孩子,他是否需要帮助,以便解决这一问题。他们可以来一场头脑风暴,梳理出所有可以做的事情,陪着孩子一起想当前的状况。孩子长大一些之后,会羞于向父母求助;那时候,讲述自己是如何与性别规范作斗争的,就会缓解他们的窘迫与尴尬。有时候对于互相矛盾的两个事物,哪个应该优先考虑,父母们会比较困惑。比如是应该先为孩子设定限制,还是先热情地对其予以肯定。在这种情况下，我让父母们首先对整个状况做一个通盘考虑：孩子承受的是哪种压力，这种压力对他们造成了什么影响。他最需要的是什么：限制？训诫？接受？还是暂缓一下？

作为父母，我们得做出策略性的判断，始终把大目标牢记于心：为孩子赋能以便使他们能增强抗压能力；当他们的需要获得更多资源时，为他们寻求帮助。做一个男孩的坚定支持者意味着要乐于接受并肯定他们的努力，同时对他们构想自己生活的能力抱以很高期望。

男孩的父母们经常忽略这一点。尽管很多人开始用不同的方式处理孩子的问题，但经常会挑起错误的争斗。他们逾越孩子的个人边界，常常将自己的担心与孩子真正面临的问题，比如感觉自己不太受欢迎等，混为一谈。在这种担忧的驱使下，他们常常会践踏孩子的主动，并在不经意间由自己担负起了解决问题的责任。孩子并不会因此就觉得受到了父母的支持而感觉安全，相反，他会缺乏对自我的肯定，甚至有可能怨恨父母。

要想成为男孩的支持者，第一步就是改变对于童年和男性刻板印象的看法。只有当父母意识到每个独立的男孩都与刻板印象不同的时候，才可能做到这一点。为了改变这种观点，父母可以研读涉及童年的调研文章，阅读那些真正描写男孩成长经历的书籍。看透包裹着男孩的层层迷雾，能帮助父母洞悉孩子的人性。

在孩子的整个人生中，父母都需要不时地提醒他们，做一个男孩有多好。在当今大环境下，对男性的看法充满了矛盾，这种现象是可以理解的；对于可能导致麻烦的强硬态度，父母们持谨慎态度。各个年龄段的男孩都知晓父母的这种犹豫。如果父母表现出自己有多喜欢和孩子在一起，那是很有帮助的。当父母放开自我，自如地表达自己的快乐时，就会发现他们自己对于男性也存在矛盾心理或怨恨态度。这种自我意识可以为治愈和个人成长开辟道路。

做一个支持者，并不意味着要闯入去拯救一个男孩。更重要的是，要帮助他意识到自己并不孤独，始终有人与他站在一起，随时准备提供他所需要的庇护，通过这种方法，我们能让自己的儿子获得自信。

第二课：建立关系，让他形成强烈的自我意识

少年时代，由于来自朋辈的压力非常强烈，因此需要很强的自我意识来避开消极的行为模式。作为父母，我们要牢牢记住，自己与儿子之间的连接是他们最主要的壁垒，保护他们远离过度妥协。如果他们知道自己一直在父母心中，也会将父母放在心上，并坚持他们的价值观，他们会变得强大，更加独立地面对这个世界。

培养男孩

怎样与儿子培养牢固的连接呢？其中的一个方法就是学习独特的镜像技巧。父母可以和一个亲密的伙伴共同练习这一技巧，轮流分享所有对儿子的欣赏和喜爱。要尽可能详细一些，讲一讲当你的儿子发现自己是一个特别的人时，所经历的那些真实瞬间。这样的练习不仅可以为父母提供与儿子在一起的机会，而且还可以锻炼认可孩子的技巧，以及给予其真正积极的尊重技巧，这种尊重不会因担忧或批评而减弱。最终，父母们能对挑剔或受困于个人不安的模式有越来越清晰的认识，并能因认识而对其有更好掌控。

我们的研究为老师确立成功的师生关系提出了很多策略，对父母同样适用。找到共同的利益出发点，提供男孩切实需要的帮助，充满耐心，平易近人，诸如此类——这些在关系层面上表现出来的姿态很可能会让男孩把父母当作资源，而不把法官和陪审团当成资源。由于男孩文化的潜台词是不依赖父母，因此父母就很有必要主动为儿子作出贡献，并始终关注他们的生活。

有一天，我在办公室里接见了希利尔和他的妈妈。这次会见提醒我，有那么多的男孩，在不经意间转换了角色，从被照料者变为照料者。希利尔13岁，他沉迷于名为"堡垒之夜"的电子游戏中不能自拔，否则就会怒气冲天，他的妈妈认为这是青春期的问题。但当他们在我的帮助下互相谈论两人之间日趋严重的关系裂痕时，很明显就感觉到，希利尔在保护他的妈妈。他妈妈最近因为母亲去世而伤心欲绝，而他为此做出的回应就是，不再用自己的压力和痛苦给妈妈增加负担。妈妈不知道希利尔正试图承受那么多的东西，并且因为她的缘故而切断母子的连接。当她意识到这一点的时候，她坚持让儿子敞开心扉，即使她伤心欲绝，心事重重。她解释说，与儿子亲近，会让她觉得生活更美好。

在接收了那么多被竞争价值和流行文化所扭曲的反馈信息之后，男孩有可能在家庭中找到真正的镜像，也有可能找不到。如果找不到的话，男孩会更容易受到文化所提供的奖惩的影响，例如赢得或融入朋辈群体，却不会为自己着想。他们至少拥有一种真正熟悉和热爱的关系，正是这种关系让一切变得不同。

第三课：鼓励孩子表达情感

情感的意识与表达会在关系中得以发展。人们认为男孩只有在免受羞辱和评判的情况下才能分享他们的感受。在去除障碍和威胁之后，男孩不再退缩：他们渴望讲出自己的故事的。刚开始的时候，他们的感觉可能很生硬，令人不快，甚至很愤怒，可能会针对自己的父母。希利尔的所淤积的愤怒无疑是想把母亲推开，直到母亲意识到儿子仅仅是想表明不管自己多努力，都无法掌控局面。但男孩只有在与无条件爱他们的父母建立的关系中，

培养男孩

才会极力与他们保持这种连接,即便他们的感受是想把所有人都推开。

倾听男孩的感受的技巧,既是直截了当的,同时又充满挑战。很多父母不管有多少事务缠身,都试图去倾听,但几乎没有任何帮助,对他们自己的关注也几乎为零,同时还给自己带来了很多未完成的工作。他们所承受的压力会让他们变得不专心、暴躁易怒,当儿子做出不合理行为时,会有激烈的情绪反应。但当我们只是对儿子的行为作出反应时,我们就会失去机会,无法探寻导致此行为的困扰到底是什么。

要提高倾听的技巧,父母们首先要学习如何压制自己的内心独白,以及如何将注意力、热情和兴趣散播到儿子身上。当父母能够集中注意力时,剩下的就仅仅是找到那个男孩,用他的方式把注意力引导过来,如果他正在玩游戏或者看电视,就坐在他身边,对他正在做的事情表示出兴趣,但不要打断他的游戏。如果他正在开车,就在这个过程中问他一个问题,表现出对他喜欢的某个生活片段最真实最开放的好奇心。比如"你听什么歌呢?""你看的那个电视剧演的什么?""你追随的那个团队在最后一场比赛中表现如何?"其重点是,不需要孩子解释什么,甚至也不用真的帮你理解什么;要让孩子自己感觉到父母的这种关注是愉快的。

父母在锻炼自己的听力肌肉时，注意力的品质也会提升，不容易分神或偏离方向。当男孩发现被人倾听是一种积极正面的体验时，也会倾向于这样做。以这种连接状态作为基准，当男孩征询他人意见或寻求一对能够安慰他的耳朵时，真正的回报就来了。被人倾听的可信赖性和好处一旦确立，男孩就会在情感上更加开放，产生更多的情感连接，并且不太可能违背自己的内心。

在倾听的过程中，最常见的障碍就是老提问题，仅仅是为了获得更多的信息或满足好奇心，而且很自我地对待儿子的感受。这些障碍需要通过投入的实践才能避免。但当一个男孩能自由地表达自己的感受，丝毫不必担心父母的反应时，其回报也是巨大的。能洞悉感受如何影响思考和行为，是情商所定义的技巧。

首先，当儿子分享自己的感受时，父母永远都不能回应以自己的建议。被别人教导该如何思考并不能很好地替代自己的思考，而且通常会让人感到不受尊重。随着年龄的增长，大多数男孩都会坚持自己作决定的自由，愿意舍弃所有的谈话，以免受到批评或训斥。

第四课：行使权力

男孩这个群体总是想和大人分开，主动挑战成人规则的底线和力量，向自己的群体成员施加压力，让他们不要告发、排斥和

培养男孩

虐待女孩,并鼓励团队成员用数字设备和物品处理自己压抑的感情。男孩的父母需要为他们设定界限,引导他们远离朋辈文化的价值观。除非父母能妥善处理儿子的不当行为,否则他在学习如何约束自己方面会很困难。

想让男孩对自己的行为负责,以下三点必不可少:在情感上接受,在行为上管控,以及亲社会的指导。

即使父母划定了检查儿子行为的界限,也绝对不能对导致和推动不当行为的情绪作出消极的回应。以愤怒为例:设定表达愤怒的界限是一回事,绝对不能允许破坏行为、威胁或暴力,通常情况下最好能限制那些不尊重的语言,当男孩表现出愤怒时进行谴责则是另一回事。

当感到失望时——"你真令我失望"——尽管解释、辩护或贬低男孩对事件的描述的想法很诱人,在通常情况下,简单地倾听这种感受,就足够把事情搞清楚,对加强情感释放也大有裨益。父母如果想担任顾问的角色,最基本的一点就是把自己当成盛装所有痛苦感受的容器。设定限制通常伴随着受伤害感受的宣泄,体现了限制的真正意图:帮助男孩从驱使其做出不当行为的压力中解放自己。

父母设定限制,表现出他们视自己的儿子为有能力有道德的人,能够战胜任何他感受到的伤害或压力,以便能够举止得体。

在我们的教育研究中，也看到了同样的现象，男孩做出不当行为时，老师仍然很清楚他是谁；当老师对他们所犯的错误一笔勾销时，很多男孩都因此而发生了转变。他们意识到老师对他们能做什么非常清楚，并把他们的行为提升到被期望的水平。

男孩并没有真正意识到自己其实会期望父母坚决反对他们的攻击性或试探性行为。但他们希望父母这样做时，所采取的方式不违背或削弱他们建立的连接、他们的被接受感、困难，以及所有这些东西。为了达到这种平衡，父母必须策略性地行使自己的权利，而不是被动行使。只有在对形势进行深思熟虑，同时愿意倾听任何可能引起不合理行为的烦恼的情况下，才能设定界限。源自父母本身的烦恼的那些反应，往往是相互矛盾、无法持续的，可能会无意中强化对界限的试探和抵抗。

第五课：提升自主权

如同独行侠般的独立理想一直都是强有力的文化形象。但在健康的发展过程中，独立的目标比不上通过主动性、判断力和自信心而获得的自主。为达成此目标，父母必须站在儿子身旁，克服种种挑战，而不能在其退缩或犯错误时自动地替他接管事物。确切地说，就像一个好的教练一样，父母应该给他们信心，做他们安全的容器，来盛装他们的挫败感。

培养男孩

与直觉相反,自主意识实际上是在各种关系中自然出现的,而不是被硬拉出来或从中提取出来的。父母是否有能力既保证与儿子之间的连接,又能在重要价值和家庭需要的问题上坦诚相待,是对其支持儿子独立的终极考核。我见过一个年轻人,极力劝说他的父母允许他吸食烟叶:"其他人都这么做。你们太天真了,不知道现在的真实情况。这么做一点问题都没有。"而他最近采取的策略仅仅是避开他们,在深夜或潜入家里的地下室偷偷做这件事。

但值得称赞的是,他的父母并没有失去冷静。即使当他们坚持说,他陶醉于此事对他一点好处都没有,并且反复强调他不能再这么继续下去的时候,他们也明确地表现出对他的爱与尊重。有时这种争论会很激烈,尤其是当父母说,如果发现他违反禁令,他们会对其进行约束的时候。儿子显然相信父母是在为他的健康幸福考虑,即便他不同意他们的立场,而且似乎愿意让父母为他作出"疑犯从宽"的决定。虽然屈从于他们的判断,但他看起来好像不是在投降。

尽管在任何关系中通常都需要妥协和协商,但伴随着尊重、倾听和紧张情绪的释放,表面上的冲突常常会消失。只要消除了痛苦的感觉,每一个冲突似乎都可以得到解决。为了在维持关系和支持儿子展翅高飞的愿望之间达到一种健康的平衡,父母必须得回顾一下在家庭中,他们自己的自治需求是如何处理的,以及这些经历会如何影响与儿子之间的关系。

做一个公正善良的人

关键问题在于,在一个全新的、相互关联的经济环境中,男孩和年轻人与其他各种各样的人组成团队,共同工作。他们生活于其中的关系和家庭,比以前任何一代人都更加民主。为使其更加有效,男孩必须接受这些新的交换条件以及他们所提供的等级较低且资格较低的职位。年轻人必须意识到,公平和正直是成功的必要条件。即使认为男人比女人重要的观点仍然大行其道,为了在新的世界中走出自己的路,千禧世代和Z世代的男性必须能够悟出,性别、种族、阶级所赋予他们的不劳而获的特权并不会给予他们公正或有价值的权利。父母该怎样帮助他们认识到这一点呢?

正如葛洛丽亚·施泰纳姆所说,有一个策略是"像抚养女儿一样抚养儿子",为他们提供更广泛的情感调色板。在最近刊登在《名利场》(*Vanity Fair*)上的一篇文章中,专家莫妮卡·莱温斯基提到了"男性脆弱的新领域",援引了美国电影演员布拉

培养男孩

德·皮特、英国的亨利王子和美国说唱歌手Jay-Z[①]的例子,认为他们是典型的"与众不同的人——满怀深情、令人着迷、脆弱不堪,甚至有女性倾向"。布拉德·皮特曾经一度遭到传统主义者的猛烈抨击,说他在谈到戒毒和对个人反思和成长的渴望时应该"爷们些"的时候,莫妮卡·莱温斯基对他进行了辩护,她指出:"上一代人发生了翻天覆地的变化,在现在的年轻人中,'爷们些'与成为一个'纯爷们'是和表达原始情绪、承认缺点、外向开放、直面后果密切相关的。"

《纽约时报》的专家克莱尔·凯恩·米勒写了一篇很流行的文章,名为《如何培养信奉女权主义的儿子》(*How to Raise a Feminist Son*)。她将女权主义者定义为能够接纳男女完全平等的一类人;她寻求专家的建议,总结出十二条,认为这些建议适用于"任何想将孩子培养为善良、自信、自由追逐梦想的人"。

她认为,首先必须允许男孩哭泣。将所有情绪引导至愤怒的单向爆发,会产生深远的负面影响。只有当心灵与智慧共同协作时,只有当男孩在觉得受伤时能实话实说时,他们才能真切地感受到与他人之间的连接。男孩的自然表达建立在同理心的发展之上,当其被打断时,他们的美德就被削弱了。其解决方法很简

---

① JAY-Z,原名肖恩·科里·卡特,1969年12月4日出生于美国纽约布鲁克林区,美国说唱歌手、音乐制作人、商人、经纪人。

单，但后果影响却很深远。

她还提出其他意见意欲突破关于男子气概的神话。例如，她建议为男孩提供行为榜样，帮助他们透过刻板形象看到男性的真实情况；建议教会男孩照料自己，而不是把家庭责任一股脑地扔给女孩。与此相关，她还建议父母要教会男孩照料他人，以便他们能和女孩一样学会照料的本领。她援引了加拿大"同理心的根源"计划（Roots of Empathy）所开展的研究，这个计划的影响已遍及全球，因为它成功地预防了霸凌和侵犯。

正如米勒所说，男孩应该为身为男孩而庆祝。他建议父母"也应该嬉戏打闹、开玩笑、爬树、在营地点燃篝火"。但是为了与限定的刻板形象作斗争，她建议应当教会男孩说"不"，以便管理他们的冲动，忍受挫折，当他人的权利受到侵害时，能够表明自己的立场。应当鼓励男孩多读书，而当他们把"女孩"一词当作一种侮辱时，必须马上纠正。他们应该接受关于女性生活的教育，而且应该鼓励他们与女孩建立友谊。

另一位作家安德鲁·雷纳在一篇名为《像和女孩说话一样对男孩说话》（*Talking to Boys the Way We Talk to Girls*）的文章中，对这个话题做了更深入的阐述。他援引了各种针对亲子互动所做的调研，这些研究显示，父母从很早的时候就彻底地将传统的刻板印象传递给了男孩。特别是针对语言和互动风格的研究，

培养男孩

其结果显示出父母对女儿会有更多的声音表达和情感表达。他采访了哈佛的心理学家苏珊·大卫,后者认为,想要纠正这种针对儿子的偏见的父母会简单地"出现在他们面前,让他们说话,做出无论他们说什么你都愿意听的样子"。

心理学家克里斯蒂亚·斯皮尔斯·布朗认为,父母通常可以做两件事来让儿子"超越性别偏好"(beyond pink and blue)。最重要的是,他们需要挑战关于性别的刻板观念:"即使很难与这些刻板观念作斗争,我也会敦促你用任何方式与之斗争。我觉得这会是一场很精彩的战斗,最终会很有价值。同时具有男性和女性特征的个体(那些坚定自信、独立自主、帮助他人并且感性的人)在未来的人生道路上会做得更好。"

在行动上,父母必须坚定不移地选择与刻板观点作斗争。布朗列出了她的首要行动目标:她扔掉了带有刻板特征的衣服或玩具,并在同样的基础上对娱乐选择进行了审查,比如电视节目或电影;她仔细地检查了自己的语言,从而避免直接或间接地提及性别,比如"漂亮女孩"或"大男孩";当自己的孩子使用刻板印象时,她温柔但却坚决地打断他们。

但在培养好男人方面的付出和投入,远远不止于避免在语言、玩具和媒介等方面对男性的刻板观念,他们自身的行动不太可能强化品德,让人性得以昌盛发展。斯坦福大学的哲学家埃蒙·卡兰专门研究公民权利，他认为："要想成为……一定要关心其他人。"关心他人的能力受最普遍的人性的影响，它源自孩子自己受照料的经历。如果一个孩子缺乏共情连接，可能会目光短浅，只痴迷于自己的愿望，不顾一切地做任何能使他们满足的事情。男孩对于父母之爱的体验和经历是为人善良的基础。按照另一位哲学家约翰·罗尔斯的观点，孩子会形成什么样的对待他人的方式，即"最终形成依恋"，父母是负有责任的。男孩从亲密关系经历了解到，公平是一项基本权利。想要男孩成长为一个善良的人，就要确保他受到关照，并确保他们对于连接的需求不会因自己的表现而蒙上阴影。

我知道很多让人感到震惊的故事，故事里的男主人公太过于陶醉自我，被"更衣室"谈话所驱动，以至于会"虐待"他们充满浪漫情怀的父母——放弃任何与他们建立爱的连接的机会。这些故事让我想起了那个批判性发现，即不同的男子气概文化培育出了不同水平的男性性侵犯。这项研究提醒我们，众多"我也是"故事中描述的男性犯罪方式，不会自发地产生于男孩自身，也并不是童年的必然部分，没有一个男孩在成长过程中会让自己变得扭曲，充满伤害。

为了能够切实开展争取平等的运动，确保男孩能欣然接受女性做朋友，能够对她们敞开心扉，完全尊重，父母和其他对孩子

培养男孩

童年负有责任的人就需要确保自己把男孩当人对待。我们必须仔细观察，注意一下在童年的哪个阶段，男孩的人性发展出现了扭曲。因为从最前沿的事例来看，我们可以看出，男孩已经准备好体验一把"能力的充分发展"，包括爱、创造性，以及连接，并且非常渴望这样的机会。

为男孩的生活而战

我孙子出生时，他非常需要我，这让我措手不及。有时他长时间地凝视着我，寻找我的脸，深情地望着我的眼睛。当我跟他说话，告诉他看到他我有多高兴的时候，我好像在说一种只有他能听懂的语言，即使他还不会说话。几个月之后，他会笑了。他来我家时，一听到我的声音，他就会非常专注地凝视，当我们的目光相遇时，他会开心地笑起来。不久之后，他看到我时会高兴地扭动身体，在他爸爸的怀抱里快速摆动四肢。我能理解，一个孩子，不管是男孩还是女孩，天生就会在最深、最持久的层面上建立连接。

在我两个儿子出生时，我看出即使自己像超级英雄那般努力，也不能保护他们免受身处其中的文化的影响。我曾接受任命,担任一家男校的心理咨询师,接受任命的部分原因就是为了我这两个儿子。我觉得至少他们能看出我是站在男孩的立场上的。开始工作之后,我发现自己对男孩在学校内外的生活非常感兴趣。为此我为男孩设立了一个计划,并最终将其发展成为"男孩女孩生活研究中心"(Center for the Study of Boys' and Girls' Lives)。经年累月,我们不断地扩展这项工作,开展研究,宣扬与全球组织建立的伙伴关系,例如国际男校联盟、美国童子军、美国男孩女孩俱乐部以及性别公正组织Promundo-US研究机构。

在开展这项工作的过程中,我拜访了世界上的很多学校和社区,听到了很多有关男孩的讨论,而且基本上都差不多。我意识到,全世界的家庭、教育工作者和青年领袖都在寻找全面的观点来指导对男孩的照料。抛开文化战争和其反作用不谈,在任何一个成年男性与未成年男性共同作战的战壕里,都呼吁明晰思路和方向引导,比如内罗毕的一个非政府组织,南非东部城市彼得马里茨堡的一家男生学校,爱尔兰都柏林一个专为基督教会学校领导设立的课堂,以及我在加拿大和美国旅行时到过的任何一个地方。

世界是平的,而且被金融和通信联系紧密地连接在一起,因此对男性的范式变得同质化。全球化已经将西方传统童年的主旋律传播到全世界。即使显而易见,其操作起来依然非常困

培养男孩

难,而且有很多男孩反对,但这些观念依然顽固地根植于家庭规范和制度文化之中。要想将其彻底清除,需要一致的努力和坚持不懈的斗争。为了我的孙辈,为了他能有一个可以敞开心扉的童年,我写下这些文字,希望父母和其他关心的人能够携起手来,共同抵制。

"为男孩的生活而战"(Campaign for Boys' Lives)是怎样的一个项目呢?首先,它将维护男孩的根本价值和其诚实正直的本性。研究人员、思想领袖、政策制定者和活动家聚集到一起,共同绘制了一幅反应男孩真实体验的蓝图。与刻板和老一套的男性形象不同的是,它是透过道德的透镜观察男孩的生活。这场战役,并不仅仅在于阻断强加于男孩头上的不合理的牺牲,更是要敦促学校、家庭和社区实施更合理、更健康、最终更有效的实际行动。其目标是让所有男孩健康幸福。一个公平的社会不会允许任何团体出现系统发展损失。很重要的一点在于,即将长大成人的男孩会看到我们最热情的理解和最自豪的拥抱。

目前正在开展一些鼓舞人心的改革。在英国,"健康心智"(Healthy Minds)实验非常成功,以至于出现了资源紧张的状况。每年有将近100万人对这个计划所提供的免费心理健康咨询服务感兴趣,最近接受这项服务的英国成人总人数比例从1/4上升到了1/3。这项计划已经进行了很长一段时间。在一个崇尚坚韧文化

时代与未来

的国家里,谈论自己所处的困境原本令人羞耻,这个计划旨在减弱这种羞耻感。2008年,一位心理学家和一位经济学家合作开展此项目,使用启动资金在全国开设了35家诊所。资金持续不断地增加,到现在预算已达5亿美元,而且在未来几年中还会翻倍。

澳大利亚和世界上其他国家一样,都很担心,在那些即使陷入麻烦也不愿寻求帮助的男性群体中,会出现大范围的自杀现象。在这个国家,3/4的自杀者都是男性,且自杀率创下新高。国家已宣布进入"自杀紧急状态"。作为回应,危机支持组织"生命线"(Lifeline)发动了一场名为"我们最艰难的挑战"(Our Toughest Challenge Yet)的新战役,促使男人鼓起勇气寻求帮助。对于年轻人,美国青少年心理健康基金会(National Youth Mental Health Foundation)开展的顶端空间(Headspace)项目设计了"父亲的战役"(Father's Campaign),旨在鼓励父亲们,如果发现儿子在心理健康方面有什么问题,不要闭口不言;如果发现他对此难以承受,立即进行干预。

世界卫生组织为成年和未成年男性提供了一些有效办法。为了能引起他们的注意,这些计划必须切实能够"提高男人和男孩的生活",才会成功地引起他们的注意。Promundo-US研究机构的计划就是以此作为原则,开展调研项目的,这其中包括针对15~24岁青少年男子的H计划。此项计划开始于2002年,目前已在25个

培养男孩

国家内实行。这一计划鼓励年轻人思考刚性规范对他们产生的影响。在美国，H计划更名为"男子气概2.0"（Manhood 2.0），世界银行和世界卫生组织公认其为促进性别平等、避免出现基于性别的暴力行为的最佳方式，联合国及联合国儿童基金会也提到了这一计划，因为现已证实这一计划确实有效。

在家庭、课堂、运动场及社区中，那些对孩子的童年负有责任的人，其实每天都有很多机会，让男孩作出改变。男孩子们吵着要做回自己，并且不会错过任何一个提供给他们的机会。让人性解放工程进展缓慢的，其实并不是男性天生的缺陷，也不是男孩所渴望的以牺牲他人为代价换取的特权。是什么将一个生来具有同情心的男孩变成了一个强硬的、感情疏远且自私的人呢？究其原因，是因为一个男孩为了保持人性和责任心所需要的连接遭到了否定。要把男孩培养成优秀的男人，最好的方法就是让他处于良好的连接中，在这些关系之中他们能得到理解，拥有关爱。

致谢

在写这本书的过程中,我一直试图与所有的男孩、男人和女人沟通,正是他们教给我所有这些知识。在这本书中,许多内容代表了他们自己——他们的想法和他们的工作,他们的声音和他们的故事。但在这本特别的图书计划之外,还有更多的人和事一直鼓励我、支持我发展形成我自己的观点,而这些正是我撰写本书的基础。

感谢研究性别、种族、人类发展和青少年的学者们,感谢他们欢迎我进入他们的圈子,他们为我付出了大量的时间和友谊,同时也给我带来了挑战。感谢米歇尔·法恩,还有无与伦比的哈里·布罗德第一次将我介绍到这个共同体之中。哈里的去世再度证明他对业界产生了深远影响。感谢迈克尔·基梅尔、尼俄伯·韦、佩德罗·诺格拉、加里·巴克、迈克尔·考夫曼,还有

培养男孩

很多其他人继续为我提供最温馨的知识家园。

国际男校联盟为我提供资助,倾听我的想法,兼收并蓄,鼓励我的工作。我的朋友,也是我的合著者理查德·霍利,当然还有布拉德·亚当斯,乔·考克斯、大卫·阿姆斯特朗,还有许多其他人一直都是我思想上的亲密伙伴,他们发挥的价值无法衡量。我认识了世界各地会员学校的老师,这个过程中我总是发现他们表现出浓厚的兴趣,深入的思考,还有对我的热情欢迎。与此同时,哈弗福德学校的领导人,比如波·迪克森、乔·希利、乔·考克斯、约翰·纳格尔、马特·格林和珍妮特·希德也时时处处地鼓励我,敦促我"照料好我们的男孩"。我自己的研究中心是在哈弗福德学校的工作中成长起来的,而我的合伙人彼得·库利洛夫将他光辉灿烂的职业生涯的极大一部分奉献给了我们的研究项目。还有很多其他人,包括莎伦·拉维奇,布雷特·司道特、约瑟夫·纳尔逊、夏洛特·雅各布斯,以及优秀的成员学校的校长们,一起合作创建了这个中心,帮助成百上千的男孩和女孩道出了他们对性别社会化这个现实的内心想法。

甚至在更为基础的层面上,我有幸进入了合作顾问们的圈子,他们帮助我真正认识到我是谁,这让我很是安心。我的很多朋友,比如蒂姆·杰肯斯、帕蒂·惠芙乐、黛安·巴尔瑟、格温·布朗、乔尔·诺吉克、乔安妮·布雷和洛伦佐·加西亚,他们始终不

致谢

渝地相信人性本善,他们的汇集作品促使我认识到,为了男孩和男孩成长的环境,很多事情必须彻头彻尾地改变。甚至在我说话咄咄逼人、气势汹汹的时候,我的团队也包容我、支持我。

我必须承认,我与之交谈并观察过的成千上万的男孩一直源源不断,他们的深刻见解促使我越来越理解他们。我听过有人讲述一些令人震惊的男性行为,而这些让我明白了,如果情况抑制了必要的养育且给予激励也麻木到毫无节制的地步,那么人类发展将会偏离轨道。我也听说了关于善良、力量、温暖和奉献的故事,远远超过了那些悲痛的故事。

特此感谢本书优秀的编辑团队(他们大部分养的都是儿子),其中包括约翰·潘恩,他帮我引见了乔艾尔·德尔布尔戈,她是出版专业人士的一个缩影,而她后来又为我介绍了企鹅出版集团旗下塔彻尔(Tarcher Perigee)出版社的萨拉·卡德以及她的"特种部队",她指导我顺利度过了这本书艰难的出版过程。

尾注

1. Michael Kaufman, "Men,Feminism,and Men's Contradictory Experiences of Power," in *Theorizing Masculinities*, ed. H.Brod and M.Kaufman (Thousand Oaks, CA:Sage, 1994), 142-64.

2. Brian Heilman, Gary Barker, and Alexander Harrison, *The Man Box: A Study on Being a Young Man in the US, UK, and Mexico* (Washington, DC: Promundo-US, 2017).

3. Daniel J. Siegel. *The Developing Mind: How Relationships and the Brain Interact to Shape Who We Are* (New York: Guilford Press, 1999), xii.

4. Michael P. Nichols, *The Lost Art of Listening: How Learning to Listen Can Improve Relationships* (New York: Guilford Press, 2009), 15.

5. *2015 CASEL Guide: Effective Social and Emotional Learning Programs*

(Chicago: Collaborative for Academic, Social, and Emotional Learning[CASEL], June 2015), http://secondaryguide.casel.org/casel-secondary-guide.pdf.

6. Steven Krugman, "Male Development and the Transformation of Shame," in *A New Psychology of Men*, Ronald F. Levant and William S. Pollack (New York: Basic Books, 1995), 93.

7. David Hawkins, "I, Thou, and It" in *The Informed Vision*: Essays on Learning and Human Nature (New York, NY: Agathon Press, 1974), 56.

8. David Autor et al., *"Family Disadvantage and the Gender Gap in Behavioral and Educational Outcomes"* (working paper 22267, National Bureau of Economic Research, Cambridge, MA, last modified 2017), http://www.nber.org/papers/w22267.

9. Jane E.Brody, "The Surprising Effects of Loneliness on Health," *New York Times* online, December 11, 2017.

10. Judy Y. Chu, "A Relational Perspective on Adolesecent Boys' Identity Development," in *Adolescent Boys: Exploring Diverse Cultures of Boyhood*, ed. Niobe Way and Judy Y. Chu (New York: New York University Press, 2004), 85.

11. Philip Zimbardo and Nikita Coulombe, Man Interrupted: *Why Young*

Men Are Struggling and What We Can Do About It (Newburyport, MA: Conari Press, 2016), xviii.

12. Jacinta Bowler, "The HPV Vaccine Has Cut Infections By up to 90% in the Past 10 Years," Science Alert, last modified August 29, 2016.

13. Jerry L. Grenard, Clyde W. Dent, and Alan W. Stacy, "Exposure to Alcohol Advertisements and Teenage Alcohol-Related Problems," Pediatrics 131, no.2 (February 2013): 369-79.

14. David Finkelhor et al., "Violence, Crime and Abuse Exposure in a National Sample of Children and Youth: An Update," JAMA Pediatrics 167, no.7 (July 2013): 614-21.

15. Michael Kaufman, "The Construction of Masculinity and the Triad of Men's Violence," in *Beyond Patriarchy: Essays by Men on Pleasure, Power and Change*, ed. Michael Kaufman (Toronto: Oxford University Press, 1987).

16. Benjamin Paassen, Thekla Morgenroth, and Michelle Stratemeyer, "What Is a True Gamer? The Male Gamer Stereotype and the Mariginalization of Women in Video Game Culture," *Sex Roles* 76, no.7-8, (2017): 421-35.

17. Lisa Damour, "Parenting the Fortnite Addicit," *New York Times* on-

line, April 30, 2018, www.nytimes.com/2018/04/30/well/family/parentig-the-fortnite-addict.html.

18. Sarah Rich, "Today's Masculinity Is Stifling" *Atlantic* online, last modified June 11, 2018, www.theatlantic.com/family/archive/2018/06/imagining-a-better-boyhood/562232.

19. "Manhood 2.0: Breaking UP with Stereotype and Encouraging Relationships Based on Consent, Respect, and Equality in the United States," *Promundo* online, August 23, 2016.

出版说明

本书正文部分,页下注均为译者注,原文中的注释,一律放在书后。原书后附有资料来源及采访记录,我们只选择了部分资料来源,采访来源,对同一资料的多处引用,不再重复标注。

在本书出版过程中,我们进行了认真的编辑加工,力求译文准确、逻辑完整,但仍难免有不当之处,敬请指正。

《目标感》

权威心理学家讲透孩子的"理想教育"
影响世界的50位心理学家
《儿童心理学手册》（共4卷）总主编
樊登2022推荐儿童发展心理学作品

　　为什么有些人的人生是成功而幸福的，有些人的人生却是充满波折和哀伤的，年轻人拥有未来不同人生轨迹的关键因素是什么？是卓越天资和优秀的学习能力？是父母的栽培和物质条件的给与？本书会告诉你：都不是！今天年轻人心里普遍缺乏的动机来源，是对目标感的认识不清。

　　在这样一个经济、文化、社会的不确定性变得越来越高的世界里，当前父母最紧迫的事情是帮助孩子获得有益的方向感，使他们能够跨越雷区——威胁他们这一代人的漂泊、迷茫、冷漠、焦虑、恐慌以及自我沉溺。

[美]威廉·戴蒙 著
成实　张凌燕 译
国际文化出版公司
定价：56.00元

《忙碌爸爸也能做好爸爸》

樊登私房藏书：
再忙，也有办法多陪陪孩子。
妈妈做再多，也无法替代爸爸的作用！

　　父教缺失是当今，特别是城市家庭中的普遍现象。父教缺失最容易导致男孩终生"缺钙"：男孩变娘、懦弱，女孩产生不安全感等，会对孩子的性格造成不可逆的终生影响。

　　为此，作者以作研究的严谨态度，访问了超过75位爸爸及其家人。这些爸爸来自社会各个阶层，包括白领职员、企业高管（微软副总裁）、文体明星（国际著名导演梅尔·吉布森）、国家领导人（澳大利亚前总理）等，一起分享如何照顾孩子、如何在家庭与工作间找到平衡、如何与妻子相互协助、如何与孩子建立起亲密关系……

[澳]布鲁斯·罗宾森 著
李菲 译
国际文化出版公司
定价：49.80元

[日]林成之 著
解礼业 译
国际文化出版公司
定价：45.00元

《儿童专注力培养方法》

国际脑神经学权威力作，融汇世界脑科学前沿成果
日本奥运冠军都在用的专注力培养方法
日文版上市三年，加印30次，风靡日本教育界

人们都想把孩子培养成注意力集中的人，这是因为注意力集中，是孩子学习知识和技能，并取得好成绩的一个重要因素。孩子具备了这个能力，在各种情况下都能发挥潜力，做到最好，长大后亦能大展宏图，亲手描绘自己的幸福人生。提高注意力，能使孩子在学习方面表现更加出色，在运动方面也能收到意想不到的效果。

本书是林成之教授关于儿童注意力发展研究的前沿成果，指出影响注意力的关键因素是情绪；并根据儿童大脑发育周期，提出了"0~3岁：本能培养期""4~7岁：习惯培养期""7~10岁：自我成长期"的分期的孩童注意力培养方法，帮助家长科学地培养孩子的专注力。

[韩]全声洙 著
熊懿桦 译
国际文化出版公司
定价：49.80元

《哈柏露塔学习法》

大声发问，用力思考：
犹太父母都在用的哈柏露塔高效学习法
犹太精英出类拔萃的秘密，就是传承三千八百年的"哈柏露塔"学习法！

30%的诺贝尔奖得主是犹太人；哈佛、耶鲁等常春藤名校，犹太人录取率高达30%。犹太人如何打造学习奇迹？答案就在"哈柏露塔"。犹太人擅长协商，在金融、媒体，法律及经济领域能崭露头角，成为世界一流人才，就是因为，他们在家庭、学校与职场等不同场合，都通过哈柏露塔培养各种能力。

"哈柏露塔"将死背转变成讨论，将孤立式学习转变成沟通式学习，将枯燥的学习转变成愉快的学习，最终，将知识转变成思考、判断、沟通和创新的能力。